Moritz von Rohr

**Joseph Fraunhofers
Leben, Leistungen und Wirksamkeit**

Rohr, Moritz von: Joseph Fraunhofers Leben, Leistungen und Wirksamkeit
Hamburg, SEVERUS Verlag 2010.
Nachdruck der Originalausgabe von 1929

ISBN: 978-3-86347-015-9
Druck: SEVERUS Verlag, Hamburg, 2010

Der SEVERUS Verlag ist ein Imprint der Diplomica Verlag GmbH.

Bibliografische Information der Deutschen Nationalbibliothek:
Die Deutsche Nationalbibliothek verzeichnet diese Publikation in der Deutschen Nationalbibliografie; detaillierte bibliografische Daten sind im Internet über http://dnb.d-nb.de abrufbar.

© **SEVERUS Verlag**
http://www.severus-verlag.de, Hamburg 2010
Printed in Germany
Alle Rechte vorbehalten.

Der SEVERUS Verlag übernimmt keine juristische Verantwortung oder irgendeine Haftung für evtl. fehlerhafte Angaben und deren Folgen.

VORWORT

Als ich im Frühjahr 1928 von der Akademischen Verlagsgesellschaft aufgefordert wurde, ein Leben *Fraunhofers* zu schreiben, habe ich nach gebührender Befragung unserer Geschäftsleitung mit großer Freude zugestimmt. Ich sehe es als eine Dankespflicht der deutschen technischen Optik an, ihrem eigentlichen Begründer ein Ehrenmal zu setzen, und hebe hervor, daß der unvergeßliche *Ernst Abbe* ein unbezweifelbares, großes Verdienst um die richtige Würdigung unseres ersten Optikers hat.

Da in unserm Jahrhundert die nicht zum wenigsten durch *Abbes* Beispiel ermunterte Geschichtsforschung auf optischem Gebiet die Kenntnis der *Fraunhofer*schen Erfolge glücklich vermehrt hat, so scheint es jetzt wohl an der Zeit, das Wesentliche unserer Kenntnis zusammenzutragen, mag es sich nun um den geringen Rest glücklich geretteter persönlicher Erinnerungen oder um seine besser bewahrten technischen Leistungen handeln. Versucht man ferner *Fraunhofers* Umwelt zu schildern, die anfänglich grenzenlos erscheinende Überlegenheit der englischen Optiker, seine Schulung an ihrem Beispiel namentlich in mechanischer Hinsicht, seine Beeinflussung durch *Reichenbach* und *Guinand*, bemüht sich aber schließlich, seinen eigenen glänzenden Erfolgen nachzugehen, so wird man dankbar erkennen, daß man dem Fluge des Genius folgt. Denn *Fraunhofers* Erfolge liegen eben nicht jeweils in der ursprünglichen, von seinen Vorgängern verfolgten Richtung, sondern er hat in seinem kurzen Leben auf erstaunlich vielen Gebieten seiner Tätigkeit neue Ziele gesetzt und hat sie mit wunderbarer Fähigkeit zu erreichen gesucht.

Wenn *Goethe* das Große eines Helden in dem Umstande sieht, daß er sein Werk trotz unwahrscheinlichem Ausgang mutig beginnt, so müssen wir hier von einer besonders großen Persönlichkeit reden. Und auch *Ernst Abbe* steht diesem Standpunkte nahe, wenn er in der Feier von *Fraunhofers* Leistungen sogar eine besonders würdige Art sieht, den Stolz auf sein Volk zu zeigen.

Denn es ist wirklich so, daß wir in Deutschland von einem feinoptischen Betriebe erst reden können, seit unser Held in dem damals gewerbearmen Oberbayern eine Musterwerkstatt entstehen ließ. Und deren optische Erzeugnisse waren so wundervoll geplant, daß lange Jahrzehnte vergehen mußten, ehe sich die Nachfahren auch nur Rechenschaft von den Zielen geben konnten, denen der so früh abgerufene Meister nachgegangen war.

So soll denn das nachstehende Bild von Leben, Leistung und Wirksamkeit *Joseph Fraunhofers* ein Ausdruck sein für die Dankbarkeit, die der deutsche technische Optiker von heute seinem geistigen Vorfahren schuldet.

Es ist mir eine besondere Freude, darauf hinzuweisen, daß fast ausschließlich die Jenaer optische Werkstätte von *Carl Zeiss* den reichen Bilderschmuck mittelbar oder unmittelbar zur Verfügung gestellt hat.

Meiner freundlichen Helfer im einzelnen habe ich an den entsprechenden Stellen dankbaren Sinnes Erwähnung getan, doch führe ich sie hier noch einmal im Zusammenhange auf.

In Berlin ist der Dank zu richten an die Leitung der Dokumenten-Sammlung *Darmstaedter*, die seit dem Jahre 1928 die Papiere des *Fraunhofer*schen Nachlasses enthält. Sie bildet einen Teil der Preußischen Staatsbibliothek und untersteht Herrn Prof. *E. Stenger*.

In München bin ich einer größeren Zahl von Personen verpflichtet, die ich nach der Reihenfolge der Anfangsbuchstaben der Namen aufführe, nämlich

Herrn Dr. *F. Fuchs* vom Deutschen Museum,
Herrn Oberlehrer *H. Kübert*,
Herrn Dr. *Kurandner* vom Kreisarchiv zu München,
Herrn Geheimrat *Leidinger* von der Bayerischen Staats-Bibliothek,

Herrn Generaldirektor Dr. *Riedner* von dem Staatsarchiv zu München,

Herrn Lehrer *A. Sittler*, dessen freundliche Hilfe mir Herr Oberlehrer *H. Kübert* vermittelt hat.

In der *Zeiss*ischen Werkstätte haben mich besonders hilfreich unterstützt meine Kollegen, die Herren

H. Boegehold, *C. Büchele*, *H. Keßler*, *A. Köhler*.

Jena, im Juni 1929

MORITZ v. ROHR

INHALTSVERZEICHNIS

Seite

Einleitung . . . . 1—3
   Erdichtetes Gespräch am 19. Sept. 1824 über *Fraunhofer* von Münchner Bürgern S. 1 — von englischen Gästen S. 2 — Spätere Äußerungen hervorragender Männer über *Fraunhofers* Leistungen S. 3.

I. *J. Fraunhofers* äußere Lebensumstände . . . . 4—48
   Herkunft S. 4 — Kindheit S. 4 — Abmachungen mit *P.A.Weichselberger* S. 5 — Das Gewerbe des Zieraten-Glasschleifers um den Ausgang des 18. Jahrhunderts S. 5 — *Fraunhofers* mangelhafte Schulbildung S. 6 — Die Münchner Feiertagsschule von *F.X.Kefer* S. 7 — Der Hauseinsturz am 21. Juli 1801 und seine Folgen für *Fraunhofer* S. 8 — Besuch der Feiertagsschule S. 9 — Das Linsenschleifen und -berechnen S. 11 — Loskauf des letzten Halbjahrs der Lehrzeit S. 11 — aber Rückkehr zum alten Handwerk im Spätherbst 1804 S. 12 — Eintritt im Mai 1806 ins Optische Institut (unter *J. Niggl*) S. 13 — und Anweisung durch *G. Reichenbach* S. 13 — Ein Überblick über die Entwicklung des Optischen Instituts S. 13 — Optische Tätigkeit in München S. 14 — Seine Arbeit an der Verbesserung des Spiegelfernrohrs S. 16 — Übersiedlung nach Benediktbeurn und Ausscheiden *J. Niggls* S. 17 — Der erste Vertrag mit *Fraunhofer*, der 1809 als dritter Leiter aufgenommen wird S. 19 — Die Einführung in das Geheimnis des Schmelzbetriebes S. 21 — Die Stellung des Staates zu dem Optischen Institut S. 22 — Die ersten Arbeiten an der Messung der Brechzahl S. 22 — Das Ausscheiden *Reichenbachs* und *Guinands* sowie der zweite Vertrag mit *Fraunhofer* S. 23 — Unsicherheit über die Vorstandschaft der Glashütte S. 24 — Die Änderungen am Betriebe durch den jungen Leiter S. 24 — Seine Zufriedenheit mit der neuen Stellung S. 24 — Die Besuche neu-

gieriger Größen und fachkundiger Gelehrter S. 25 — *Fraunhofers* Stellung zu Untergebenen und Bekannten S. 26 — Übersiedlung nach München im Herbst 1819 und die vermutliche Änderung seiner Stellung S. 28 — Ein Rückblick auf sein geistiges Leben nach seinen eigenen Mitteilungen S. 29 — Die Schwierigkeiten bei der Aufnahme durch die Akademie S. 31 — Die Reibungen als Geschäftsleiter S. 32 — und die Nachsuchung um die Konservatorstellung S. 32 — *Fraunhofers* innere Ansprüche auf Gleichstellung S. 32 — Die Stellung zu *Utzschneider* S. 33 — und zu *Reichenbach* S. 33 — Anscheinend kühle Beziehungen zu beiden S. 34 — Verstärkung seines wissenschaftlichen Strebens S. 35 — Seine optisch-technischen Vorlesungen S. 36 — Die Beziehungen zu *Fr. A. Pauli* S. 36 — Die äußere Anerkennung bei Fertigstellung des Dorpater Refraktors S. 37 — *John Fr. W. Herschels* Besuch S. 38 — Seine beiden Berichte darüber S. 39 — König *Ludwigs I*. Bemühungen um die Übernahme des Optischen Instituts durch den Staat S. 40 — Die zu spät einsetzenden Verhandlungen S. 42 — *Fraunhofers* Anspruch auf das Glas-Geheimnis S. 43 — Die verspätete Sorge um seine Gesundheit S. 44 — Seine Freunde an seinem letzten Lager S. 45 — Sein Tod und der Nachruf auf ihn S. 45 — Zeittafel für *Fraunhofers* äußere Lebensumstände S. 46.

II. *Fraunhofer* als technischer Optiker

A. Die Verfeinerung der Arbeitsverfahren . . . . 49—76

Alte Verfahren nach *H. Sirturus* S. 49 — Kenntnisse 1658 von *B. Conrad* zu sammeln vorgeschlagen S. 50 — Die Einwirkung der Londoner Königlichen Gesellschaft von 1670 ab S. 50 — Das *Marshall*sche Körperschleifen nach 1693 S. 51 — Die Pariser Schleif- und Poliermaschine mit besonderem Antreiber um 1760 S. 52 — Die Schundarbeit in Nürnberg und Fürth S. 53 — Die deutschen Schleifbänke in der zweiten Hälfte des 18. Jahrhunderts S. 54 — Die Übung der alten Optiker S. 54 — Schulung deutscher Gesellen in London S. 56 — *Guinands* Leistungen als Schleifmeister in Benediktbeurn S. 56 — *Fraunhofers* Eintritt in das Optische Institut S. 56 — Anregungen *Reichenbachs* für Arbeitsmaschinen und Prüfverfahren S. 57 — Die Schulung *Fraunhofers* in München S. 57 — Seine Leistungen in Benediktbeurn von Ende 1807 ab S. 58 — *Fraunhofers* Anteil im einzelnen unbekannt S. 59 — Die drei Quellen für unsere Kenntnis *Fraunhofer*scher Bearbeitungsverfahren *Stampfer-Prechtl*, *Steinheil-Voit*, *Schröder* S. 60 — Die *Reichenbach*sche Pendelschleifmaschine nach *Voit* S. 61 — und nach *Prechtl* S. 64 — Die *Fraunhofer*sche Poliermaschine nach *Voit* S. 64 — Das Polieren auf Pech S. 66 — Sonstige Arbeitsvorschriften S. 67 — Das *Reichenbach*sche Sphärometer nach *Voit* S. 67 — Der *Reichenbach*sche doppelte Fühlhebel zum Zentrieren nach *Prechtl* S. 69 — Das Zentrierverfahren *Fraunhofer*s für Objektive S. 70 — für große Fernrohre nach *Prechtl* S. 71 — Die *Fraunhofer*sche Prüfung auf Farben und Hebung der Kugelabweichung nach *Prechtl* S. 74.

B. *Fraunhofer* als rechnender Optiker . . . . 76—91

Die Arbeit an dem *Gregory*schen Spiegelfernrohr S. 76 — Seine spätere Stellung zu *Herschel*schen Spiegelfernrohren *Newton*scher Anlage S. 78 — Seine Entwicklung der Vorrechenformeln für achromatische Fernrohrobjektive S. 79 — Geheimhaltung der Rechenverfahren auch in seinem eigenen Betriebe S. 80 — Die Notwendigkeit einer genauen Messung von Brechung und Zerstreuung S. 81 — Rechenergebnisse von 3 *Fraunhofer*schen Fernrohrobjektiven S. 82 — und einem bildaufrichtenden Okular S. 85 — Sein Okular mit zwei verschiedenen Vergrößerungen S. 86 — Das Mikroskopobjektiv $f' = 33{,}3$ mm von oder vor 1816 S. 88 — Das Handröhrchen 3,3facher Vergrößerung für *J. C. Soldner* S. 89 — Die Berücksichtigung der Augendrehung S. 91.

C. Die Herstellung verbesserten Werkstoffs durch *P. L. Guinand* und *J. Fraunhofer* . . . . 91—116

Zurückhaltung der Forschung durch *Newton*s Irrtum S. 91 — Die Widerlegung durch *Chester Moor Hall* 1733 und *J. Dollond* 1758 S. 92 — Die Schwierigkeit des Glasersatzes auch in England und Frankreich S. 93 — *Guinand* führt das ihm vom Metallguß her bekannte Durchrühren auch in die Glasbereitung ein S. 94 — Unsicherheit über *Guinand*s Verwendung des Glasguts S. 94 — *Utzschneider*s Beteiligung am mathematisch-mechanischen Institut in München und seine Bemühungen um den Werkstoff für die Linsen S. 95 — Seine Aufträge an *Guinand* im Frühjahr 1805, dessen Erfindung des Rührkolbens S. 96 — und Anstellung von kleinen Probeschmelzen S. 96 — *Guinand*s Anwerbung für Benediktbeurn S. 96 — Die verschiedenen Pläne, ihn dort zu verwenden S. 96 — Meinungsverschiedenheiten mit *Fraunhofer* S. 97 — Gemeinsame Arbeit mit ihm S. 97 — Unmöglichkeit, heute noch die beiderseitigen Anteile zu trennen S. 98 — *Guinand*s Schulung in den gemeinsam entwickelten Arbeitsverfahren S. 99 — Seine Rückkehr in die Heimat und der Plan, Rohglas zu verkaufen S. 99 — Sein Versuch, wieder mit *Utzschneider* anzubinden S. 100 — Sein Glasunternehmen in les Brenets S. 100 — Die Fortsetzung durch *H. Guinand* auf der einen und Frau *Rosalie* mit *Th. Daguet* auf der anderen Seite S. 101 — Eine Tafel mit dem Stammbaum der älteren Glashütten S. 102 — *Fraunhofer*s Verfahren und die Berichte von den *Merz*ischen Schmelzen S. 102 — *Fraun-*

hofers Bericht über das Schmelzen des Kronglases S. 103 — Unmöglichkeit, *Fraunhofers* eigene Verbesserungen auszusondern S. 108 — Die Zunahme der Durchmesser in den Preislisten von 1811, 1812, 1816 und 1820 S. 109 — Berechtigter Stolz auf *Fraunhofers* durchgeführte Leistungen und seine weiteren großen Pläne S. 110 — *Fraunhofers* Aufsatz über das Anlaufen des Glases und seine Säurenprobe S. 111 — Die Behandlung polierter Flächen mit Schwefelsäure zum Schutz gegen das Anlaufen S. 112 — Das Meßverfahren mit Hilfe der dunklen Linien als Leitung für den Schmelzmeister S. 113 — *Fraunhofers* Kampf gegen das sekundäre Spektrum S. 114 — Wilde Hütten im deutschen Sprachgebiet S. 115.

D. *Fraunhofers* Tätigkeit auf mechanischem Gebiet . . . . 116—126

Abhängigkeit von *Reichenbach* S. 117 — Beziehungen zu *Liebherr* und *Blochmann* S. 117 — Die Mikrometer: das Lampen-Netz-Mikrometer S. 118 —, das Lampen-Kreis-Mikrometer S. 118 —, das Ringmikrometer S. 119 — das Positionsmikrometer S. 119 — Die parallaktische Aufstellung des Fernrohrs S. 119 — Seine Auseinandersetzung mit *Reichenbach* S. 120 — Das Urteil *Bessels* S. 120 — Seine Arbeiten an den Gittern S. 121 — Die Drahtgitter S. 121 — Die Glasgitter S. 122 — Der Heliostat S. 124 — Das Spektrometer S. 125 — Das Interferometer S. 125 — Das Heliotrop S. 125 — Der Polarisierungsapparat S. 126.

III. *Fraunhofers* wissenschaftliche Leistungen . . . . . . 127—146

Seine Berechnung eines *Gregory*schen Spiegelfernrohrs mit einem hyperbolischen Hautpspiegel S. 127 — Die ersten Versuche einer genauen Messung der Brechzahlen: das Sechs-Lampen-Gerät S. 129 — Die Auffindung der dunklen Linien S. 130 — Sein von *Wollaston* abweichendes Vorgehen S. 130 — Die Messung der Helligkeit bei verschiedenen Farben S. 131 — Die Ausschaltung der Akkommodation S. 132 — Der Kampf gegen das sekundäre Spektrum S. 132 — Der Meinungsaustausch darüber zwischen *R. Richter* und *A. Sonnefeld* S. 132 — *Fraunhofers* Beobachtung von Spektren des elektrischen Lichts und der Himmelskörper S. 133 — Vorführung seiner Verfahren vor wißbegierigen Gelehrten S. 133 — Beginn der Arbeiten über die Beugung S. 134 — Seine Beschränkung auf die Beschreibung von Versuchen S. 134 — Feststellung der Beugungserscheinungen am Bildorte der Lichtquelle (*Fraunhofer*sche Beugungserscheinungen) S. 135 — Die Entdeckung der dunklen Linien im Beugungsspektrum S. 135 — Seine Drahtgitter S. 135 — Die ersten Bestimmungen der Wellenlängen für die 7 Linien von B bis H S. 136 — Die Wellenlängen in optisch dich-

Inhaltsverzeichnis XV

Seite

teren Mitteln S. 137 — Die Beugungserscheinungen bei gekreuzten Gittern S. 138 — Sein Versuch, diese Arbeit der Pariser Akademie nahezubringen S. 138 — Weitere Steigerung der Genauigkeit S. 138 — Vortrag vom Juni 1823 über Glasgitter und ihre Leistungen S. 139 — Die zweite Bestimmung der Wellenlängen von 6 Linien von C bis H und seine Schätzung der so erreichten Genauigkeit S. 140 — Seine regelmäßig-ungleichen und seine kreisförmigen Gitter S. 141 — Seine Anwendung der Lehre von der Beugung auf optische Erscheinungen im Luftmeer S. 141 — Seine Beschäftigung mit den Polarisationserscheinungen S. 142 — Seine Kenntnis fremder Arbeiten S. 143 — Seine spätere Stellung zu *Wollastons* Entdeckung 7 dunkler Linien S. 143 — Unsere beschränkte Kenntnis seiner öffentlichen Vorlesungen in München S. 144 — Seine Hingabe an sein wissenschaftliches Werk S. 145.

IV. Das optische Institut vom Geschäftsstandpunkte betrachtet

A. Die Glashütte und die Verwendung des Rohstoffs . . . . . . 147—158

Utzschneiders Pläne bei der Gründung der Glashütte S. 147 — *Guinands* Stellung als Schmelzmeister 1806 und 1807 und ihre richtige Einschätzung S. 148 — Das Streben nach dem Glasmonopol S. 149 — *Fraunhofers* Ausstellungen S. 150 — und seine Beteiligung am Schmelzverfahren S. 150 — Ausgaben für den Schmelzbetrieb im Jahre 1820 S. 151 — Seine Probeschmelzen für Glaspaare mit gleichmäßigerem Gange der Zerstreuung S. 152 — *Fraunhofer* von 1814 ab als Schmelzmeister ohne Vertrag S. 153 — Die Folgen einer solchen geschäftlichen Unklarheit S. 153 — *Utzschneiders* große Opfer für das Unternehmen S.155 — Seine Ablehnung des *Guinandschen* Gesuchs um Wiederaufnahme S. 155 — *Fraunhofers* Stellung zu *Guinand* nach dem *Herschelschen* Tagebuch S. 156 — Die Änderung der Lage auf dem Glasmarkt im allgemeinen S. 157 — *Utzschneiders* Siegessicherheit und seine anerkennenswerten Leistungen S. 157.

B. Die Herstellung von Fernrohren und Mikroskopen . . . . . . 158—199

Die Geschichte des mechanischen Instituts von seiner Gründung durch *Reichenbach* und *Liebherr* ab S. 158 — Die Änderungen durch den Eintritt von *Ertel* und die Loslösung von *Reichenbach* S. 159 — Die Errichtung des neueren mechanischen Instituts S. 160 — Das Ausscheiden *Blochmanns* und die enge Verbindung zwischen *Reichenbach* und *Ertel* S. 160 — Mißhelligkeiten zwischen *Reichenbach* auf der einen und *Liebherr* mit *Utzschneider* auf der andern Seite S. 161 — Rückkehr zum Jahre 1804 und die Verlegung des optischen Instituts 1807 nach Benediktbeurn S. 162 —

Reichenbachs Übergewicht in der Leitung S. 163 — *Fraunhofer* als Werkmeister S. 163 — Die Brillenherstellung in Benediktbeurn und ihre Stillegung durch *Fraunhofer* S. 164 — *Fraunhofers* Arbeitsplan von 1809 S. 166 — Seine scharfe Prüfung der eigenen Leistungen und neu angeworbener Kräfte S. 168 — Durchführung von Teilarbeit S. 168 — Übernahme der englischen Fernrohre mit messingnen Zügen und hölzernem Außenrohr S. 169 — Frühe Listen mit Abbildungen? Das Nachtfernrohr S. 170 — Die Zusammenstellung der ersten beiden Preislisten S. 170 — Die Erdfernrohre und ihre Aufnahme um das Jahr 1811 S. 172 — Die holländischen Ferngläser S. 173 — und *Jörgs* Sage von einem Doppelfernrohr S. 174 — Die Mikroskope mit achromatischen Objektiven S. 174 — Die Notwendigkeit noch weiterer Vorbereitung namentlich auch in mechanischer Hinsicht S. 175 — Die Zusammenstellung der drei folgenden, von *Fraunhofer* allein herausgegebenen Preislisten S. 176 — Die Heliometer S. 180 — Die Kometensucher S. 180 —, die Tuben mit feiner Bewegung S. 181 — Die See- und die Zugfernrohre S. 181 — Die Mechanikerobjektive S. 182 — Ihre Bedeutung als Ausgleich für mangelnde Rohstofflieferung S. 183 — Die Objektive für das jüngere mechanische Institut in München S. 183 — Die Zusammenstellung der Mikroskoplisten mit der *Merz*ischen Erweiterung S. 184 — Die 1816 neu angebotenen Zusammenstellungen S. 187 u. 190 — Eine alte, von *Utzschneider* unterschriebene Arbeitsanweisung S. 189 — Preisfestsetzungen durch *Fraunhofer* S. 191 — Die späteren Tuben mit Pyramidalstativen S. 193 — Die Liste von 1826 mit den geringfügigen Änderungen in den altgewohnten Gruppen S. 193 — Die Mikroskope nach *Merz* S. 194 — Wissenschaftliche Geräte *Fraunhofers* in der letzten Liste S. 194/95 — Übersicht über *Fraunhofers* Stellung nach dem 1. Vertrage von 1809 S. 195 —, nach dem 2. Vertrage von 1814 S. 195/96 —, nach der Verlegung des optischen Instituts nach München 1819 S.196 — Letzte Nachrichten über das optische Institut in München unter *Fraunhofers* Leitung S. 197 — Verhandlung mit *C. A. Steinheil* und Übertragung der wissenschaftlichen Leitung an *Th. Clausen* S. 197 — *Merzens* Werkmeisterstellung S. 197/98 — *Mahlers* Stellung als Mechaniker und sein Eindruck auf *Bessel* S. 198 — Zeittafel der alten mathematischen Werkstätte S. 198.

V. *Fraunhofer* in der Geschichte . . . . 200—212

Der Ungenannte von 1811 S. 200 — Die *Waldherr*sche Zeichnung (um 1819?) S. 201 — *Reichenbachs* Erinnerung von 1821 S. 201 — *Herschels* Bericht von 1824 S. 201 — Bemerkungen *K. E. v. Molls* bis zum Februar 1826 S. 201 — *Utzschneiders* Nachruf vom Juni

Inhaltsverzeichnis   XVII

Seite

1826 S. 201 — *Schrank*s Nachruf vom Herbst 1826 S. 202 — Denkmäler und Denkmünzen S. 202/03 — Die Wiener Gelehrten um 1828 zu *Fraunhofer*s Leistungen S. 203 — *Fraunhofer*s Fernrohre im Volksmunde S. 204 — *Faraday*s Würdigung um 1829 S. 204 — *Bessel*s Arbeit von 1840 über das Heliometerobjektiv S. 205 — *Thiersch*ens Gedenkrede von 1852 S. 205 — *Seidel*s Hinweis von 1856 S. 205 — *Jörg*s Schrift von 1859 S. 206 — Heranziehung *A. Rockinger*s durch *S. Merz* im Jahre 1869 S. 206 — *Voit*s Arbeit von 1883 S. 207 — von 1887 S. 207 — Die *Bauernfeind*sche Rede von 1887 S. 207 — *Abbe*s grundlegender Beitrag um 1887 zur richtigen Auffassung von *Fraunhofer*schen Wesen S. 207/08 — *Lommel*s Gesamtausgabe der *Fraunhofer*schen Schriften von 1888 S. 208/09 — *Schröder*s Beiträge im wesentlichen von 1896 ab S. 209 — *Repsold*s Beiträge von 1908 S. 209 — *Seitz*ens Büchlein und die Jenaer Beiträge von 1926 S. 209/10 — Ein Versuch einer umfassenden Würdigung S. 210.

Quellenverzeichnis . . . . 213—220
Namenweiser . . . . 221—233

VERZEICHNIS DER ABBILDUNGEN

(Das Sternchen an der Ordnungsziffer kennzeichnet die Abbildung als neu entworfen)

Seite

Titelbild

Abb. 1*	Glasschneidemaschine	10
2*	Fraunhofers Wappen	37
3*	Handschriftprobe von 1826	41
4*	Fraunhofers letzte Unterschrift	42
5	J. Ayscough beim Schleifen	51
6	Pariser Schleifmaschine um 1760	52
7	Deutsche Optikerschleifbank: perspektivisch	54
8	Deutsche Optikerschleifbank: in Maßstabzeichnungen	55
9*	Reichenbachs Pendelschleifmaschine: spätere Form	62
10*	Reichenbachs Pendelschleifmaschine: frühere Form	64
11*	Fraunhofers Poliermaschine im Aufriß	65
12*	Fraunhofers Poliermaschine im Grundriß	65
13*	Reichenbachs Sphärometer zur Flächenprüfung	68
14	Reichenbachs Fühlhebel zum Zentrieren	69
15*	Fraunhofers Objektivfassung	70
16	Fraunhofers Plan zur Ausrichtung von Fernrohren	71
17	Fraunhofers Ausrichtefernrohr	72
18*	Fraunhofers Maschine für nichtkugelige Flächen	77
19	Fraunhofers einfacheres Objektiv: Achsenschnitt	81
20	Fraunhofers einfacheres Objektiv: Fehlerreste	81
21	Fraunhofers vollkommneres Objektiv: Achsenschnitt	82
22	Fraunhofers vollkommneres Objektiv: Fehlerreste	82
23	Fraunhofers bildaufrichtendes Okular: Achsenschnitt	85
24	Fraunhofers bildaufrichtendes Okular: Fehlerreste	85
25*	Fraunhofers Mikroskopobjektiv: Achsenschnitt	88
26*	Fraunhofers Mikroskopobjektiv: Fehlerreste	89
27*	Fraunhofers Handglas: Achsenschnitt	90
28*	Dollonds Handglas: Achsenschnitt	90
29*	Ein Fraunhofersches Drahtgitter	122

XX   Verzeichnis der Abbildungen

Seite
Abb. 30* Ein Fraunhofersches Goldblattgitter 122
31*⎫
32*⎭ Ein Fraunhofersches Glasgitter (in zwei Einstellungen) 123
33* Handschriftprobe von 1807 128
34 Fraunhofers Sechs-Lampen-Gerät: Grundriß 129
35* Eine Schläfenbrille aus dem optischen Institut 165
36* Das Schild mit der Inschrift 165
37* Dollonds Handglas: perspektivisch 173
38* Fraunhofers Handglas: perspektivisch 173
39* Fraunhofers Mikroskop von 1816 188

EINLEITUNG

Die auf den nachfolgenden Seiten durchgeführte Art der Behandlung läßt sich vielleicht, ohne den Leser zu langweilen, mit einer kleinen erdichteten Erzählung begründen, wobei die Einzelheiten aber sämtlich belegt werden können. Wir versetzen uns um den 19. September 1824 nach München. Eine kleine Gesellschaft von Bürgern nimmt ihren Weg zum Abendschoppen an der alten *Salvator*kirche vorbei, und sie erinnern sich dabei des Eindrucks, den sie im Sommer hatten, als sie im Innern jener Kirche das Wunder von München anstaunten. Denn dort hätte für acht Tage das von dem russischen Kaiser für Dorpat bestellte Riesenfernrohr zur Schau gestanden, ehe es von dem seit etwa 5 Jahren nach München verlegten optischen Institut von *Utzschneider und Fraunhofer* abgesandt worden sei. Einer der Gesellschaft hatte auch den Lastwagen mit den großen Kisten abfahren sehen, ihm sei erzählt worden, daß sie insgesamt 37 bayrische Zentner gewogen hätten, und er möchte wohl wissen, ob die Reise nach Dorpat ohne Unfall vonstatten gehen werde. Sein Gefährte bemerkt, man hoffe das in dem Institut mit Zuversicht, da man keine Mühe mit der Verpackung gescheut habe. Er sei mit älteren Arbeitern des Unternehmens bekannt, die ihm auch von dem noch jugendlichen Leiter *Fraunhofer* erzählt hätten, der übrigens ganz unerhörte Anforderungen stelle. Der sei in den letzten Monaten in einer völlig ungewöhnlichen Weise geehrt worden: ihm sei mit dem Verdienstorden der Adel verliehen, und auch das Bürgerrecht von München habe er erhalten, da er ja bloß ein Straubinger Kind sei. Das wäre auch nur verdient, meint der erste, denn das Institut vergrößere sich dauernd, schon habe man mehr als 40 geschulte Arbeiter, und man wundere sich allgemein, daß der Leiter auch die mechanischen Arbeiten nach dem Fortgange des alten Meisters *Liebherr* so gut leiten könne, obwohl ihn nur der junge *Mahler* aus Schwaben unterstütze. Das sei auch gut, so geht das Gespräch fort, da immer weiter große Fernrohre gebaut würden; man nehme an, auch die heimische Sternwarte solle ein großes Fernrohr erhalten, sogar ein noch größeres als das nach Dorpat gelieferte. Dann würde aber das Ansehen des Instituts immer höher steigen, und neue große Aufträge seien zu erwarten.

Den Weg dieser Gruppe Münchener Bürger hätte an demselben Abend ein Paar englischer Freunde kreuzen können, der in London wohlbekannte Gelehrte *Sir John Fr. W. Herschel* und sein junger, damals noch unberühmter Freund *Henry Fox Talbot*. Sie kamen von einem Essen im Hause des englischen Hauptmanns *Feilding*, zu dem auch *Fraunhofer* geladen gewesen war, und befanden sich auf dem Wege zu dem Gasthause, wo *Herschel* abgestiegen war. Dieser hatte in München Station gemacht auf der Heimfahrt von seiner italienischen Reise, die ihn von Sizilien nordwärts über Rom, Florenz, Bozen, Innsbruck nach München geführt hatte. Sein Hauptzweck dort wäre gewesen, eben den Leiter des optischen Instituts, den Professor *von Fraunhofer*, kennenzulernen, der sich in London zunächst durch seine Fortschritte im Bau von Fernrohren ungewöhnlicher Größe bekannt gemacht habe; die nötigen Scheiben optischen Glases mache er ebenfalls selbst. Er hätte, berichtete er seinem jungen Freunde weiter, in *Fraunhofer* aber viel mehr gefunden als einen geschickten Techniker: das sei ein Gelehrter von ganz hohem Range und erstaunlicher Beobachtungsgabe und dabei von einer Liebenswürdigkeit und bescheidenen Zurückhaltung, die ihm das Herz erwärme. Er habe heut eingehende technische und wissenschaftliche Gespräche mit ihm geführt und sei erstaunt, nicht allein über die bis auf eine ganz unglaubliche Höhe gebrachte Genauigkeit der Arbeitsverfahren, sondern auch über die tiefe wissenschaftliche Einsicht, die sich der noch nicht achtunddreißigjährige Mann durch einen beispiellos erfolgreichen Selbstunterricht erworben hätte. Was er ihm von den letzten Untersuchungen des Fixsternlichts erzähle, berühre sich seltsam mit seinen eigenen in Slough unlängst angestellten

Versuchen; und ähnliche Wunderdinge wolle er ihm am nächsten Tage in seinem Versuchsraum zeigen, wenn die Septembersonne gnädig sei; diese Versuche zur Beugung reizten ihn besonders, da er davon seinem Freunde *Young* berichten möchte, der sich vor mehr als 20 Jahren schon damit beschäftigt habe, aber die Genauigkeit seiner Messung nicht entfernt soweit habe steigern können.

In so verschiedener Weise mochte an jenem Abend sehr wohl in München gesprochen werden. Und wenn man diese flüchtige Schilderung fortsetzen wollte, so könnte man wohl im Juli—August 1826 *Utzschneidern* über die Zurückhaltung der Regierung klagen und die Besorgnis schildern lassen, in die ihn nach *Fraunhofers* Tode die Anforderungen des Instituts gestürzt hätten, und im Sommer darauf ließe sich eine Unterhaltung zwischen *Fr. W. Bessel* und *C. A. Steinheil* wiedergeben, wo wieder andere Seiten der Betätigung dieses unvergleichlichen Mannes gerühmt würden. Auf dem gleichen, für den deutschen Optiker eben durch *Fraunhofers* Leben geweihten Boden könnte sich 1856 *L. Ph. Seidel* redend einführen und um Mitte März 1883 auch *E. Abbe*, als er dicht vor der folgenreichen Eröffnung des Jenaer Glaswerks mit Münchener Fachleuten Rücksprache nahm: immer wieder würde es sich um andere Leistungen des wunderbaren Mannes handeln.

Doch damit wird es genug sein, um zu begründen, daß im nachstehenden die verschiedenen Seiten seines Wesens und seiner Leistungen gleichsam für sich und eng zusammengefaßt behandelt werden sollen. Wohl ist sich der Verfasser der Unmöglichkeit bewußt, bei dieser Anlage Wiederholungen völlig zu vermeiden. Aber das scheint ihm ein geringerer Nachteil, als alle diese Einzelheiten in eine fortlaufende Lebensbeschreibung hineinzuarbeiten, wo sich eine gefällige Gliederung des so ungleich überlieferten Stoffes schwerlich würde erreichen lassen.

Erstes Kapitel

J. FRAUNHOFERS ÄUSSERE LEBENS-UMSTÄNDE

Am 6. März 1787 wurde ein Sohn *Joseph* dem Glasermeister *Franz Xaver Fraunhofer* zu Straubing als 11. und letztes Kind (57 1) geboren, und tags darauf ward es getauft. Die Familie des Vaters stammte aus Miesbach in Oberbayern, war aber bereits seit dem Anfang des 18. Jahrhunderts in Straubing ansässig und hatte seit jener Zeit die Glasermeisterstellung dort besetzt. Sie befand sich nach (57 90) noch um das Ende des Jahres 1818 im Besitze der Glasergerechtigkeit zu Straubing.

Der kleine Knabe verlor die Mutter im Beginn seines 11., den Vater fast genau ein Jahr danach im Beginn seines 12. Lebensjahres. Er war mit einer zwei Jahre älteren Schwester *Anna Theresia* aufgewachsen und wird (57 2 δ)*) als ein schwächlicher Knabe von sehr bleicher Gesichtsfarbe geschildert. Sein Schulbesuch ist (57 42 α) ziemlich unregelmäßig gewesen, und es wird berichtet, daß er in dem ersten Teil seiner Lehrzeit wohl zu lesen, aber nicht recht zu schreiben noch zu rechnen verstanden habe. Man mag wohl glauben, daß seine Eltern genötigt waren, ihn möglichst bald in dem Handwerk des Vaters zu verwenden. Diese Vermutung wird durch (72 164 β) ausdrücklich bestätigt und die Mangelhaftigkeit der Schulkenntnisse des Jungen damit erklärt. Man wird aber annehmen müssen, daß er schon in Straubing eine gewisse Ausbildung als Glaserlehrling erworben habe. Denn sie trug ihm, wie wir sogleich sehen werden, auf die im Lehrbrief er-

---

*) Der Inhalt der Klammern gibt den Stellennachweis. Hier z. B. bedeutet 57 die Ordnungsnummer der im Quellenverzeichnis genau angeführten Quellen, 1 die Seitenzahl dieser Quelle (und ein etwa darauf folgendes α, β ... den 1.. 2., ... Absatz auf dieser Seite).

wähnte Lehrzeit eine Verkürzung von etwa $^3/_4$ Jahren (vom 1. November 1798 bis zum 22. August 1799) ein. Ein Versuch, ihn als Drechsler ausbilden zu lassen, mißlang, da die Kräfte des Jungen dazu nicht ausreichten. Man blieb also bei einem der Glaserei näher stehenden Beruf und nahm die Lehrzeit von 6 Jahren in den Kauf.

Das Gewerbe, zu dem er erzogen werden sollte, führte in München als vollständige Bezeichnung das eines Spiegelmachers und Zieraten-Glasschleifers. Der Zusatz zum zweiten Teil sollte offenbar die gern als Kunstbetätigung bezeichnete und geschätzte Hantierung von der eines Linsenschleifers unterscheiden. Daß solche Verwechslungen auftraten, beweist am besten der *Schrank* sche Nachruf (*52*), wo diese beiden ganz verschiedenen Berufe miteinander gleichgesetzt wurden.

Das Gewerbe des Zieraten-Glasschleifers wurde auch als das des Glasschneiders bezeichnet, und er hatte meist vertiefte Verzierungen in Glasgegenstände, Pokale usw., einzuschneiden. Weiter unten wird die dafür verwandte Glasschneidemaschine abgebildet werden, wie sie *Krünitz* unter Glasschneiden um 1788 in Abb. 994 dargestellt hat.

Um diese Zeit wirkten in Berlin 8 Meister der schon 1735 bestehenden, möglicherweise durch französische Glaubensflüchtlinge beeinflußten Glasschneiderzunft. Die Lehrburschen lernten 6 Jahre; als Meisterstück wurde ein Pokal mit vertieften Verzierungen verlangt. Die Zunftmeister hatten außerdem allein das Recht, mit Glas zu handeln.

Wie eng man sich noch im 18. Jahrhundert bei der Übernahme solcher aus dem Auslande entlehnten Gewerbe an die Muster anlehnte, mag man aus einem Buch (*29*) ersehen, dessen Kenntnis ich der bereitwillig gewährten Hilfe meines Freundes *Th. H. Court* verdanke. Nach dem Titel und dem Wappen hat die 1664 errichtete Zunft der Londoner Glashändler (*The Worshipful Company of Glass Sellers of London*) sowohl Spiegel als ausgezierte Glaswaren geführt. Sie wird diese Gebiete von ausländischen (französischen oder italienischen) Mustern entnommen haben, die vermutlich unmittelbar ebenfalls auf das Berliner Gewerbe gewirkt haben. Es mag schließlich auch noch auf (*29* 34) hingewiesen werden, wo eine alte Glasschneidemaschine (leider von einem neuzeitlichen Zeichner) dargestellt worden ist. Sie paßt ausgezeichnet zu unserer Abb. 1.

Möglicherweise galten ähnliche Bestimmungen um die Jahrhundertwende auch in München. Alsdann kann man sich über die Länge der Lehrzeit nicht wundern, und man erhält noch einen Beleg für die Gewissenhaftigkeit von *Fraunhofers* Vormündern, die ihm seine Schulung im Glaserhandwerk auf die Lehrzeit mit $^3/_4$ Jahren anrechnen ließen. Schon *Fraunhofer* hat ihre Sorglichkeit (*57* 45 β) anerkannt, und man versteht nun auch, daß ihm die (*57* 3 γ) erwähnten Glaserdiamanten beim Spiegelmacherhandwerk wohl haben dienlich sein können.

Was *Fraunhofers* mangelhafte Schulbildung angeht, so ist darüber schon früh Klage erhoben worden. Es scheint mir aber eher angemessen, dem heutigen Leser ein möglichst zutreffendes Bild der damaligen Schulverhältnisse zu entwerfen, weil man nur so den durch keine Mühe zu bleichenden Arbeitsernst des Knaben *Joseph* richtig beurteilen kann. Daß mir derartige zuverlässige Angaben aus jener Zeit überhaupt zugänglich sind, verdanke ich der freundlichen Hilfsbereitschaft und dem sachkundigen Rat von Herrn Oberlehrer *Hans Kübert* in München.

Joseph Fraunhofer ist danach 1793 schulfähig geworden, nicht schulpflichtig, da es in dem alten Kurfürstentum Bayern zu jener Zeit noch keinen Schulzwang gab. Wer in Straubing seinen Kindern die Anfangsgründe beibringen lassen wollte, konnte sie zu einem der Schulhalter schicken, die den Unterricht gegen Entgelt (30 Xer [= 1 S.-M.] im Vierteljahr) erteilten und deren es in der kleinen Stadt mehrere gab. Man weiß bestimmt, daß sich der Stadtmagistrat und die Geistlichkeit bemühten, auf die Eltern in diesem Sinne zu wirken, doch war der Erfolg gering, da die Eltern, wie wir das ja von *Fraunhofers* Vater wissen, die Arbeitskraft der Kinder früh in Haus und Gewerbe ausnutzten.

Nach dem Tode der Eltern haben, dafür steht *Fraunhofers* eigenes Zeugnis (*57* 45 β), seine Vormünder ihn nach München zu dem Handwerksmeister *Philipp Anton Weichselberger* in die Lehre gegeben, um ihn (S. 5) als Spiegelmacher und Zieraten-Glasschleifer (*57* Taf. geg. 48) ausbilden zu lassen. Die Briefe sind noch erhalten, die die Reise des damals im 13. Lebensjahre stehenden Knaben regelten. Er ist Dienstag, den 20. August, von Straubing abgereist und Donnerstag, den 22. August 1799, in München bei seinem Lehrherrn im Thiereckgäßchen eingetroffen.

Man hört (*57* 3), daß der Knabe der Ausbildung mit Freude entgegensah und daß von den nicht weiter zärtlich auftretenden Vormündern seine Anstelligkeit und seine Führung gelobt wurden. Die Lehrzeit war, verständlicherweise nach dem damaligen Zunftbrauch, auf 6 Jahre festgesetzt worden und erscheint in dem Lehrbrief (*57* Taf. geg. 32) als vom 1. November 1798 bis zum 1. November 1804 reichend. Mithin wurde also die Ausbildung in dem Betriebe des Vaters *Fraunhofern* in gewisser Weise — mit etwa $3/4$ Jahren — angerechnet. Immerhin ist es merkwürdig, daß dieser Umstand schon in der ersten, Ende 1811 veröffentlichten Lebensbeschreibung (*57* 42) keine Erwähnung gefunden hat.

Die Lehrzeit hat sofort schlimme Enttäuschungen gebracht; man glaubt dieses Gefühl noch aus dem eben genannten Bericht sprechen zu hören, der sich notwendigerweise auf *Fraunhofers* eigene Erzählung gestützt hat. Auch den heutigen Leser empört es, wie dem lerneifrigen Knaben jede Möglichkeit zu weiterer Fortbildung, und sei es nur der Besuch der Feiertagsschule, zunächst abgeschnitten wurde.

Auch in München hat es jedenfalls mit der Schulbildung der Kinder schlecht ausgesehen, namentlich aber lieferte eine amtliche Feststellung den Nachweis, daß um 1800 die vom Lande nach München gekommenen Handwerkslehrlinge und die Dienstmädchen durchgehends Analphabeten waren. Schon einige Jahre früher, 1793, hatte ein tatkräftiger, menschenfreundlicher Schulmann, *Fr. X. Kefer*, ein Professor an der Münchener Militärbildungsanstalt, eine private Feiertagsschule für Handwerkslehrlinge und Gesellen eröffnet. Er fing nach Maßgabe seiner Mittel klein an und erhielt 1795 nach Abhaltung einer erfolgreichen öffentlichen Prüfung für seine Schule gewisse Unterstützungen von Staat und Stadt, bis die Anstalt im Jahre 1801 vom bayrischen Staat übernommen wurde. Die schon früher ausgeübte Nötigung zum Besuch der Feiertagsschule wird danach also noch verschärft worden sein. Zu der Bezeichnung Feiertagsschule sei bemerkt, daß die Anstalt in amtlichen Schriftstücken bald so, bald als Sonntagsschule bezeichnet wird. Es gab gegen Ausgang des 18. Jahrhunderts in Bayern jährlich gegen 50 Feiertage, eine Zahl, die aber um 1800 durch einen päpstlichen Erlaß wesentlich eingeschränkt wurde (im Kalender von 1801 habe ich ihrer 17 gezählt). Glücklicherweise liegt der Schulplan der Münchner Feiertagsschule für die Zeit vom Oktober 1805 bis zum September 1806 vor, also für das erste Schuljahr nach *Fraunhofers* Ausscheiden. Man wird demnach einen zutreffenden Schluß auf den unserm Helden erteilten Unterricht und die Fächer ziehen können, die er bei der Ungunst der Zeit nicht mehr hat treiben können. Der Schulplan folgt hier genau nach den sehr dankenswerten *Kübert*schen Angaben.

I. Klasse: 80 Gesellen, 283 Lehrlinge. Lernen Lesen und Schreiben nach damaliger, primitiver Methode, dazu Kenntnis der Ziffern, etwas Rechnen, einige Giftpflanzen, Regeln über Höflichkeit und Gesundheitspflege.

II. Klasse: 80 Gesellen, 261 Lehrlinge. Übung im Lesen und Schreiben, Geschäftsaufsätze (Rechnungen, Quittungen, Schuldscheine, Briefe), Kopf- und Tafelrechnen, Anfänge der Erdkunde nach den Flußläufen, Kenntnis der Stadt-, Natur- und Kunstprodukte, Giftpflanzen, Anstandsregeln.

III. Klasse: 72 Gesellen, 231 Lehrlinge. Steigerung und Übung des Lehrstoffes der Vorklasse.

IV. Klasse: 40 Gesellen, 88 Lehrlinge. Mündlicher Vortrag. Schriftliche Aufsätze, Orthographie, Stil. Erd- und Himmelskunde. Die Staaten Europas. Deutsche Gold- und Silbermünzen.

V. Klasse: 89 Gesellen, 156 Lehrlinge. Rechtslehre, Elementargeometrie und mathematisches Zeichnen, Naturgeschichte und Handwerkskunde, Gesundheitslehre, technische Chemie, Naturlehre, Maschinenkunde, Hydrostatik, Hydraulik, Zeichnen, Anstandslehre.

NB. Die I. Klasse war in 2 Abteilungen zerlegt, so daß sich im ganzen 6 Schuljahre ergaben. Für Handwerksgesellen war der Besuch der Sonntagsschule freigestellt, für Lehrlinge aber verbindlich, so daß keiner freigesprochen wurde, der nicht ein Zeugnis über fleißigen Besuch der Schule während der Lehrzeit vorlegen konnte. Religionsunterricht wurde für alle V Klassen gleichzeitig in einer Kirche erteilt.

Ein großer Unglücksfall, der Einsturz des Hauses seines Lehrherrn am 21. Juli 1801, brachte *Fraunhofern* eine entscheidende Änderung seiner Lage. Frau *Weichselberger* wurde mit ihm verschüttet und erlag ihren Verletzungen, während *Fraunhofer*, besser geschützt durch Balken und Sparren, die sich bei dem Zusammenbruch gegeneinander stützten, mit leichteren Schädigungen davonkam. Die Rettungsarbeiten, die bei der Anwesenheit des Kurfürsten *Maximilian* mit jeder möglichen Anstrengung betrieben wurden, förderten den Jungen bald ans Licht, wie es der *Baumgartner*sche Polizeibericht vom Jahre 1805 schildert. Der Kurfürst sowohl wie der Geheimreferendar *J. Utzschneider* zeigten dem Verunglückten eine schöne menschliche Teilnahme. Bei dem Kurfürsten hielt diese Regung auch noch so lange an, daß er *Fraunhofern* nach seiner Herstellung nach Nymphenburg befahl, ihn von seinem Unglücksfall berichten ließ und ihn mit 8 Karolinen[1]) [88 fl. = 172 S.-M.] beschenkte (*57* 43 α). Nebenbei bemerkt kam auf diese Weise der Lehrling sehr viel besser über den Verlust hinweg als der Lehrherr, der aus einer Haussammlung den Betrag von $202\,^3/_4$ fl. [= 395 S.-M.] erhielt (*57* 4/5), wiewohl er doch vermutlich viel größere Werte eingebüßt hatte. Er hat, was hier noch bemerkt sein mag, sein Geschäft später in der Kaufinger Gasse betrieben.

Kehren wir nun zu der Ausbildung unseres Helden zurück, so scheint es, als ob *Weichselberger* zunächst seinen Lehrling vom regelmäßigen Besuch der Feiertagsschule zurückgehalten habe. Dieser hat nach (*57* 43 β) einen solchen wohl erst infolge seiner Vorstellung vor dem Kurfürsten und *J. Utzschneider* erzwingen können, und wir mögen annehmen, daß er seinen regelmäßigen[2])

---

[1]) Auch, vermutlich nach Umrechnung, mit 18 Dukaten angegeben. Man tut vielleicht besser, hier den heimischen „goldenen Karolus" anzunehmen, da ähnliche Goldmünzen zu 11 fl. in den *Utzschneider*schen Verträgen mit *Guinand* häufig vorkommen. Auch der älteste Bericht (*57* 43 α) vom Nov. 1811 spricht ja von 8 Karolinen.

[2]) Das steht in einem gewissen Gegensatz zu (*52*), dem 1826 entworfenen *Schrank*schen Nachruf (S. 5) für die Akademie, worin meiner Meinung nach *Fraunhofers* Schulkenntnisse gar zu gering eingeschätzt wurden. Daß *Fraunhofer* mangelhaft geschrieben hätte, muß ich bestimmt bestreiten: er hatte als Münchener Akademiker sogar eine bemerkenswerte Gewandtheit im Ausdruck. Gewiß führt ein so viel am Schreibtisch beschäftigter Mann wie *Utzschneider* die Feder leichter und sicherer, aber neben den von *Repsold* (*31* etwa 98 u. 105) mitgeteilten Proben *Reichenbach*scher Niederschriften können sich *Fraunhofers* Briefentwürfe ganz gut sehen lassen. Man sehe auch die Handschriftenproben auf S. 128, 41.

Unterricht erst mit dem Schuljahr 1801/02 begann. Damit wird es zu erklären sein, daß er im Herbst 1805, wo er als 18$^1/_2$jähriger die Schule verließ, erst die III. Klasse erledigt hatte, was nur auf

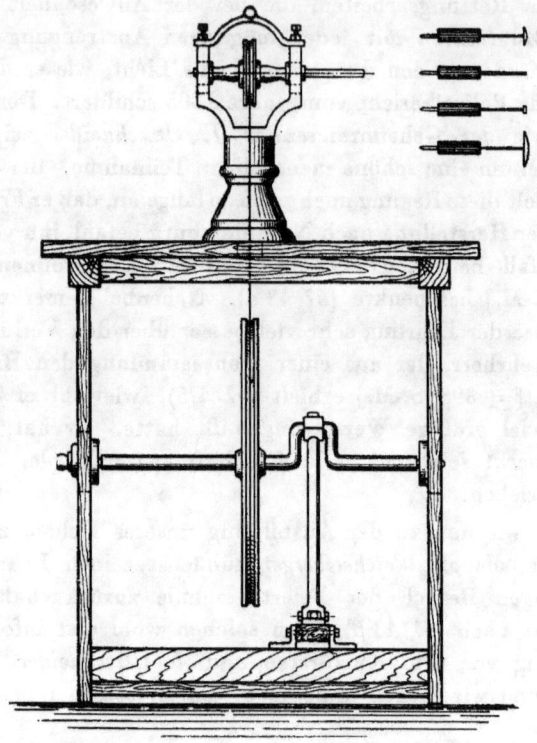

Abb. 1.
Glasschneidemaschine im Aufriß nach *Krünitz*ens mangelhaftem Muster von *C. Büchele* entworfen. Rechts oben sind einige auswechselbare Fräser dargestellt.

4 vollgerechnete Schuljahre schließen läßt, weil ja nach der oben auf S. 8 angeführten Bemerkung die I. Klasse mit ihren beiden Abteilungen 2 Jahre in Anspruch genommen hat. Er hat also allein elementaren Unterricht genossen, da er die beiden Klassen mit einem etwas gehobenen Lehrplan nicht mehr besucht hat. Bei der Abschlußprüfung am 1. September 1805 — es waren 86 Gesellen und 238 Lehrlinge in seiner Klasse — wird *Fraunhofer* unter den Preisträgern aufgeführt.

Nach (57 43 β) hat er schon bald nach dem Unfall die Bekanntschaft des Optikus *J. Niggl* gemacht und vom Schleifen der Brillengläser gehört, worin nach (55 150) dieser Mann erfahren war. Die Lebensbeschreibung (57 43 γ) setzt auch seine Beschäftigung mit Lehrbüchern wie *Spengler* und *Klügel* noch in seine Lehrzeit, also vor den Mai 1804, und man muß hier mit (72 165 β) den erstaunlichen Eifer hervorheben, mit dem der Knabe von dem Geldgeschenke des Kurfürsten zunächst eine ihm in seinem eigentlichen Berufe (S. 5) nützliche Glasschneidemaschine (Abb. 1) erstand. Er hat sich alsdann mit dem Schleifen von optischen Gläsern beschäftigt, wie er das *J. Utzschneidern* mitteilte, der ihn nach dem Unfall im Juli 1801 mehrere Male besuchte. Dieser hat *Fraunhofern* auch ein mathematisches Lehrbuch geschenkt und einige optische Schriften (*Klügel* eingeschlossen) empfohlen. Man wird also an einen vielleicht schon mit dem Jahre 1801 beginnenden Selbstunterricht[1]) denken müssen, der den Knaben für seinen künftigen Beruf immer fähiger machte.

Ungewöhnlich gut stimmt der Bericht von 1811 (57 42/4) mit dem *Utzschneider*schen (72) von 1826 nicht zusammen. Der erste hat den doppelten Vorzug, merklich älter zu sein und *Fraunhofern* selbst vorgelegen zu haben, der diesem Teil der Schilderung nicht widersprochen hat. Man möchte danach den Einfluß Außenstehender auf *Fraunhofers* Entwicklung zu einem theoretisch vorgebildeten Optiker nur niedrig veranschlagen. Der Anregung des Linsenschleifers *Niggl* auf den Zieraten-Glasschleifer-Lehrling wird aber wohl gedacht.

Das letzte Halbjahr der Lehrzeit kaufte *Fraunhofer* seinem Lehrmeister um 50 fl. ab (57 42 α), und es gibt ein gutes Bild von seinem den gewöhnlichen Vergnügungen abgewandten Sinn, daß der Lehrjunge drei Jahre nach dem Unfall noch den größeren Teil der Gabe seines Landesherrn in Händen hatte und somit das Geld zu seinem Freikauf aufbringen konnte. Für den Rest erstand er (72 166 α) eine Schleifmaschine für optische Gläser.

Unterrichtet man sich in dem gleichen Bande bei *Krünitz* über die Schleifmaschinen der damaligen Zeit, so kommt man zu der

---

[1]) Nach einer andern Darstellung (70 24/5) hätte er auch noch Privatunterricht genommen.

Überzeugung, daß es die gleiche Grundanlage ist, die bei den verschiedenen Gewährsmännern immer wiederholt wurde. Wir werden ein ganz entsprechendes, sehr gut bekanntes Stück weiter unten auf S. 54/5 als Abb. 7 u. 8 beschreiben.

Der im Mai 1804 eben 17 jährige junge Mann versuchte auf eigenen Füßen zu stehen; und so wird berichtet, daß er sich mit dem Stechen von Platten für erhaben zu druckende Besuchskarten Geld habe verschaffen wollen, ohne aber genügend Abnehmer zu finden. Wenn häufig, wohl stets auf *Utzschneiders* Bericht (72 166 β) zurückgehend, die Kriegsläufte dafür verantwortlich gemacht werden, daß ihm sein Versuch, mit Kupferstecherarbeiten Geld zu verdienen, mißlang, so kann das schwerlich auf die Zeit vom Mai bis zum November 1804 gesetzt werden, wo ja gerade Friede herrschte. Man bedenke nur, daß Napoleon zur Vorbereitung seiner im Dezember erfolgenden Krönung im Herbst seine deutschen Vasallen in Aachen und in Mainz versammelte. Es handelte sich in Süddeutschland damals um Feste, und nicht um Kriegszüge. Diese Erinnerungen *Utzschneiders* sind jedenfalls auf das nächste Jahr zu beziehen, wo die Verfolgung der Reste des österreichischen Heeres nach dem Zusammenbruch bei Ulm und der Vormarsch der französischen Heereskörper bis nach Austerlitz Bayern im allgemeinen und München im besondern stark mitgenommen haben müssen. In solchen Zeiten werden eben auch die schönsten Besuchskarten mit aufgehöhter Schrift die Kauflust nicht gereizt haben, und der Versuch, das dürftige Einkommen eines Spiegelmacher- und Zieraten-Glasschleifer-Gesellen aufzubessern, ist *Fraunhofern* mißlungen. Daß seine Lage kurz vor dem Eintritt in das Institut — also nach der hier vertretenen Auffassung in der letzten Zeit seiner Gesellenschaft bei *Weichselberger* — recht kümmerlich war, erwähnt *Utzschneider* (72 166 δ) ausdrücklich.

Vielmehr wird, um auf das Jahr 1804 zurückzukommen, *Fraunhofer* die Sommer- und Herbstmonate 1804 seiner wissenschaftlichen Ausbildung gewidmet und vielleicht versucht haben, sich seinen Lebensunterhalt durch Schleifen von Brillengläsern zu erwerben.

Schon nach einem halben Jahre sah er sich aber gezwungen, für einige Zeit als Geselle zu seinem alten Meister zurückzukehren. Nach Ausweis seines Gesellenbriefes (57 Taf. geg. 48) verließ er ihn am 19. Mai 1806, nachdem er einundeinhalbes Jahr bei ihm in Arbeit gestanden hatte. Seinem sittlichen Verhalten wird alles Lob gespendet, besonders aber hervorgehoben, daß er getreu und verschwiegen, sowie in der Arbeit sehr geschickt gewesen sei.

Man wird annehmen können, daß das „andere Objectum", auf das *Fraunhofer* nach seinem Gesellenzeugnis „gezielt" hat, eine Anstellung in dem optischen Institut gewesen sei. *Utzschneiders* Bericht (*72* 166 *δ*) ist auch hier nicht sehr eingehend, eine Zeit gibt er gar nicht an, und die Annäherung zwischen beiden sei durch *U. Schiegg* vermittelt worden. An anderer Stelle ist aber (*22* VI) ausdrücklich das Jahr 1806 genannt, und man weiß von einem doppelten Stellungswechsel *Fraunhofers* in diesem Jahre nichts, so daß es vernünftig ist, den 19. Mai 1806 als das Datum zu bezeichnen, wo *Fraunhofer* in das mathematisch-mechanische Institut von *Reichenbach*, *Utzschneider* und *Liebherr* eingetreten sein wird. Das stimmt auch aufs beste mit der *Reichenbach*schen Angabe (*30* 49 *β*) vom 21. April 1821 überein, wonach *Fraunhofer* vor 15 Jahren als „optischer Zögling" in das mechanische Institut eingetreten sei. Diese Mitteilung ist für unseren Zweck insofern besonders wichtig, als bei dem Streit mit *J. Liebherr* die äußerste Genauigkeit in Zahlenangaben eingehalten wurde. — Ausdrücklich erwähnt *Utzschneider*, daß er seinen damals etwa 19jährigen Schützling der Oberaufsicht von *U. Schiegg* unterstellt habe.

Man muß hier ein wenig zurückgreifen, um den Leser zunächst nur im groben über die Anstalt aufzuklären, in die unser Held im Mai 1806 eintrat.

Schon 4 Jahre zuvor hatte sich *G. Reichenbach* mit dem Uhrmacher *J. Liebherr* zur Errichtung einer feinmechanischen Werkstätte verbunden. Meß- und astronomische Geräte sollten hergestellt werden, und im Jahre 1804 trat der vielseitig beanlagte Fabrikherr und Staatswirt *J. Utzschneider* als Teilhaber bei, was wohl auch in bezug auf die Geldbeschaffung für das junge Unternehmen von entscheidender Bedeutung war. Wie an anderer Stelle noch eingehender darzutun sein wird, fiel dem neuen Teilhaber die Aufgabe zu, auf irgendeine Weise der Glasnot für die Linsen der feinmechanischen Geräte abzuhelfen, und dort ist auch zu schildern, wie es ihm gelang, in *P. L. Guinand* den einzigen Fachmann der damaligen Zeit anzuwerben.

Wie die Glasgewinnung aber eine ziemliche Zeit brauchte, um in Fluß zu kommen, so sind auch die Pläne nicht gleich fertig gewesen, in welcher Weise man den neuen Betriebszweig geschäftlich der feinmechanischen Anstalt angliedern solle. Im Mai 1806 war eine optische Werkstätte in Benediktbeurn unter *Guinands* Leitung geplant gewesen (*57* 15 *β*), und man hatte für die Münchner Anstalt — sie erscheint dort als astronomische Werkstätte — eine mäßige Anzahl von 50 Flint- und 50 Kronscheiben vorgesehen, die daselbst verarbeitet werden sollten.

Dort war für Arbeiten dieser Art *Utzschneiders* Bekannter, der Optiker *J. Niggl*, eingestellt worden, und dieser wird unter *Reichenbachs* Oberleitung gearbeitet haben. Nun kam noch *Fraunhofer* dazu, denn nach (*72* 163 *γ*) kann man nur an diese beiden Optiker denken. *Utzschneider* spricht im Februar 1807 von einem mathematischen Institut in München und hat damit vermutlich das alte mechanische Institut und die neue optische Abteilung in einem Sammelbegriff zusammengefaßt, dem er zufällig, wie wir noch sehen werden, diesen seit einiger Zeit verlassenen Namen gab.

Über die Einzelheiten dieser optischen Werkstätte sind wir aus dieser Zeit nicht wohl unterrichtet, doch möchte man — auch nach (*57* 21 1) — glauben, daß es sich schon hier um eine vielleicht als „optisches Institut" gesondert geführte optische Abteilung des älteren Münchner Unternehmens handelte, und daß an der Leitung *Utzschneider* und *Reichenbach* allein beteiligt waren, während der Hauptteil des Ertrages ausschließlich *Utzschneidern* zufallen sollte, der die Verträge von 1806 und 1807 mit *Guinand* allein unterzeichnete. Als im Mai 1806 *Fraunhofer*, wohl als Geselle bei dem Meister *Niggl*, eintrat, war die Zukunft der neuen Abteilung in allen Einzelheiten offenbar noch nicht gesichert. Man muß annehmen, daß aus der nicht besonders reichhaltigen Ausbeute der damals zustande gebrachten Schmelzen die Linsen zu den Meßinstrumenten hergestellt wurden und daß man das minder gute Glas zu Brillen verwandte, wofür weiter unten (S. 164) ein ziemlich gut beglaubigter Beleg gegeben werden soll. Irgendeine Preisliste für Fernrohre und für Brillen, die mit Sicherheit auf die Zeit vor 1811 zu verlegen wäre, ist in den hier benutzten Papieren nicht vorhanden.

Wie es im einzelnen mit *Fraunhofers* optischer Ausbildung gehalten wurde, können wir nur vermuten, da unsere Quellen hier ganz wenig eingehend sind. Immerhin wird von (*72* 167 *β*) hervorgehoben, er sei sogleich mit der Berechnung von Fernrohrobjektiven, darunter sogar von Linsen für das Ofener Fernrohr, beschäftigt worden. Es läßt sich denken, daß die frühzeitige Beschäftigung des jungen Mannes mit Lehrbüchern wie dem *Klügel*schen ihn zu solchen Aufgaben befähigt habe; möglicherweise hat er sich auch bei *U. Schiegg* Hilfe holen können, wenngleich man diesem Physiker und Astronomen nicht recht besondere Erfahrung auf einem Gebiete zutrauen möchte, wo — es handelte sich ja um die Berechnung eines ziemlich großen Fernrohrobjektivs mit Annäherungsformeln — damals im deutschen Sprachgebiet eben niemand Bescheid wissen konnte.

Wenn es dagegen an derselben Stelle heißt, unser Held habe auch diese ersten größeren Linsen selber geschliffen — und vielleicht läßt sich *Fraunhofers* flüchtige Bemerkung (*57* 34 *β*) derart deuten, obgleich es sich bei den für *J. Pasquich* bestimmten Linsen auch um solche von kleinerem Durchmesser gehandelt haben kann —, so wird das jedenfalls nicht ohne eine in höherem Maße fachkundige Hilfe geschehen sein. Man muß sich wohl der Darstellung *G. Reichenbachs* (*30* 49 *β*) von 1821 erinnern, wo er ausdrücklich den Anspruch erhebt, *Fraunhofern* Anregungen für eine Schleifmaschine und für Fühlhebel gegeben zu haben. Diese letztgenannten Geräte sollten sowohl zu einer Prüfung der Ausrichtung der Flächen zur gemeinsamen Achse dienen als auch die Regelmäßigkeit der Flächenform dartun. Es läßt sich denken, daß ein so ungewöhnlich begabter und lerneifriger Optikergeselle wie *Fraunhofer* von einem derart ausgezeichneten Lehrmeister Nutzen gezogen hat, und ich möchte den oft angeführten Lobspruch[1]) *Reichen*-

---

[1]) Da dieser Lobspruch von *Tr. L. Ertel* als Ohrenzeugen überliefert ist, so kann man auf Grund der *Thierschischen* Zahlenangaben (*70* 20/1) folgenden dürftigen Versuch einer Datierung wagen. Danach war *Ertel* bis 1800 in Freiberg, dann nach einer Wanderung 5½ Jahre in Pest, was uns auf das Ende von 1805 oder den Anfang von 1806 bringt. Wenn er auch in Wien arbeitet und im folgenden Jahre (1806 oder 1807) noch in Schweinfurt und Würzburg beschäftigt war, ehe er nach München in das mechanische Institut von *Reichenbach, Utzschneider und Liebherr* aufgenommen wurde, so wird man seinen Eintritt schwerlich vor die Mitte von

bachs auf den jungen *Fraunhofer* als einen Beweis dafür ansehen,
daß der junge Mann klärlich imstande war, von einer — vielleicht
nur flüchtigen — Anregung eines solchen Meisters zu lernen.
Jedenfalls erhält man für *Fraunhofers* Schulung als ausführender
Optiker, soweit sie nun durch äußere Anregungen und durch die
Anforderungen im Tagesleben der Werkstatt erfolgt ist, einen
ziemlichen Zeitraum, wenn man betont, daß er schon im Mai 1806
in das Institut eingetreten ist. Er ist dann ja noch in München
etwa anderthalb Jahre tätig gewesen, und mit den 14 bis 15 Monaten
in Benediktbeurn kommt man zu einer Vorbereitungszeit von
etwas unter 3 Jahren für die verschiedenen ihm zugeschriebenen
Verbesserungen in der Flächengestaltung. Wenn er (72 167 δ) bereits im März 1807 eine Maschine zur Herstellung von Umdrehungshyperboloiden ausdrücklich unter Bezugnahme auf *Reichenbachs*
Pendelschleifmaschine (S. 63/4) angegeben hat, so läßt sich mit
Sicherheit annehmen, daß ihm damals die Verfahren zur Herstellung guter Kugelflächen vollkommen gut bekannt gewesen sein
werden.

Eine solche Schulungszeit ist eben notwendig, wenn *Fraunhofers*
Anfangsleistungen überhaupt in das Gebiet des Menschenmöglichen
gerückt werden sollen. Wir wollen heute alle verstehen und begreifen, wo wir bewundern sollen, und die bloße Aufzählung riesenhafter Leistungen in ganz kurzer Zeit und ohne Beachtung des
auch auf ihn ausgeübten geistigen Einflusses mag wohl für ein
Märchen passen, fördert aber unsere Einsicht gar nicht. Was wir
zu verfolgen wünschen, ist der einzigartige Vorgang, wie aus einem
besonders begabten und eifrigen, aber mangelhaft vorgebildeten
Jüngling in kurzer Zeit ein so unvergleichlicher Leiter des Benediktbeurner Unternehmens wurde.

Es ist auch sicher, daß in dieser Zeit, wo er von *Herschel*schen
Spiegelfernrohren und ihrem verhältnismäßig starken Absatz —
man vergleiche hierzu (*42* 539 Anm. 1) — Näheres gehört haben
wird, mit einer nach *Utzschneider* (*72* 167 δ) 1807 — es war ge-

---

1807 legen können. Man erhält dann noch Zeit für den Einfluß von *U. Schiegg*
auf ihn und auf ein Zusammenwirken mit *Fraunhofer*, der aber dann schon länger
als ein Jahr unter *Reichenbach* gearbeitet hatte, so daß man diese wohlverdiente
Würdigung nicht auf einen unerfahrenen Anfänger beziehen kann, sondern sie
einem erprobten Gesellen zuerteilt werden lassen muß.

nauer im März dieses Jahres — vollendeten Arbeit begonnen wurde. Es handelte sich *(13)* um die beste Anlage von Spiegelfernrohren mit zwei gekrümmten Spiegeln, also Spiegelfolgen nach *Gregory* oder *Cassegrain*, und man hatte davon bisher nur *(57 44)* eine einigermaßen gleichzeitige Nachricht, wiewohl auch *Utzschneider (72 167 δ)* ihrer flüchtig Erwähnung tut. — Vielleicht hat *Fraunhofer* sich auch damals schon mit der Erlernung der französischen Sprache abgegeben, die er jedenfalls 1817 in bemerkenswerter Weise beherrschte, und die ihm in seinem Verkehr mit *Guinand* und bei der Lesung von dessen Glasschrift die besten Dienste geleistet haben wird. Aber diese Annahme über eine so frühe Aneignung des Französischen ist eine bloße Vermutung.

Sein Lebenslauf rückt für uns erst wieder in das deutliche Licht der Geschichte, als er im Jahre 1807, zunächst noch unter *J. Niggl*, seinem früheren Bekannten, in der Münchener Werkstätte des *Utzschneider*schen Unternehmens arbeitet. Er machte in dieser Stellung gegen den Ausgang des Jahres 1807 die Verlegung des optischen Betriebes nach Benediktbeurn mit, doch sollten dort bald merkliche Änderungen eintreten.

Soweit man im allgemeinen auf die Lage der optischen Abteilung an dem neuen Wirkungsorte schließen konnte, mußte man annehmen, sie habe zunächst unter *P. L. Guinands* Leitung gestanden. Denn sein Vertrag vom 20. Februar 1807 gab ihm einen Anspruch darauf, und man mag nicht annehmen, daß er auf ein solches Recht verzichtet habe. Alsdann wäre es wohl zu verstehen, daß *J. Niggl*, der nach *(55 150 ff.)* mindestens in seinem Alter ein grämlicher und verbitterter Mann ohne jede Beobachtung der Formen war, zu seinem neuen Vorgesetzten in kein förderliches Verhältnis kommen konnte. Man braucht dafür nicht einmal auf den schriftlich niedergelegten Umstand einzugehen, daß *Guinand* kurze Zeit vorher mit einem widersetzlichen Glasarbeiter einen scharfen Zusammenstoß *(41 191 δ)* gehabt hatte. *Niggl* mochte aus diesem Grunde die neue Arbeitsstätte verlassen haben, während *Fraunhofer*, zunächst jedenfalls, unter *Guinands* Leitung blieb.

Diese auf einigermaßen einleuchtende Vermutungen gestützte Annahme mag aber gleichwohl nicht zutreffen, denn eine kurze Bemerkung *Fraunhofers (51 62 γ)* läßt sich so auffassen, als habe er schon Ende 1807 eine Vertrauensstellung etwa als Werkmeister in Benediktbeurn bekleidet. Dann ist möglicherweise die früh in München verbreitete Annahme (*70* 28) doch richtig, *Niggl* habe seine Stellung aufgegeben, weil er die Überlegenheit *Fraunhofers* empfand. Ob man danach auf eine dauernde Verstimmung schließen könne, wie in (*60*) doch wohl angedeutet wird, ist schwer zu sagen; doch muß man alsdann hervorheben, daß *Niggls* Name in *Fraunhofers* Nachlaß zu Berlin auf der Liste der Namen steht, denen *Fraunhofer* Schriften (Preislisten, vielleicht auch seine Veröffentlichungen) zuzusenden wünschte. Die Zusammenstellung trägt kein Datum, ist aber wohl auf das Jahr 1822 zu setzen, denn zwei der Empfänger (*Walbeck* und *Tralles*) starben in diesem Jahre, und anderseits hat der junge *Schwerd* seine erste Arbeit in diesem Jahre herausgehen lassen; sie aber wird ihn auf diese Liste gebracht haben.

Wir wissen leider von dieser Zeit so gut wie nichts mit Sicherheit. Wenn *Guinand* (*39a* 620) später seinem Schüler *E. Reynier* mitteilte, er habe *Fraunhofern* das Schleifen und Polieren auf (wasserkraftgetriebenen) Maschinen vorgeführt, so wird das zutreffend sein, da *Guinand* diese Verfahren in les Brenets entwickelt und nach Benediktbeurn übertragen hatte. *Fraunhofer* aber wird damals schwerlich, an den genauen Verfahren *Reichenbachs* erzogen, für diese wohl aus den alten Handschleifbänken entwickelten Kraftmaschinen viel übrig gehabt haben. Von dem Münchener Betriebe ist aber gelegentlich berichtet worden, daß er sich der Wasserkraft zur Bearbeitung der Linsenflächen bedient hat; und man wird dagegen kaum etwas einwenden wollen.

Abgesehen von dieser für die Entwicklung des Betriebes nicht allzu wichtigen Mitteilung sind wir auf Vermutungen angewiesen. Wir müssen annehmen (*57* 27/8; *42* 546), daß die verschiedenen Arbeitsmaschinen und vielleicht auch das Probeglasverfahren (s. a. unten S. 68) von *Fraunhofer* in diesen 14 oder 15 Monaten in den Betrieb eingeführt worden sind, wenn er sich auch bestimmt schon länger mit ihnen getragen hat.

Wir wissen ja aus ganz zuverlässiger Quelle (*70* 32), daß *Utzschneider* 1808 nicht ohne äußeren Druck eine Anzahl von Knaben als Lehrlinge in Benediktbeurn zusammenbrachte, und diese sind jedenfalls in der Bedienung der neuen Maschinen geschult worden; man wird eben die Leistungsfähigkeit des jungen Werkmeisters damit ausgenutzt haben, daß man den Betrieb des optischen Instituts sogleich vergrößerte. Es läßt sich ohne solche greifbaren Leistungen *Fraunhofers* fabelhaft schnelles Aufrücken von einem optischen Werkmeister zu einem allgemein, auch dem Schleifer *Guinand* übergeordneten Vorgesetzten in keiner Weise verstehen. Denn als solcher tritt er in dem denkwürdigen Briefe vom 26. I. 09 (*57* 34/6) auf, zu dessen Besprechung wir uns nunmehr wenden.

Fraunhofer berichtet darin an den Besitzer *Utzschneider* vollständig wie ein Leiter des Unternehmens; er sorgt für die Verteilung der Arbeit im einzelnen, für die Verminderung der Herstellungskosten sowie die Erhöhung der Anzahl der gelieferten Fernrohre, bestimmt nach einer Besprechung mit *Reichenbach* wenigstens im großen die Arbeitsrichtung und verfügt über die vorhandenen Kräfte, die *Guinands* (soweit er nicht als Schmelzmeister arbeitete) eingeschlossen; diesen beschäftigte er damals an dem Vordrehen von Fassungen zu Fernrohren. Er selber hat sich neben der Aufsicht über das ganze Unternehmen das Schleifen der wichtigsten Linsen, die Berechnung der Linsen und die Prüfung ihrer Ausführung vorbehalten.

Es ist vollkommen ausgeschlossen, daß sich diese Entwicklung ohne die tätige Förderung durch den Besitzer vollzogen habe. Das schon erwähnte günstige Urteil, das *G. Reichenbach* über *Fraunhofer* in dem Jahre nach seiner Einstellung geäußert hat, mag sich in der neuen Werkmeisterstellung bald glänzend bestätigt haben, und man kann nur auf das innigste bedauern, daß über die einzelnen Stufen, wie *Fraunhofer* in seiner Stellung aufrückte, so gar nichts Näheres bekannt ist.

In jenem Brief wünscht er, sich auf entsprechende Äußerungen *Utzschneiders* berufend, eine dauernde Stellung, die durch einen schriftlich abzufassenden Vertrag gesichert werden sollte, um ihm im Falle seiner Heirat eine größere Sicherheit zu geben.

Wir wissen (*72* 167 γ), daß wenige Tage nach dem Briefe, am 7. Februar 1809, ein Vertrag mit *Fraunhofer* abgeschlossen wurde, demzufolge der noch nicht ganz 22jährige Jüngling in die Leitung des Unternehmens aufgenommen wurde. Nach außen hin scheint *Fraunhofer* seine neue Stellung nicht besonders betont zu haben, so unterzeichnete er noch 1823 (*57* 41) seine dienstlichen Briefe an Geschäftsangehörige einfach mit *Fraunhofer* Opt., wie ihn ja überhaupt eine ungemein ansprechende Bescheidenheit im Auftreten gekennzeichnet hat. Auch aus *Gauß*ens Bericht (*12* 20) wird schwerlich von einem Unbefangenen entnommen werden können, daß dem bereitwilligen Anerbieten *Utzschneider*s, den großen Achromat nach Göttingen auszuleihen, der „sehr talentvolle und tätige Mann" *Fraunhofer* mit dem gleichen Teile der Kosten beigetreten war.

Über die näheren Bedingungen wissen wir aus dem zweiten Vertrage, der uns glücklicherweise erhalten geblieben ist, nur, daß *Fraunhofer*n ebenso wie den beiden andern Leitern je ein Drittel des Reinertrages zustand, daß aber das optische Institut bis 1814 keinen Reingewinn abgeworfen hat. Eine Angabe über das feste Gehalt des jungen Leiters findet sich dort nicht; es scheint auch möglich, daß seine Mitteilungen nach außen hin der Gegenzeichnung durch *G. Reichenbach* bedurften. Auf solchen aus *Fraunhofer*s Nachlaß stammenden Papieren dieser Zeit findet sich nämlich ein gewisser abgekürzter Namenszug, den ich auf *G. Reichenbach* beziehen möchte. Und es ist nach einer späteren Äußerung *Fraunhofer*s (S. 163) über *Reichenbach*s Benediktbeurner Stellung nicht ausgeschlossen, daß dieser wirklich zwischen 1809 und 14 eine Art Oberleitung beansprucht habe.

In welcher Weise sich *Guinand* zu diesen Änderungen stellte, wissen wir nicht; möglicherweise ist die Vermutung (*43* 275 e) richtig, daß er sich zunächst auf seinen Schmelzerposten zurückgezogen hat. Dafür waren die Bestimmungen seines Vertrages mit *Utzschneider* vom 20. Februar 1807 (*57* 21/24) dehnbar genug, und er war dort wenigstens vorläufig Alleinherrscher. Denn in *Fraunhofer*s Brief vom 26. I. 1809 ist von der Glashütte keine Rede; sie galt offenbar damals noch als ein dem alten Meister *Guinand* allein unterstellter Teil des Unternehmens.

Es liegt in der Natur der Sache, daß sich zwischen Schmelzer und Optiker leicht Meinungsverschiedenheiten über die optische Brauchbarkeit des vom Schmelzer gelieferten Werkstoffs einstellen. Und darauf wird noch weiter unten einzugehen sein. Wo der Glasschmelzer keinen Wettbewerb zu fürchten hat und von dem Optiker unabhängig ist, wie eben bei dem englischen Glasersatz im 18. und im beginnenden 19. Jahrhundert, wird sich der Optiker auf Klagen beschränken. Hier aber, wo die Hütte für optisches Glas einen Teil des Benediktbeurner Unternehmens bildete, werden die Meinungsverschiedenheiten bald vor den Besitzer gebracht worden sein. Daß der Wunsch *Fraunhofers* bestand, die Glasherstellung kennenzulernen, um wenigstens einen Versuch zu einer Verbesserung des Werkstoffs zu machen, und daß sich *Guinand* zunächst diesem Ansinnen widersetzte, brauchen wir nicht zu erschließen, da wir es aus der Schilderung durch *A. Guinand* (*14* 344 β) wissen. Das ist auch gar nicht verwunderlich; bei dem völlig verständlichen Selbstgefühl des um 39 Jahre älteren *Guinand* und bei der vermutlich sprachlich doch immerhin noch schwierigen Verständigung zwischen den beiden Angestellten konnten sie sich untereinander nicht einigen, und der Streit mußte eben vor den Besitzer gebracht werden. Daß sich dieser für die Einweihung *Fraunhofers* entschied, wird man ihm schwerlich verdenken können: die Steigerung des Durchmessers brauchbarer Glasscheiben (siehe S. 109) war für das Unternehmen von besonderer Bedeutung, und es lag nahe, dafür auch den dem Betriebe eng verbundenen Mann heranzuziehen, der doch schon erstaunliche Proben seiner Fähigkeit und Hingebung abgelegt hatte.

Und so wurde denn *J. Fraunhofer* vom 9. August 1809 ab durch den alten Meister in das Verfahren der Schmelzung optischen Glases eingeführt. Denn *Utzschneider* hatte nach Absatz 4 des Vertrages vom 20. Februar 1807 ohne jede Frage das Recht, auf eine solche Einweihung zu drängen, und in der Tat ist ihm diese Berechtigung auch nicht einmal von *Guinand* bestritten worden.

Von dem nunmehr folgenden vierjährigen Zeitraum bis zum Dezember 1813 wissen wir nur sehr wenige Einzelheiten; sie beschränken sich in äußerer Hinsicht darauf, daß *Fraunhofer* für das Schmelzen optischen Glases dem alten Meister in den ersten beiden Jahren bei-, in den letzten beiden übergeordnet wurde. Wie an anderer Stelle (S. 98) gezeigt werden soll, wurde in dieser Zeit das entwickelt, was ich das *Guinand-Fraunhofer*sche Verfahren der Herstellung optischen Glases nennen möchte, ein Verfahren, auf dem alle westlichen Glashütten — s. a. S. 101 u. S. 102 — fußen, mögen sie nun auf *Guinand-Daguet,* auf *Guinand-Feil* oder auf *Bontemps-Chance* zurückgehen. Dieses technische Verfahren, von beiden auf ihrem Gebiete hervorragend begabten Männern entwickelt, war natürlich bei dem Abschluß im Jahre 1813 in seinem

damaligen Stande beiden in gleicher Weise vertraut, worauf weiter
unten ebenfalls noch einzugehen sein wird. Wir haben dafür (*50* 3)
*Fraunhofer*n selbst als Zeugen.

Daß der Benediktbeurner Betrieb, wie hier eingeschaltet sei,
schon früh auch von der Leitung des Staats als lebenswichtig anerkannt worden ist, läßt sich aus einer Liste (*57* 36 δ) ersehen, die
1811 für die militärpflichtigen Arbeiter des Benediktbeurner Instituts eingereicht wurde. Wenn, offenbar bei der Aushebung der
bayrischen, für den russischen Krieg bestimmten Mannschaft, auch
der als wenig tüchtig geltende *W. Strahl* aus Stuttgart als „un-
abkömmlich" angesehen wurde, um einen uns heute geläufigen
Ausdruck anzuwenden, so wird man auf eine hohe Wertung des
Unternehmens schließen müssen, auch wenn man annimmt, daß
Utzschneider seine schützende Hand noch besonders über diese
seine Gründung ausgestreckt haben wird.

Bei den späteren Aushebungen — wir werden an die Vorbereitungen auf die Feldzüge in den Jahren 1813 bis 15 denken müssen —
hat die Regierung eine solche Rücksicht nicht walten lassen, und
darüber hat sich *Fraunhofer* (*12*) im Mai/Juni 1815 bitter beklagt,
da damals seine Arbeiten durch den Mangel an ausführenden
Kräften schwer behindert wurden.

Ganz gewiß werden, um weiter fortzufahren, die wesentlichen
Verbesserungen der Glasherstellung auch *Fraunhofer*n mit einiger
Genugtuung erfüllt haben, aber zunächst wuchs mit der Kostbar-
keit der Scheiben die Dringlichkeit, ein zuverlässiges Verfahren
zu begründen, um den neuen Werkstoff der Rechnung zugänglich
zu machen.

Schon früher hatte sich (*43* 278) zeigen lassen, daß sich die
Arbeiten *Fraunhofer*s zur Bestimmung der Brechzahl über eine
recht lange Zeit erstrecken mochten. Nach *Fraunhofer*s eigenen
Worten haben seine kostspieligen Versuchsarbeiten — und hier
wird man ohne Zwang an die Aufstellung des 6-Lampen-Geräts
denken müssen — mit dem Winter 1813 begonnen, was ausgezeichnet zu dem aus andern Quellen erschlossenen Ende seines
Zusammenarbeitens mit *Guinand* stimmt. Ferner kann man aus
den Nummern der in der großen Arbeit von 1817 untersuchten
Schmelzen einen Schluß auf deren mögliche Beendigung wagen.
Denn da wir die Zeit der Schmelzen genau kennen — das Flint

Nr. 13 z. B. war erst Ende Juli 1813 fertig geworden — und ferner wissen, daß *Fraunhofer* später zu all seinen zahlreichen entscheidenden Messungen auf Sonnenlicht angewiesen war, das doch zu Benediktbeurn nicht zu allen Tagen zur Verfügung steht, so können wir annehmen, daß die große Arbeit, auf der sich die technische Optik unserer Zeit aufbaut, nicht vor 1816 fertig vorgelegen hat. Und erst am 12. April 1817 wurde sie (*22* VII) der Münchener Akademie eingereicht, die *Fraunhofer*n daraufhin am 3. Mai 1817 zu ihrem korrespondierenden Mitglied erwählte.

Inzwischen war — im Mai 1814 — *P. L. Guinand* aus dem Werk getreten, und kurz zuvor hatte auch *G. Reichenbach* — am 17. Februar — seine Beziehungen zu Benediktbeurn gelöst. Am 20. Februar wurde nunmehr ein neuer Vertrag mit *Fraunhofer* abgeschlossen. Wie hoch der junge Geschäftsführer von *Utzschneider* geschätzt wurde, kann man aus der Tatsache entnehmen, daß dieser (*72* 173) ihm einen Geschäftsanteil von rund 10 000 fl. [= 19 500 S.-M.] verehrte, so daß er über sein festes Gehalt hinaus an dem Zinsertrag beteiligt wurde. Man wird schwerlich fehlgehen, wenn man dieses Zeichen der Anerkennung auf die Leistungen *Fraunhofer*s bei der Vervollkommnung der Schmelzverfahren schiebt, war doch die vierjährige Arbeit mit *Guinand* eben abgelaufen.

Zum Glück ist der Wortlaut dieses Vertrages (*51* 53/5) erhalten; wir wissen, daß *Fraunhofer* ein Monatsgehalt von 125 fl., also im Jahre 1500 fl. [= 2920 S.-M.], bezog, wozu ein Zinsertrag jenes Geschäftsanteils gekommen ist, der zunächst mit 500 fl. begann. Beachtet man, daß er wahrscheinlich wie *Guinand* und die meisten Arbeiter in Benediktbeurn freie Wohnung und Feuerung hatte, so wird man zugeben, daß sich von diesen Summen in dem abgelegenen Orte ein recht beträchtlicher Teil zurücklegen ließ, der zur Vergrößerung seines Geschäftsanteils verwandt werden mochte, womit sich von selbst der Jahresbezug weiter erhöht hätte.

Man kann also nichts einwenden gegen *Utzschneider*s Schilderung (*72* 173 *a*), daß er den Leiter des optischen Instituts wirklich auskömmlich gestellt habe. Alle gegenteiligen Ansichten — und ich habe solche ebenfalls gehegt — beruhen auf *Fraunhofer*s an seine Schwester *Viktoria* (*57* 90 *δ*) gerichtetem Brief, der zu richtiger Deutung eine eingehende Kenntnis von *Fraunhofers* wissenschaftlicher Betätigung verlangt.

Sehr merkwürdig ist es, worauf weiter unten (S. 153) noch genauer einzugehen sein wird, daß in jenem Vertrage von der Glashütte gar nicht geredet wurde; so konnten sich darüber bei beiden Teilhabern ganz unvereinbare Ansichten bilden, die später zu Verstimmungen führten.

Man wird weiter annehmen können, daß erst jetzt, nach *Reichenbach*s Ausscheiden, *Fraunhofer*s Stellung die eines wahren Leiters wurde, wenn man dafür auch einen Einfluß auf das Arbeitsziel als notwendig voraussetzt. An einer späteren Stelle werden sich seine Maßnahmen eingehender entwickeln lassen, soweit man sie aus der Überlieferung erschließen kann. Hier mag der Hinweis darauf genügen, daß wohl um diese Zeit die Herstellung von Brillen und von Operngläsern aufgegeben wurde, während man anderseits Himmelsfernrohre mit den für die damalige Zeit unerhörten Linsendurchmessern von $17^1/_2$ und 23 cm anbot: allem Anschein nach, um dem Absatz der *Herschel*schen Spiegelfernrohre entgegenzutreten.

Die nunmehr folgenden 5 Jahre werden vermutlich *Fraunhofer*n besonders erfreulich gewesen sein: die günstige Entwicklung des Unternehmens, die er zu einem ganz überwiegenden Teil seinem völlig selbständigen Wirken zuschreiben konnte, die Anerkennung, die ihm nun auch von Fernerstehenden ward, und die Sicherheit in seiner Tätigkeit, vor allem aber der Fortschritt in seiner wissenschaftlichen Erkenntnis, dessen bereitwillige Anerkennung noch durch keine Kränkung verbittert worden war, werden ihn sein einfaches und arbeitsreiches Leben haben mit Freude genießen lassen.

Ein sehr glücklicher Umstand hat uns eine Schilderung des Eindrucks bewahrt, den *Fraunhofer*s Wesen um diese Zeit auf seine Umgebung in Benediktbeurn machte. Der seit September 1816 in Benediktbeurn tätige Lehrer *A. Rockinger* hat uns eine sehr eingehende Schilderung hinterlassen. Ich bin der freundlichen Hilfsleistung des Herrn Oberlehrers *H. Kübert* und des Herrn Lehrers *A. Sittler* für die sorgfältige Ermittlung des Beginns von *Rockinger*s Tätigkeit in Benediktbeurn verpflichtet, denn ohne einen solchen Nachweis müßte man zwischen dem Ende von 1807 und der zweiten Hälfte von 1819 hin und her schwanken.

Fraunhofer macht in dieser Schilderung den Eindruck eines scharfen Vorgesetzten, teilnehmend und hilfsbereit den Bekannten, arbeitsam und erfindungsreich in seinem Beruf. Einzelheiten müssen an den zugehörigen Stellen gewürdigt werden.

Über die geschäftliche Entwicklung wird weiter unten (S. 162 ff.) zu handeln sein. Die Anerkennung ferner stehender Gelehrter läßt sich aus der steigenden Zahl von Besuchern schließen, deren Namen (*57 37*) angegeben sind. Gewiß wird man darunter eine Menge gesellschaftlich hochstehender Personen abziehen müssen, bei denen es sich mehr oder weniger um eine nicht besonders tiefgehende Neugier gehandelt haben mag.

Hierunter werden zu rechnen sein der Herzog *Dalberg*, der russische Gesandte *Friedrich Graf v. d. Pahlen*, der portugiesische Mineralog *J. A. Monteiro*, Graf *Arco*, der französische Gesandte *Lagarde*. Auch bei *H. Zschokke*, dem Freunde *Utzschneiders*, wird man vermutlich an keine tiefgehende Sachkenntnis denken können, wie er auch in seiner warmherzigen Schilderung (*77*) der Spektrometermessungen keine Erwähnung getan hat.

Von größerer Bedeutung unter den hochgestellten Besuchern mag der Besuch des vielvermögenden bayrischen Ministers, des Grafen *Montgelas*, gewesen sein; von seinem Besuch ist die Tatsache bekannt geworden, daß er mit *Fraunhofer* einen Ausflug gemacht hat, wo sie vom Kochel- zum Walchensee hinaufstiegen.

Aber die Gelehrten fehlten, wie gesagt, nicht: *K. F. Gauß* erschien im Mai des Jahres 1816, worüber (*12*) nachzulesen ist. Von der Messung der Brechzahlen ist dort nichts erwähnt, dagegen berichtet er davon, daß er in Benediktbeurn die Linsen zu einem Achromat von 9 Zoll [= $24^1/_2$ cm] Öffnung und 15 Fuß [= 4,9 m] Brennweite gesehen habe; es wird sich wohl um eine Beschreibung (in abgerundeten Zahlen) von dem Zusatz zu Nr. 30 auf S. 176 handeln. Diese Linsen sollten nach der Preisliste des Jahres 1816 23 cm Öffnung und $4^1/_2$ m Brennweite haben. Die Einzelheiten dieser Anlage wurden noch von *Fraunhofer* derart an *Gauß* mitgeteilt, daß später danach eine Durchrechnung vorgenommen werden konnte.

Mit dem Kieler Astronomen *H. Ch. Schumacher* wird sich vielleicht bei diesem Zusammentreffen die Freundschaft geknüpft haben, der wir den später zu erwähnenden ganz wichtigen Brief verdanken. Über den in *Fraunhofers* Aufzeichnungen (57 37 δ) als Mathematiker bezeichneten Professor *Münchow* aus Jena ist inzwischen (45) einiges neu bekanntgeworden, was zweckmäßig hier erwähnt werden mag.

Karl Dieterich v. Münchow war, neun Jahre älter als *Fraunhofer*, damals außerordentlicher Professor der Astronomie in Jena und seit 1816 damit beschäftigt, gemeinsam mit dem Weimar-Jenaer Mechanikus *Fr. Körner* aus Glasscheiben französischer Herkunft ein größeres Objektiv für die Sternforschung herzustellen. Die Berechnung wird *K. D. v. Münchow* im Jahre 1817 wohl schon vollendet und dem ausführenden Künstler übergeben haben. Leider ist nichts über die Unterhaltung mit *Fraunhofer* bekannt, und man muß bedauern, nichts von der Art zu wissen, wie *Fraunhofer* einen in besonderem Maße sachverständigen Gelehrten aufgenommen hat. Immerhin erscheint auch sein Name auf der *Fraunhofer*schen Versendungsliste (S. 18) von 1822 etwa. *Münchows* Anteil an optischen Dingen kann in Benediktbeurn bekannt gewesen sein, da damals bereits seit 1816 eine Veröffentlichung über seine schon länger geplante Arbeit in Gemeinschaft mit *Körner* vorlag. *J. H. Voigt*, mit dem *K. D. v. Münchow* gemeinsam die Reise gemacht zu haben scheint, war Professor der Physik an der Jenaer Hochschule; er stand damals bereits im 67. Lebensjahre. Beide werden ihre Reise vermutlich in den Sommerferien ausgeführt haben.

Wie *Fraunhofer* das Geschäft leitete, zeigen leider nur vereinzelte Äußerungen. Hier ist sein Bericht über die Prüfung des Gesellen *W. Strahl* zu verwerten, der 1809 mit einer Empfehlung von *J. H. Tiedemann* (57 53) in Benediktbeurn eingetreten war. Er ist, wie oben gesagt, 1811 bestimmt noch in seiner Stellung gewesen, und man kann nach *Fraunhofers* Bericht vermuten, daß er sie erst 1814 aufgegeben hat, was auch aus seinen Beziehungen zu *P. L. Guinand* sehr wahrscheinlich wird. Die Art, wie *Fraunhofer* seine Prüfung *Strahls* beschreibt, die ruhige und leidenschaftslose Art, in der er sein scharfes Urteil abgibt, läßt einen recht wahrscheinlichen Schluß darauf zu, daß er an seine Angestellten große Anforderungen stellte, wenn er sie befördern sollte. Diese Vermutung wird durch das wertvolle Zeugnis des Lehrers *A. Rockinger* (S. 24) bestätigt, der einige Jahre nach dieser Zeit in Benediktbeurn lebte und sich auch der teilnehmenden Freundlichkeit *Fraunhofers* in einer Brillenangelegenheit erfreut hat. Er wird viele Gelegenheit gehabt haben, selber mit den Arbeitern der Werkstätte zu sprechen, und schildert, wie schon gesagt, den Leiter als einen ernsten, auch kleine Fehler scharf rügenden Vorgesetzten. Bei größeren Versehen hielt die gewohnte Selbstbeherrschung nicht stand, und er konnte sehr ausfallend werden, was bei einem so überarbeiteten Mann nicht wundernehmen wird. Nebenbei bemerkt, richtete sich seine Heftigkeit auch gegen Mißgriffe, die ihm selber begegneten, wofür *Rockinger* (57 95) ein lehrreiches Beispiel gibt.

Im übrigen hat er, wenn es nötig war, seine Angestellten mit Rat und Tat unterstützt und hat tüchtige Leute befördert, wie er namentlich mit *R. Blochmann* in einem sehr erfreulichen Verhältnis gestanden zu haben scheint. Verschiedene seiner Arbeiter, so *H. R. Starke* und *G. Merz*, hat er auch zu Hilfsrechnern für einfachere Linsenfolgen ausgebildet.

Seine Erholung suchte er auf weiten Spaziergängen, oft in Begleitung einiger von *J. Utzschneider* in Benediktbeurn belassener Benediktiner des aufgehobenen Klosters, von denen *Rockinger* (57 95) zwei mit Namen aufführt. Seine große Enthaltsamkeit in allen leiblichen Genüssen wird dabei ganz ausdrücklich betont. Nach dem Nachruf aus der Feder *F. von Schrank*s (52) ist er ein schwächlich aussehender Mensch geblieben, was auch von *Rockinger* (57 95 β) bestätigt wird.

Auch sonst hat er sich von dem Verkehr mit seiner Umgebung in keiner Weise zurückgezogen und in einem Ausschank in Benediktbeurn zur Unterhaltung der Gäste eine dunkle Kammer als Schauraum aufgestellt, was ihm als besondere Freundlichkeit angerechnet wurde.

Am 3. Mai 1817 wurde, wie schon oben gesagt, *Fraunhofer* zum korrespondierenden Mitgliede der Münchener Akademie ernannt, was ohne Frage — so verdient diese Anerkennung auch war — als eine ganz ungewöhnliche Auszeichnung empfunden worden ist.

Im Jahre 1819 verkaufte *J. Utzschneider* seinen Benediktbeurner Besitz an den bayrischen Staat, der daselbst ein Gestüt für Militärpferde errichtete. Die Räumlichkeiten für die in Benediktbeurn bleibende Glashütte wurden für 400 fl. jährlich gemietet. Die optische Werkstätte wurde nach München verlegt und *Fraunhofer*s Haupttätigkeit mit ihr. Allerdings zwang ihn die Leitung der Glashütte zu kurzen Reisen nach Benediktbeurn, wo er stets die zur Fertigstellung einer Schmelze nötige Zeit zubrachte. Sein Vertrauensmann war ein Vorarbeiter *Jungwirth*, der allerdings nach *Rockingers* Zeugnis nicht besonders zuverlässig gewesen sein mag. Auch darauf wird weiter unten noch einzugehen sein. *A. Seitz* (57 40 β) hebt hervor, wie klar, bestimmt und kurz *Fraunhofers* Weisungen an seinen Vertrauensmann gewesen seien, und wie er hier ebenfalls die Pflichterfüllung im Dienste des Werks mit Eifer und Strenge forderte, auch bei gegebener Gelegenheit mit scharfem Tadel nicht sparte.

Der Umzug nach München fiel in den Spätherbst (Oktober) des Jahres 1819, denn wir wissen aus dem Aktenstück 5405 des Deutschen Museums, daß *Fraunhofers* Aufenthaltskarte für München am 8. November 1819 ausgefertigt worden ist. Die Beteiligung an der Bayrischen Gewerbeausstellung mit dem Fernrohrobjektiv, das später an den Dorpater Refraktor kam, brachte dem Leiter der optischen Anstalt eine hohe Auszeichnung, die Verleihung der ersten der zehn zu diesem Zwecke verteilten Schaumünzen. Sie stammten nach (74 1 β) von dem Polytechnischen Verein in München.

Vielleicht steht es im Zusammenhange mit dieser Anerkennung, daß *Utzschneider* die monatlichen Bezüge *Fraunhofers* auf 150 fl. (etwa auch wegen der höheren Kosten des Lebens in München und wegen der nunmehr fortfallenden Bezüge von Wohnung und Feuerung?) erhöhte, denn man weiß aus (57 99 5to), daß dessen festes Gehalt im Frühjahr 1826 eben 1800 fl. [= 3440 S.-M. nach dem $24^{1}/_{2}$-Guldenfuß] betrug. An einen eigentlichen Vertrag ist nicht zu denken, da bei dem sogleich näher zu behandelnden Versuch der bayrischen Krone, *Fraunhofern* von der Geschäftsbeziehung zu *Utzschneider* zu lösen, allein auf den Vertrag vom 20. Februar 1814 zurückgegriffen wurde. Man wird hier um so eher an einen Irrtum glauben, als (57 115) auch die Übertragung des Geschäftsanteils von etwa 10000 fl. fälschlich erst auf diese Zeit verlegt wird.

Es scheint mir angebracht, bei diesem Abschnitt im Leben unseres Helden, seiner Übersiedlung nach München, einen kurzen Rückblick und Ausblick auf sein geistiges Leben einzurücken, obwohl einige der hier zusammengefaßten Angaben in dieser Darstellung schon gelegentlich benutzt worden sind. Unsere Kenntnis seines Innenlebens ist aber betrüblicherweise so gering, daß ich lieber die Gefahr laufe, mich zu wiederholen als diese Darstellung zu verkürzen, deren Richtigkeit auf Grund der neuen Durcharbeitung der von ihm hinterlassenen Akten verbürgt werden kann.

Hatte er schon — nach seiner eigenen Aussage — seit 1807 uneigennützig dem optischen Institut gedient, so begann er 6 Jahre danach, um den Ausgang des Jahres 1813, wie er ebenfalls später selbst berichtet hat, mit den Versuchen zu einer genauen Messung der Brechzahlen. Dazu wurde er geradezu genötigt, da es ihn drängte, die Erfolge seiner Schmelzertätigkeit ziffernmäßig festzulegen und ein zutreffendes Urteil über die Gleichartigkeit der Glasmasse abzugeben. An andern Stellen, sowohl bei seinen allgemeinen Verdiensten um die Schmelzung optischen Glases (S. 98), als auch bei den Sonderarbeiten für das Benediktbeurner Unternehmen (S. 152), werden wir im einzelnen auf seine Leistungen einzugehen haben. Hier kommt es uns darauf an, überhaupt nur hervorzuheben, wie sich im Laufe dieser immer weiter ausgreifenden Untersuchung — die Arbeit wurde ja erst am 12. April 1817 der Münchener Akademie eingereicht — mehr und mehr wissenschaftliche Aufgaben darboten und von ihm in ungemein glücklicher Weise gelöst wurden. Er hat die großen Versuchskosten anfänglich wohl nur übernommen, um zu seinem nächsten, ihm so überaus wichtigen Ziele zu gelangen. Es mag erst durch die Anerkennung der Akademie — sie erwählte ihn am 3. Mai 1817 zum korrespondierenden Mitgliede — und durch die Bewunderung der Gelehrten bewirkt sein, die sich schon seit 1816 in immer steigender Zahl in Benediktbeurn einfanden, um dort die spektrometrischen Verfahren an der Quelle kennenzulernen, es mag erst dadurch geschehen sein, daß unser Held eine gerechte Würdigung seiner eigenen Arbeiten nach der wissenschaftlichen Seite vollzog.

Jedenfalls hat er später darauf hingewiesen, daß er nunmehr den Entschluß faßte, entsprechenden Untersuchungen — er wandte sich der Erforschung der Beugungserscheinungen zu — seine Zeit und seine Ersparnisse zu opfern. Denn in der Tat hat er so große Summen von seinem durchaus nicht unbeträchtlichen Einkommen auf die Versuche verwandt, daß er von seinen in bar erhobenen Bezügen überhaupt nichts zurücklegte. Einzig allein den Zinsertrag seines Geschäftsanteils hat er, wie weiter unten (S. 196) noch genauer zu belegen sein wird, später immer und in den ersten Jahren wohl in der Regel, seinem Kapital zuschreiben lassen.

Er hat diesen Lebensplan mit klarer Einsicht und festem Vorsatz gefaßt, aber ihn auch nicht mit seinen nächsten Verwandten besprochen, wie man ja nach seinem Briefe an seine Schwester *Viktoria* vom 16. Dezember 1818 auf eine geringfügige Bezahlung geschlossen hat. Irrtümlich, denn sein Einkommen war — wie auf S. 196 noch genauer nachzuweisen sein wird — für Benediktbeurn, wo er wahrscheinlich wie *Guinand* freie Wohnung und Heizung (S. 23) hatte, sehr ansehnlich. Aber offenbar ist *Fraunhofer* über die ihn persönlich angehenden Dinge besonders wenig mitteilsam gewesen.

Als er nun 1819 nach 12jährigem Aufenthalt in Benediktbeurn wieder nach München verpflanzt wurde, hat er sicherlich wissenschaftlichen Anschluß gesucht und gefunden. Wenn persönliche Erinnerungen ja auch leider nicht in dem gewünschten Maße vorliegen, so kann man doch schon aus den sogleich näher zu besprechenden Verhandlungen um seine Aufnahme in die Akademie entnehmen, daß er an einer Reihe von Akademikern, *K. E. v. Moll*, *A. H. Fr. Schlichtegroll* und *J. Soldner*, starken Rückhalt hatte. Die ersten beiden haben sich zu verschiedenen Zeiten in ganz ungemein anerkennender Weise über seine Sinnesart geäußert, und *Soldner* hat, obwohl um die Todeszeit *Fraunhofers* ernst erkrankt, eine Würdigung seiner Leistungen zu geben versucht. Auch zu ihm muß eine nahe persönliche Beziehung bestanden haben, da *Fraunhofer* ihm noch um das Ende des Jahres 1825 ein holländisches Fernrohr gestiftet hat, wiewohl er im allgemeinen Geräte dieser Art nicht führte.

Die nahe Freundschaft mit *G. J. von Leprieur* und *Fr. A. Pauli* wird noch unten geschildert werden, ebenso wie die weniger erfreuliche Einstellung zu *J. Utzschneider* und *G. Reichenbach*. Es mag wohl sein, daß persönliche Beziehungen zu Bekannten gelegentlich störend wirkten; so wird man annehmen können, daß ihm *Reichenbach* seine — wenn auch nicht engen — Beziehungen zu *Utzschneider* und *Liebherr* verdacht hat, während *Utzschneider* anscheinend mit *G. J. von Leprieur* (*63* 55) in ausgesprochener Feindschaft lebte und *Fraunhofers* nahen Verkehr mit diesem hohen Münzbeamten vermutlich nicht gern gesehen hat.

Daß *Fraunhofers* Stellung in dem optischen Institut nicht besonders erfreulich war, mag in dem damaligen München bekannt gewesen sein. So erklärt es sich wohl am leichtesten, daß König *Ludwig I.* schon im ersten Vierteljahr nach seiner Thronbesteigung den Wunsch ausdrückte, durch Übernahme des optischen Instituts in den Staatsbesitz *Fraunhofern* erfreulichere Arbeitsbedingungen zu schaffen. Wir werden auf dieses leider erfolglose Zwischenspiel weiter unten (S. 40) noch genauer einzugehen haben.

Die Übersiedlung nach München, dem Sitz der Akademie, der er als auswärtiges Mitglied angehörte, wird, wie schon (*42* 549) angenommen wurde, *Fraunhofern* bald veranlaßt haben, sich zum Besuche der Sitzungen zu melden. Damit begegnete er aber Schwierigkeiten, die uns heute ganz unglaublich erscheinen: Man nahm an seiner dürftigen Vorbildung Anstoß, die er doch wahrlich durch Selbstunterricht und ungewöhnliche technische sowohl wie wissenschaftliche Leistungen ausgeglichen hatte, und machte Anstand, ihn zuzulassen. Es ist wieder ein Erlebnis, wie es entsprechend *K. Fr. v. Klöden* (*20* 319/20) erzählt hat, als der Berliner Geschichtsprofessor *Fr. Rühs* 1811 urplötzlich den früheren, ganz freundschaftlichen Verkehr mit ihm abbrach, weil er erfuhr, daß sein bescheidener Besucher keine Universitätsbildung hatte.

Immerhin mischten sich in *Fraunhofers* Falle gute Freunde, namentlich wohl der Bergrat und Astronom *Soldner*, ein, und man ernannte den „Optikus" *Fraunhofer* zum „außerordentlichen besuchenden Mitgliede", so daß er den Sitzungen beiwohnen konnte und doch den zunftgerechten Gelehrten nicht gleichgestellt ward. Die erste große Arbeit über die Beugung des Lichts liefert dem heutigen Leser einen mehr als genügenden Beweis von der Würdigkeit des außerordentlichen Mitgliedes, und man wird annehmen können, daß es diese meisterhafte Arbeit war, die ihm die Ernennung zum Ehrendoktor Erlangens eingebracht hat.

Jene Demütigung, die in dem harten Zunftstolz der akademisch gebildeten Gelehrten wurzelte, blieb leider nicht die einzige, der unser Held ausgesetzt war. Wesentlich härter haben ihn die Reibungen betroffen, denen er im Betriebe des Tagesdienstes ausgesetzt war, weil sich seine Umgebung keine Mühe gab, auf das scheu in sich zurückgezogene Wesen des bedeutenden Mannes zu achten und in ein reichlich verdüstertes, durch Krankheit gestörtes Leben das Licht freundlicher Anteilnahme fallen zu lassen.

Wir erhalten eine schmerzliche Klarheit über unseres Helden trübe Lebensansichten aus seinem ausführlichen Schreiben vom 17. Februar 1825 an *Schumacher*, vermögen aber den Anfang dieser Störungen seines seelischen Gleichgewichts viel weiter zurückzuverlegen, da er ausdrücklich auf die Zeit zurückverweist, bevor er auf sein Gesuch vom 8. Juli 1823 hin als besoldeter Professor und Konservator des physikalischen Kabinetts angestellt wurde. Er sei damals der vielen Widerwärtigkeiten wegen entschlossen gewesen, die praktische Optik aufzugeben, und habe dazu eine besoldete Stellung erstrebt.

Man kann im Vorbeigehen bemerken, daß die Konservatorstellung ihm eine Menge unerfreulicher Kleinarbeit brachte, indem er entweder selbst zahlreiche Gutachten auszuarbeiten hatte oder sich zu fremden äußern mußte. In seinem zu Berlin aufbewahrten Nachlaß habe ich aus der Konservatorzeit 17 solcher Entwürfe (vom 10. Aug. 23 bis zum 4. Aug. 25) gefunden; ihnen gehen noch 5 zum Teil sehr eingehende Gutachten voraus, die zwischen dem 1. März 1822 und dem 11. Juni 1823 abgefaßt worden sind. Sie beziehen sich auf technische Gegenstände verschiedenster Art.

Es ist vielleicht nicht unrichtig, vorauszusetzen, daß die Übersiedlung von Benediktbeurn nach München einen gewissen Riß in *Fraunhofers* Leben brachte. Die nahe Berührung mit den beiden ihm von früher her bekannten namhaften Männern, mit *Utzschneider* und mit *Reichenbach*, hat offenbar nicht durchweg angenehm auf ihn gewirkt. Man darf auch nicht vergessen, daß nunmehr der inzwischen zur Reife gekommene, im 33. Lebensjahre stehende *Fraunhofer* mit seinen großen technischen und wissenschaftlichen Leistungen eine Beachtung beanspruchen zu sollen geglaubt hat, die ihm die älteren und unter wesentlich günstigeren Bedingungen lebenden Bekannten nicht in dem gewünschten Maße zugebilligt haben mögen. Über die Preisstellung scheinen gelegentlich ziemlich lebhafte Meinungsverschiedenheiten ausgetragen worden zu sein, und ein erfahrener Fachmann wie *Repsold* (*31* 112 *a*) nimmt offenkundig für *Utzschneider* Partei. Auch wir werden uns noch auf S. 191 zu der von jenem Fachmanne mindestens angedeuteten Notwendigkeit zu äußern haben, höhere Preise zu nehmen.

Man könnte vielleicht darauf hinweisen, daß die anscheinende Zurückstellung hinter *Reichenbach* und *Utzschneider* bei der Auszeichnung durch den Polytechnischen Verein am 22. September 1819 (*74* 1 β) unsern Helden verstimmt habe. Ich möchte indessen nicht glauben, daß er ein solches Gefühl gegen die hier unschuldigen Arbeitsgenossen hätte aufkommen lassen, aber mir scheint nach (*31* 111) und nach dem wenig späteren Briefe (*51* 67 δ) an *Struve* vom 25. Februar 1825 die folgende Auffassung gerechtfertigt. *Fraunhofer* hat es *Utzschneidern* schwer verdacht, ihn bei seinen Verhandlungen nach außen nicht als einen völlig gleichberechtigten Partner hingestellt zu haben; das wirkte um so mehr verbitternd, als er nur zu genau wußte, wer die Entwicklung des Optischen Instituts in Wahrheit förderte. Für die Leitung war er eben einzig der Mann, die andern nur wankende Schatten.

Utzschneidern ist eine derartige Wirkung seiner Handlungsweise vielleicht nicht einmal ganz klar gewesen. Man muß ihn wahrscheinlich als einen großen Herrn des 18. Jahrhunderts auffassen, der fügsamen Untergebenen wohl freundlich begegnete — so möchte ich seine guten Beziehungen zu tüchtigen Männern wie *Guinand* und *Liebherr* begründen —, der aber mit selbstbewußten Fachleuten wie etwa *Reichenbach* und *Fraunhofer* nicht gut auskam. Wenn auch durch unseres Helden Beobachtung der äußeren Form ein schroffer Bruch vermieden wurde, so hat meiner Meinung nach in den letzten Münchener Jahren des Instituts zwischen den beiden Partnern kaum noch eine irgendwie nahe Beziehung bestanden.

Reichenbachs Stellung ist schwieriger zu verstehen. Nun hat *Fraunhofer* ja bestimmt seit dem Februar des Jahres 1814 (s. S. 23) in keinem Abhängigkeitsverhältnis zu *Reichenbach* mehr gestanden, aber schon dessen Eigenschaft als Besitzer und Leiter des älteren mechanischen Instituts (s. S. 159) mag ihm besondere Rücksichtnahme geboten haben, da ja jenes Unternehmen seine Linsen von dem optischen Institut in München bezog. Freilich können wir heute in dieser Geschäftsverbindung keinen Grund zu besonders zarter Behandlung sehen, da doch *Reichenbach* und *Ertel* für Linsen von tadelloser Beschaffenheit eben auf die *Fraunhoferschen* Erzeugnisse angewiesen waren; aber man muß damals aus uns unbekannten Gründen eine solche Rücksicht geübt haben, wie das unwiderleglich aus dem *Fraunhofer*schen Brief vom 17. II. 1825 hervorgeht. Man erhält daraus den betrüblichen Eindruck, daß *Reichenbach* — vielleicht im Ärger über das jüngere mechanische Institut von *Utzschneider*, *Liebherr* und *Werner* — seinerseits fast gar nicht entgegenkam, sondern schroff und starrsinnig nur die Belange des eigenen Unternehmens beachtete.

Wie völlig fern ihm in den 20er Jahren die *Utzschneider*schen Unternehmungen lagen, kann man aus seinem Verhalten bei dem Besuch in Weimar im September 1822 ersehen, der durch eine Eintragung in *Goethe*s Tagebuch belegt ist. Bei dieser Gelegenheit ist *Reichenbach* von dem Jenaer Mechanicus *Fr. Körner (45 54 δ)* im Hinblick auf seine Schmelzversuche befragt worden, und *Reichenbach* hat keinen Anstand genommen, ihm zu der starken, von *Fraunhofer* gefundenen Vergrößerung der Satzmenge zu raten. Er hat nach der gleichen Quelle noch weitere nützliche Angaben gemacht, vielleicht über *Guinand*s vielfachen Ofen, den er aus der Zeit seiner Leitung des Benediktbeurner Unternehmens mindestens von außen gekannt haben mag. Auch wenn man mit *Repsold* (*31* 98) annimmt, daß er 1817 über das von *Utzschneider* unter *Liebherr*s Leitung gestellte neue mechanische Institut verhältnismäßig milde dachte, so hat sich offenbar seine Auffassung später und namentlich nach 1821 (S. 13) gründlich gewandelt, und man kann ohne erzwungene Deutung sein Benehmen in Weimar eben aus einer nachhaltigen Verärgerung erklären. Darunter wird er auch *Fraunhofer*n haben leiden lassen, wie man solches aus dessen Briefe an *Schumacher* vom Februar 1825 (*31* 110/1) entnehmen kann.

Sehr wohl denkbar ist es ferner, daß es *Reichenbach* in seiner bevorzugteren und einflußreicheren Stellung nicht über sich brachte, den unter seinen Augen erstaunlich rasch aufgestiegenen *Fraunhofer* ohne Vorbehalt als gleichberechtigten Gelehrten anzuerkennen. Unser Held mag darauf anfänglich mit allzu großer Sicherheit gerechnet haben und um so schwerer enttäuscht worden sein, als sich ihm die Lage allmählich enthüllte. Wo er seine ganzen Kräfte dem Unternehmen geboten hatte, wird er von so gut unterrichteten Fachleuten eine innere Anerkennung erwartet haben, die ihm eben in dem Maße nicht wurde. Das englische Sprichwort „*familiarity breeds contempt*" zeigt eine eindringende, wenn auch freilich nicht schmeichelhafte Menschenkenntnis, und wohl mag unser Held in München unter der häufigeren Berührung gelitten haben.

Wie wenig er von einer Aussprache mit *Utzschneider* erwartete, läßt sich wohl am besten aus der Bereitwilligkeit entnehmen, von seinem Krankenbett aus — er scheint es damals noch nicht für sein letztes Lager angesehen zu haben — mit der Staatsregierung über die Bedingungen zu verhandeln, unter denen er an eine ersprießliche Weiterführung des vom Staat zu erwerbenden optischen Instituts glaubte. Man möchte danach meinen, daß ihm die geschäftliche Leitung durch zwei Partner, wo der eine nicht im wahren Sinne sachkundig war, unerwünscht erschien, und daß er der geistigen Leitung den bestimmenden Anteil an der Geschäftsführung zuzuerkennen wünschte. Er selber hatte, wie die Verhältnisse lagen, bisher einen solchen Einfluß — anscheinend aber nur unter angreifenden Reibungen — ausgeübt.

Es wird sicherlich unter allen Umständen schwierig sein, eine reinliche Entscheidung über die Bestimmung der Arbeitsrichtung zu treffen, wenn sich der geldgebende Geschäftsmann und der gedankengebende Wissenschafter nicht untereinander einigen können. Bei dem Zusammenwirken von *Carl Zeiss* und *Ernst Abbe* ist zu unser aller Glück und Stolz eben eine mustergültige Lösung dieser Aufgabe erreicht worden, doch gibt es nur sehr wenige Fälle einer entsprechend befriedigenden Überwindung der in solchem Zusammenarbeiten von verschieden vorgebildeten Vorstehern naturnotwendig liegenden Schwierigkeiten.

Hinzugekommen mag auch sein, daß der Verkehr mit wissenschaftlichen Männern, wozu sich in München doch reichliche Gelegenheit bot, in *Fraunhofer* den Wunsch erwachsen ließ, einen Teil seiner Arbeitskraft der Förderung der Wissenschaft zu widmen. Seine Worte an *Schumacher* begünstigen ja unmittelbar eine solche Auffassung. Auch seine Tätigkeit als Professor, wo er öffentliche Vorlesungen zu halten hatte, wird in diesem Sinne auf ihn gewirkt haben. Zu alledem kommen auch noch seine später (*51* 60 γ, 63 ϑ) aufgefundenen Äußerungen.

Wenn sich auch nach (*57* 90) keine irgend zusammenhängenden öffentlichen Nachweise über die akademischen Vorlesungen *Fraunhofers* erhalten haben — er hatte solche nach (*70* 36/7 Anm.) auf eine Verordnung des Ministers .. *Thürheim* durchzuführen — so kann man doch (*22* IX) die bestimmte Angabe mindestens über eine solche entnehmen. Nach dem Vorlesungsverzeichnis für das Sommerhalbjahr 1825 [VI. Bericht für Januar bis März 1825, S. 220] las er „über mathematisch-physikalische Optik, von Ex„perimenten begleitet, wöchentlich zweimal, für einen von ihm „nach den Eigentümlichkeiten seiner wissenschaftlichen Vorträge „zu bestimmenden Kreis von Zuhörern". Er war schon leidend, als er diese Vorträge begann, und man wird vielleicht an ein Drüsen-Geschwür denken können, wie solche ihn nach (*72* 174 γ) gelegentlich plagten; seine Vorträge fanden statt „alle Sonn- und „Feiertage von 11—1 Uhr im *Utzschneider*schen Gebäude vor dem „Schwabinger Tor".

Andere Vorlesungen werden vorausgegangen sein, und es läßt sich eine für ihn als einen akademischen Lehrer wichtige Mitteilung aus (*57* 100) entnehmen. Danach hat *Friedrich August Pauli* aus Zweibrücken bei *Fraunhofer* nicht allein mit großem Eifer gehört, sondern auch ein halbes Jahr unter ihm im Institut gearbeitet, worüber dieser sich mit einer besonders lebhaften Anerkennung geäußert hat. Da nun *Fraunhofer* nach (*57* 97) im Spätsommer 1825 erkrankte, so wird man vielleicht diese 6 Monate auf das erste Halbjahr 1825 verlegen, so daß *Pauli* spät im Jahre 1824 oder noch früher bei *Fraunhofer* gehört haben mag. Dieser war so sehr von seines Hörers Tüchtigkeit überzeugt, daß er *Pauli*n im Falle der Übernahme der Werkstätte durch den Staat zunächst als seinen eigenen Helfer unter der Bezeichnung eines Instituts-Inspektors mit 700 fl [= 1330 S.-M.] Gehalt vorschlug und ihn offenbar gern als seinen Nachfolger bezeichnet hätte.

Eine Bestätigung dieser Schlüsse liefert erfreulicherweise (*2* 5/6); man kann dieser Darstellung noch weiter entnehmen, daß *Pauli* auf seinem Lebenswege sehr bemerkenswerte mechanische Vorstudien gemacht hatte. Er hatte — anscheinend zwischen 1819 und 1821 — eine Lehrzeit bei dem englischen Mechaniker *White* durchgemacht und war von *John Dalton* persönlich in Mathematik und Physik unterrichtet worden. Diesen Ausbildungsgang hatte er, da infolge eines Todesfalles die Unterstützungen von Hause versiegten, abbrechen müssen. Ein Versuch, sich als Mechaniker selbständig zu machen, mißlang, und er entschied sich für eine Ausbildung als Ingenieur. Von Ostern 1822 hat er drei Semester in Göttingen reine und angewandte Mathematik, Naturwissenschaften und Technologie getrieben, während er nach einer praktischen Zeit in Speier 1824/25 zu München bei verschiedenen Akademiemitgliedern — höhere Lehranstalten gab es damals in München noch nicht — Vorlesungen über Physik, Chemie und Mineralogie hörte.

Daß *Fraunhofer* einen so gut vorgebildeten und von ihm erprobten Hörer in dem optischen Institut anstellen wollte, ist aus (*57* 100) bekannt, und man kann sich wohl vorstellen, von welchem Nutzen ihm eine solche Persönlichkeit hätte werden können.

Wir werden weiter unten zu schildern haben, daß diese *Fraunhofer*schen Blütenträume nicht reiften, sondern daß mit seiner Hinterlassenschaft in einer ganz andern, zwar menschlich verständlichen, aber doch einigermaßen kleinherzigen und engen Weise verfahren wurde. Man nahm damit seinen Lohn in der Gegenwart dahin und verurteilte das hochstehende Unternehmen, *Fraunhofer*s Lebenswerk, schon für eine nahe Zukunft zu einem bedauerlichen Abstieg von der unvergleichlich hohen Stellung, die es erreicht hatte.

Als nun im Jahre 1824 auch die Aufstellung zu dem Dorpater Refraktor fertig wurde, dessen Objektiv schon fünf Jahre vorher mit einer Auszeichnung bedacht worden war, da konnte man über die äußere Teilnahme nicht klagen. Der alte König *Maximilian* verlieh unserm Helden mit dem Zivilverdienstorden den persönlichen Adel, der Münchener Magistrat überreichte ihm das Ehrenbürgerrecht und gelehrte Gesellschaften wie einzelne Männer der Wissenschaft bemühten sich, ihm ihre Anerkennung zu bezeigen.

Fraunhofer hat sich das nebenstehende Wappen (Abb. 2) stechen lassen, worin offenbar die Lilie auf die Mutter Gottes hinweist, die für den ersten Teil seines Namens bestimmend ist. Er hat vielleicht mit der Lilie ähnlich wie mit dem Einhorn auch die Pflicht einer sittlich vorbildlichen Lebensführung hervorheben wollen.

Abb. 2. *Fraunhofer*s Wappen nach einem Siegelabdruck aus dem Münchener Kreisarchiv. Schwach vergrößert.

Daß er sich überhaupt ein Wappen anfertigen ließ, darf man nicht etwa als ein Zeichen von Äußerlichkeit deuten; vielmehr waren damit gewisse Vorteile verbunden, die er nicht aufgeben mochte. Zum Belege dafür aus jener Zeit mögen *Utzschneiders* Worte stehen, die seiner Nachträglichen Erklärung vom 11. Sept. 1826 entstammen: „Wenn ich als Siegelmäßiger durch meine Unter-„schrift und Fertigung mit gleicher Kraft Urkunden zu fertigen „das Recht habe, wie die von Unsiegelmäßigen vor Gericht ge-„fertigten,"...

Der Herbst 1824 sollte *Fraunhofern* einen weiteren Besuch (*50* 2/5) bringen, der ihm von allergrößtem Werte gewesen sein wird. *J. Fr. W. Herschel*, der Sohn des 2 Jahre zuvor verstorbenen Astronomen und Spiegelfachmannes, hatte 1824 eine große Festlandreise angetreten, jedenfalls auch, um nähere Erkundigungen einzuziehen über den Zustand der festländischen Glashütten. Man kann mit Bestimmtheit aussagen, daß der Vorsprung auf dem Gebiete der Rohstofferzeugung in England große Besorgnis erregt hatte. Selbstverständlich war ein Besuch bei *Fraunhofer* geplant worden, und *Herschel* war um so mehr für eine Befragung dieses Fachmannes geeignet, als er einmal durch die Unterstützung, die er seinem Vater bei seinen Schleifarbeiten gewährt hatte, in dessen berühmten Verfahren der Formgebung geschult und sodann als wohlbekannter optischer Schriftsteller auch in den damals in England geübten Rechenanlagen gut unterrichtet war.

Er fuhr (*50* 2/3) am 17. September von Tirol kommend durch Benediktbeurn nach München, ohne eine Ahnung davon zu haben, daß die weltberühmte Glashütte des Münchener Unternehmens in Benediktbeurn errichtet sei. Er hatte den Postillion noch besonders angetrieben, um schnell nach München zu kommen, damit er sich dort noch einen Tag länger der Gesellschaft des berühmten Technikers erfreuen könne, und war sehr enttäuscht, zu hören, daß dieser sich gerade in Benediktbeurn befände, aber bald zurückerwartet werde. *Fraunhofer* kam denn auch am 18. September heim und am nächsten Tage, einem Sonntag, trafen sich beide zunächst in dem Hause von Capt. *Feilding*.

Ob man hiernach annehmen kann, daß *Fraunhofer* damals imstande war, einer englisch geführten Unterhaltung zu folgen, läßt sich natürlich nur als Vermutung äußern, doch kann man sich schwer vorstellen, daß man ihn überhaupt in eine solche Gesellschaft geladen hätte, wenn er der Sprache gar nicht mächtig gewesen wäre.

Welchen Eindruck er auf *J. Herschel* machte, läßt sich aus der bezeichnenden Tatsache entnehmen, daß dieser auf einer Seite seines Reisetagebuchs allein den Namen *Fraunhofer* niederschreibt. Nach den kurzen Sätzen, die das Tagebuch über die Unterredung enthält und die an den geeigneten Stellen dieser Darstellung im einzelnen zu besprechen sind, kann man annehmen, daß die Unterhaltung die allerverschiedensten Gegenstände berührte, namentlich die Glasherstellung, aber auch die Anlage von Fernrohrobjektiven. Vermutlich wurde diese Unterredung deutsch geführt, da *Herschel* daran von seinem Elternhause her gewöhnt war. Wenn trotzdem die Namen von Orten und Menschen unrichtig geschrieben worden sind, so mag das an der Verschiedenheit der Mundart gelegen haben: *Herschel* war an hannöverisches Deutsch gewöhnt und mag *Fraunhofers* oberbayrische Rede einigermaßen fremdartig empfunden haben.

Glücklicherweise haben wir noch einen zweiten Bericht über den Eindruck bei diesem denkwürdigen Zusammensein. *Herschel* hat ihn (57 111/2) etwa ein Jahr danach niedergeschrieben. Wir können daraus entnehmen, was ja schon von selbst ungemein wahrscheinlich ist, daß *Fraunhofer* seinem berühmten Gast auch sein Meßverfahren mit Hilfe der dunkeln Linien vorführte und dabei auf die Eigentümlichkeiten einging, die er in dem Licht verschiedener Himmelskörper beobachtet hatte. Es scheint auch sicher, daß er eine Art von Erklärung versucht hat; denn *Herschel* erwähnt gerade diesen Erkenntniszuwachs für das Weltbild im allgemeinen.

Der allgemeine Eindruck ist offenbar ganz ungewöhnlich ansprechend gewesen: der weitgereiste und angesehene Mann in hoher Stellung hebt die entgegenkommende und herzliche Aufnahme hervor, die ihm *Fraunhofer* — *Utzschneider* war damals von München abwesend — hat angedeihen lassen. Daß sich mit glänzenden Geistesgaben bei *Fraunhofer* eine ungemein ansprechende Bescheidenheit verband, erwähnt der englische Besuch in jener zusammenfassenden Darstellung ausdrücklich.

Weitere erfreuliche Arbeiten winkten, und man darf annehmen, daß er schon an den Linsen zu dem Königsberger Heliometer schliff, aber es war ihm keine lange Frist mehr vergönnt. Bei der Rückfahrt nach München auf einem Isarfloß holte sich *Fraunhofer*

im Spätsommer 1825 eine schwere Erkältung, die ihn — nach
(*72 174 β*) im Oktober — auf sein letztes Lager warf.

Fraunhofers Verhältnis zu *Utzschneider* scheint mit dem Jahre
1825 immer weniger erfreulich geworden zu sein. Eine Sicherheit
über den Grund ist heute nicht mehr zu geben, doch ist es möglich,
daß dabei Meinungsverschiedenheiten über den Preis für große
Fernrohre eine Rolle spielten, wozu die Bestellung des Bogenhausener Refraktors in dem optischen Institut vielleicht ebenfalls
noch einen Anlaß gab.

Aber ob man nun diesen Versuch einer Erklärung der Meinungsverschiedenheit annimmt oder nicht: das Mißverhältnis bestand
und mag nicht unbekannt geblieben gewesen sein. Denn nur so ist
es zu erklären, daß, wie schon erwähnt, König *Ludwig I.*, der am
12. Oktober 1825 den Thron bestiegen hatte, bereits vor dem
22. Dezember eine Unterhandlung anknüpfen ließ, um *Fraunhofern*
von dem Vertrage mit seinem Partner zu befreien. Die Ansichten
des Königs werden vermutlich zunächst nur mündlich zu einem
Minister geäußert worden sein, und man wird heute nichts Besseres
tun können, als die Zusammenfassung wiederholen, die eben dieser
Minister am 6. Juli 1826 in seinem Bericht an König *Ludwig* gab:
„... die Absicht Eurer Königlichen Majestät war wohl zunächst
„nur diese, den Ruhm und die Existenz eines Instituts zu sichern,
„welches unter der Leitung des genialen *Fraunhofer* die Aufmerk-
„samkeit und Bewunderung der ganzen gesitteten Welt erregte
„und allenthalben die schönsten Erinnerungen an Bayerns Fort-
„schritte und industriöses Streben verbreitet hat; — dieser *Fraun-*
„*hofer* ist nun nicht mehr, somit das eigentliche Ziel, demselben
„für sein unbeschränktes Wirken von den drückenden Banden
„einer technischen Sozietät frei zu machen, auch nicht mehr er-
„reichbar;"

Entkleidet man diese Darstellung ihrer höfischen Form, so kann
man als gesichert annehmen, daß etwas mehr als ein halbes Jahr
zuvor die Gefahr wie im Jahre 1823 bestand, *Fraunhofer* würde
sich von der ihn drückenden Verbindung mit *Utzschneider* lösen,
womit natürlich über dem Bestehen des Optischen Instituts der
Stab gebrochen war.

Zieht man die Verstimmung *Fraunhofers* nach dem Briefe vom
25. Februar 1825 (S. 33) heran — dort handelte es sich ebenfalls

um einen von *Utzschneider* hinsichtlich der Preisbestimmung gegebenen Anstoß — so wird man an die Möglichkeit denken können, daß Gerüchte oder Befürchtungen dieser Art in dem damals nur etwa 76000 Einwohner zählenden München an die höchste Stelle gelangten.

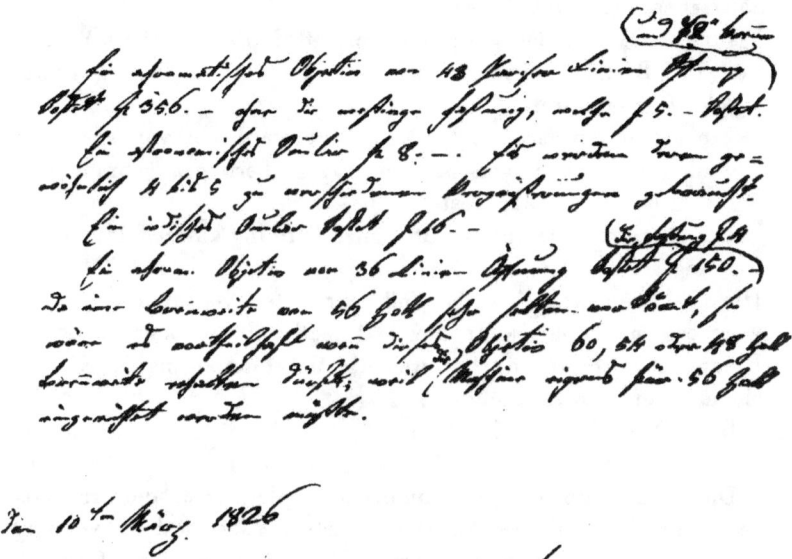

Abb. 3. Etwas verkleinerte Wiedergabe einer der letzten *Fraunhofer*schen Geschäftsanweisungen als Probe seiner späteren Handschrift. S. auch Abb. 33 auf S. 128.

Infolge der von *Ludwig I.* ausgehenden Anregung, das Optische Institut durch den Staat zu erwerben, äußerte sich *Utzschneider* am 22. Dezember 1825 dem von der Krone beauftragten Stadtgerichtsrat *Häcker* gegenüber nicht ablehnend, wünschte aber, daß *Fraunhofer* von diesem Wunsche des Königs unterrichtet werde, damit er nicht glaube, die Anregung gehe von *Utzschneider* aus. Auch am 25. April 1826 hat er nicht die Absicht gehegt, sich von *Fraunhofer* zu trennen.

Es scheint nicht, daß die beiden Partner über diesen Gegenstand eine Unterredung hatten. Vielleicht war der behandelnde Arzt gegen geschäftliche Besprechungen, obwohl andere Leute, namentlich *Leprieur*, *Wolf*, *Wirschinger*, *Schlichtegroll* und *Pauli*, damals Zutritt zu *Fraunhofer* gehabt haben und er selber auch (Abb. 3) am Geschäft tätigen Anteil nahm.

Der handschriftliche Text lautet unter Beibehaltung der *Fraunhofer*schen Zeilenabteilung:

Ein achromatisches Objectiv von 48 Pariser Linien Öffnung und 72″ Brennw. / kostet f 356.— ohne die meßinge Fassung, welche f 5.— kostet.

Ein astronomisches Ocular f 8.—. Es werden davon gewöhnlich 4 bis 5 zu verschiedenen Vergrößerungen gebraucht.

Ein irdisches Ocular kostet f 16.—.

Ein achrom. Objectiv von 36 Linien Öffnung kostet f 150.— Die Fassung f 4

Da eine Brennweite von 56 Zoll sehr selten vorkömmt, so wäre es vortheilhaft wenn dieses Objectiv 60, 54 oder 48 Zoll Brennweite erhalten dürfte, weil die Maschine eigens für 56 Zoll eingerichtet werden müßte.

Den 10ten März 1826.

Fr.

Die Verhandlungen mit *Fraunhofer* wurden durch die drei erstgenannten Männer (der eigentliche Vertrauensmann der Regierung war in diesem Falle *Wirschinger*) geführt, und bei dieser Gelegen-

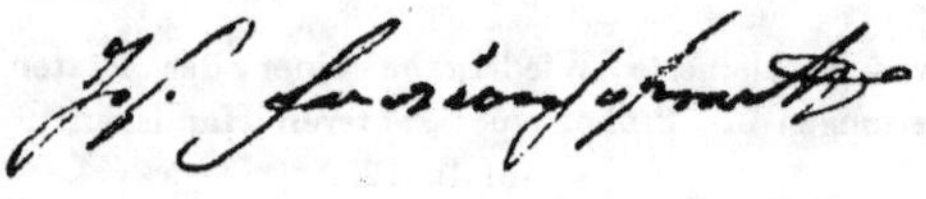

Abb. 4. Unterschrift *Fraunhofers*: Jos. Fraunhofer Opt. vom 24. April 1826 etwa 6 Wochen vor seinem Hinscheiden.

heit kam es am 24. April 1826 (Abb. 4) zur Festlegung der Ansichten des andern Partners (57 98/100). Man muß darauf ein wenig näher eingehen und die für *Fraunhofers* Wesen wichtigsten Punkte hervorheben.

Ihm erscheint es selbstverständlich, daß für *Utzschneider* seinen Opfern entsprechend gesorgt, auch der Lebensunterhalt von dessen etwa überlebender Frau sichergestellt werde.

Für sich selber wünscht er sein damaliges, gleichsam festes Einkommen beizubehalten, verzichtet aber auf die ihm sonst zustehende Hälfte des Reingewinnes; beim Ruhegehalt hält er sich für die eigene Person und für jede seiner beiden Nichten an die für *Guinand* und dessen Frau seinerzeit gültigen Sätze, ohne die Tatsache hervorzuheben, daß er doch einen nach S. 196 gar nicht unbeträchtlichen Anteil an dem damaligen Geschäftskapital eingebracht haben würde. Für *Fr. A. Pauli* sorgt er nach besten Kräften, stellt aber keine übertriebenen Ansprüche[1]) an die Kasse des Staats. Das Geheimnis der Erzeugung optischen Glases und anderer vertraulich betrachteter Geschäftserfahrungen verspricht er dem Staat, ohne weitere Bedingungen daranzuknüpfen.

Das ganze Abkommen entspricht dem Bilde, das man sich von dem bedürfnislosen und rechtlich denkenden, der Wissenschaft ganz hingegebenen Manne entworfen hat. Man versteht es wohl, daß *Fraunhofers* Uneigennützigkeit auch den mit der Unterhandlung betrauten Staatsbeamten aufgefallen ist.

Als er die Zusicherung hatte, daß für seine Nichten in dem gewünschten Sinne gesorgt werden würde, hat er „einige Wochen vor seinem Tode" den längeren Aufsatz über das Schmelzen des Kronglases (S. 103/8) seinem Freunde *G. J. von Leprieur* in die Feder diktiert. Und das, obwohl es ihn schwer angegriffen haben wird, denn zwischen dem 2. und dem 4. Mai war eine solche Verschlechterung seines Befindens eingetreten, daß die Ärzte jede Hoffnung auf Erhaltung seines Lebens aufgaben.

Schon in (*57* 93) ist der oben angegebene Anlaß für die letzte tuberkulöse Erkrankung *Fraunhofers* mit Nachdruck betont worden. Man hat in München aber in früheren Zeiten *Fraunhofers* starke Arbeitsüberlastung zur Erklärung herangezogen. *Fr. von Thiersch* (*70* 36/7 Anm.) geht sogar so weit, die öffentlichen Vorlesungen, die *Fraunhofer* (s. S. 35) als Akademiker zu halten hatte, vornehmlich an seinem frühen Ende schuld sein zu lassen, wobei es an Gift und Galle nicht eben mangelt. Immerhin darf hier als eine versöhnende Seite solcher Verordnung des Ministeriums der Hinweis

---

[1]) Man muß nach der von *Fraunhofer* stammenden Festsetzung des Gehalts auf 700 fl [= 1330 S.-M.] annehmen, daß mit dieser Summe ein wissenschaftlich vorgebildeter junger Mann in dem damaligen München auskommen konnte.

nicht fehlen, daß *Fraunhofer* in diesen letzten Vorlesungen die Bekanntschaft mit *Fr. A. Pauli* gemacht hat, die ihm von ganz besonderem Wert war.

Es ist vielleicht hier am Platze, ein wenig auf die geringe Sorglichkeit einzugehen, die im Hinblick auf die Erhaltung von *Fraunhofers* Gesundheit auch in (*57* 98 α) hervorgehoben wird. Ich möchte sie durch *Fraunhofers* Unabkömmlichkeit als Leiter des optischen Instituts erklären. Er hatte bestimmt zunächst keinen irgendwie tief eingeweihten Vertreter, und der Betrieb in München und Benediktbeurn hätte so während seines Urlaubs ebenfalls feiern müssen. Daß er einen solchen Zustand auch selber als unerwünscht empfunden hat, kann man vielleicht aus seinem Urteil (*57* 100 β) über den von ihm herangezogenen und zu einem gewissen Teile ausgebildeten *Fr. A. Pauli* entnehmen; dieses Urteil ist besonders lebhaft ausgedrückt und stimmt wohl zu unserer Annahme, daß *Fraunhofer* schon einige Zeit lang nach einem brauchbaren Helfer mit Eifer gesucht habe. Wie alle andern scheinbar so überaus günstigen Umstände in dem letzten Lebensjahre unseres Helden ist auch dieser Hoffnungsstern zu spät aufgegangen, um ihm und seinem Unternehmen noch zu leuchten.

Die starke Erkältung im Spätsommer, die tatsächlich (*57* 93/4) zum Ende führen sollte, hat ihn seit Ende September Ärzte befragen lassen. Die Erkrankung mag ihn erst allmählich an das Bett gefesselt haben, wie er ja Anfang November den Zeichner *Chr. Vogel* empfangen hat und (*57* 91 β) noch um die Mitte desselben Monats nach Salzburg gereist sein soll. Nach den in der Münchener Akademie aufbewahrten Akten hatte er diese Reise ursprünglich für den 16. September geplant.

Man wird nach (*57* 100 β) annehmen können, daß *Fr. A. Pauli* in der Zeit von *Fraunhofers* Behinderung nach Kräften auch im Institut ausgeholfen haben wird, da er — wäre *Fraunhofer* am Leben geblieben — mit einer bezahlten Tätigkeit in dem ihm besonders lieben Berufe hätte rechnen können. Nach (*73* 275 ε) war die bayrische Regierung durchaus willens, *Paulin* in der von *Fraunhofer* gewünschten Art an dem optischen Institut zu beschäftigen, und alle diese Pläne wurden allein durch das Hinscheiden *Fraunhofers* zunichte. Daß *Pauli* in den letzten Tagen um ihn war, wird in (*2* 6 β) ausdrücklich berichtet.

Aber neben diesem jungen Freunde — *Pauli* zählte damals wenig über 24 Jahre — hat ihn in der letzten schweren Zeit treulich auch der damals schon 64jährige kgl. Münzdirektor *G. J. von Leprieur* besucht. Auch in diesem Falle müssen wir mit einem ziemlich nahen Verhältnis zwischen *Fraunhofer* und dem aus ganz kleinen Verhältnissen stammenden Beamten rechnen, der sich in langer Dienstzeit zum Vorstande desselben staatlichen Betriebes aufgedient hatte, an dem er seine Beamtentätigkeit begonnen hatte. Näheres über ihre Freundschaft ist nicht bekannt, wir wissen allein, daß *Fraunhofer* ihn gegen Ende April 1826 bevollmächtigte, die Verhandlungen mit den Staatsbehörden zu führen, und daß er ihm danach, im Mai, seine Anweisung zum Schmelzen von Kronglas (s. S. 103/8) in die Feder diktiert hat.

So kann man wohl annehmen, daß an dem einsamen Krankenlager des unvermählten *Fraunhofer* — seine Haushälterin mag nach (57 110 δ) von Habsucht nicht frei gewesen sein — Freundschaft und dankbare Hingebung um den Sterbenden doch wenigstens einige innere Wärme verbreiteten. Wenn man ihm das Ableben *Reichenbachs* sorgfältig geheim hielt, so kann man daraus schließen, daß *Fraunhofer* in seinem gerechten Urteil nicht allein zu scheiden wußte zwischen dessen unvergänglichen Leistungen als Techniker und der menschlich-allzumenschlichen Einstellung auch ihm selber gegenüber, sondern sogar Fernerstehenden die eigene Kränkung großherzig verbarg.

Wenn 1806 der kümmerliche Handwerksmeister seinem 19jährigen Gesellen das Zeugnis ausgestellt hatte, er sei treu und verschwiegen gewesen, so hat zwanzig Jahre danach der gereifte Mann seinem Betriebe und seiner Wissenschaft in beispiellos erfolgreicher Arbeit wahrlich die Treue gehalten und hat, was ihm wenige nachtun, das eigene Verdienst hochgemut verschwiegen.

Als er am 7. Juni 1826 dahingegangen war, kamen freilich seine Seelenfreunde nicht zu Wort, das ergriff der hochgestellte Mann, der unseres Helden Persönlichkeit wohl aus der Nähe sehen durfte, sich ihm aber schwerlich mit Herz und Kopf zu eigen gegeben hatte und nicht verschmähte, seiner überhastet abgefaßten Klagerede liebeleer eine Preisliste anzuhängen.

Die Gelegenheit, von dem großen Toten mit herzlicher Liebe zu reden und nicht wie ein tönend Erz oder eine klingende Schelle, wurde damals also versäumt. Wohl aber dürfen wir Nachfahren von heute, da wir bestrebt waren, sein Wesen und Wirken nach besten Kräften in uns aufzunehmen, aus dem Schluß des *Goethe*schen Trauergesanges, wo ein begnadeter Seher seines großen Freundes in Trauer, Stolz und Liebe gedenkt, die Verse anführen:

„die Welt verdank ihm, was er sie gelehrt.
„Schon längst verbreitet sichs in ganze Scharen,
„das Eigenste, was ihm allein gehört.
„Er glänzt uns vor, wie ein Komet entschwindend,
„unendlich Licht mit seinem Licht verbindend."

Fraunhofer stand im .. Lebensjahre	Zeittafel für *Fraunhofer*s äußeres Leben	
	1787	März 6. geboren.
11. u. 12. vor	1798	Erhält eine mangelhafte Schulbildung, wird im Betriebe seines Vaters zum Glaser ausgebildet. Juni 12. Der Vater stirbt. Die Vormünder wollen ihn zum Drechsler machen, geben ihn aber als zu schwächlich zu dem Spiegelmacher und Zieraten-Glasschleifer *Ph. A. Weichselberger* in die Lehre, die vom November 1798 auf 6 Jahre festgelegt wird.
13.	1799	August 22. Ankunft in München (etwa $^3/_4$ Jahr der Lehrzeit auf die Vorbildung angerechnet).
15.	1801	Juli 21. Zusammenbruch des Hauses im Thiereckgäßchen. Teilnahme des Kurfürsten und *Utzschneiders*. August? Wird dem Kurfürsten vorgestellt, mit einem größeren Geldbetrage beschenkt, und entschließt sich zum Besuche der Feiertagsschule. Lernt *J. Niggl* kennen und erfährt von den Augengläsern, kauft aber noch eine Glasschneidemaschine, da er offenbar an dem Beruf als Zieraten-Glasschleifer festzuhalten gedenkt.
18.	1804	Mai 1. Kauft sich mit 50 fl vom letzten Rest seiner Lehrzeit los. Ersteht eine Schleifbank und beschäftigt sich vermutlich eifrig mit Linsenschleifen als Erwerbstätigkeit. November 1 (?). Tritt als Geselle bei *Ph. Weichselberger* ein.
19.	1805	September 1. Erhält einen kleinen Preis und schließt den Besuch der Feiertagsschule ab. Versuche mit Besuchskarten in Hochprägung mißlingen der Kriegszeit wegen.
20.	1806	Mai 19. Verläßt die Stellung bei *Ph. Weichselberger* und tritt — nach einer Prüfung durch *U. Schiegg* — gleich in das optische Institut ein.

Fraunhofer		
stand im		
..Lebensjahre		
20.	1806	Er steht unter *J. Niggl* als Vorarbeiter, wird aber von *G. Reichenbach* beeinflußt und wird vermutlich schon jetzt erfolgreiche Versuche mit vollkommener Flächengestaltung gemacht haben.
21.	1807	März. Die Spiegelarbeit.
	1804	August. *J. Utzschneider* beteiligt sich an der Gründung des Mathematisch-mechanischen Instituts von *Reichenbach, Utzschneider* und *Liebherr*.
	1805	Januar. Erstes Zusammentreffen *Utzschneiders* mit *P. L. Guinand*. Ende August. Abkommen mit *Guinand* zu dessen Übersiedlung nach Benediktbeurn.
	1806	Mai 10. Vorläufiger Vertrag mit *Guinand*. Mai, Ende. Geschenk von 80 Louisd'or [= 1700 S.-M.] an *Guinand*.
	1807	Februar 20. Zweiter Vertrag mit *Guinand* auch als künftigem Schmelzmeister.
21.	1807	Ende. Verlegung der optischen Werkstätte nach Benediktbeurn. *Niggl* kündigt; *Fraunhofer* wird vermutlich Werkmeister bei den neu eingestellten Lehrlingen.
22.	1808	Einführung neuer Arbeitsverfahren zu vollkommener Flächengestaltung.
22.	1809	Januar 26. *Fraunhofer* ist tatsächlich Leiter in dem Unternehmen. Februar 7. Erster Vertrag mit *Fraunhofer*; er tritt in die Leitung ein.
23.		August 9. *Fraunhofer* wird auf *Utzschneiders* Weisung von *Guinand* in das Schmelzverfahren eingeweiht.
25.	1811	September. *Fraunhofer* wird auch für die Glasschmelzarbeiten dem alten Meister *Guinand* übergeordnet.
27.	1813	Sommer. Vermutlich schon Beginn genauerer Messungen der Brechung und Zerstreuung verschiedener Glasarten und Flüssigkeiten und Planung des Lampengeräts.
27.	1814	Februar 20. Zweiter Vertrag mit *Fraunhofer*. Gehalt von 1500 fl [= 2900 S.-M.]. Er erhält — wohl wegen seiner Erfolge im Glasschmelzen — einen Geschäftsanteil im Werte von 10000 Gulden [= 19500 S.-M.] als Geschenk. Gewinn und Verlust fallen zu gleichen Teilen den beiden Besitzern zu. Über die Glashütte keine Abmachung. Da auch *Reichenbach* ausscheidet, ist er der wahre Leiter des ganzen Unternehmens zu Benediktbeurn.

*Fraunhofer
stand im
.. Lebensjahre*

28.	1814	Mai 1. *Guinand* scheidet mit einem Ruhegehalt aus dem Institut. Die Umarbeitung des Lampengeräts zur Beobachtung mit Sonnenlicht mag in einiger Zeit begonnen haben.
30.	1816	September. *A. Rockinger* kommt als Lehrer nach Benediktbeurn.
31.	1817	April 12. Einreichung der Arbeit über die Messung von Brechung und Zerstreuung an die Münchener Akademie. Mai 3. Zum korrespond. Mitglied der Akademie ernannt. Sommer. Besuch *K. D. v. Münchows* bei *Fraunhofer* in Benediktbeurn. Auch *Chr. Schweigger* läßt sich die Messung mit Hilfe der dunklen Linien zeigen.
33.	1819	Oktober. Verlegung der optischen Werkstätte von Benediktbeurn nach München. Vermutlich Erhöhung des regelmäßigen Gehaltes auf 1800 fl, gleichsam als Ortszulage. Dezember. Ausstellung des Dorpater Objektivs in München. Auszeichnung durch eine Schaumünze des Polytechnischen Vereins.
35.	1821	Mai 12. Ernennung zum außerordentlichen, „besuchenden" Mitgliede.
36.	vor 1823	Mißhelligkeiten im Verkehr mit *Utzschneider* u. *Reichenbach*.
37.	1823	Juli. Ernennung zum besoldeten Professor und Konservator des physikalischen Kabinetts.
38.	1824	Sommer. Ausstellung des großen Dorpater Refraktors in der Salvatorkirche. Große äußere Ehrungen *Fraunhofers*. September 19./20. Besuch von *John Fr. W. Herschel*. Berührung mit *Friedrich August Pauli* aus Zweibrücken.
	1825	Januar—März. Liest öffentlich alle Sonn- und Feiertage von 11—1 Uhr über mathematisch-physikalische Optik. Februar 17. Äußert seine starke Verstimmung über *Utzschneider*.
39.	1825	Spätsommer. Erkrankung durch Erkältung bei der Fahrt auf einem Isarfloß. Oktober. Er wird bettlägerig.
40.	1826	April 24. Verhandlung mit dem Staat durch seinen Freund *von Leprieur* wegen der Übernahme des Optischen Instituts durch den König. *Fraunhofer* hält das Gelingen des Planes für gesichert. Mai 2./4. Verschlechterung seines Befindens. Diktat der Vorschriften zur Schmelzung von Kronglas an *Leprieur*. Juni 7. Sein Tod.

II. FRAUNHOFER ALS TECHNISCHER OPTIKER

Für die im nachstehenden zu behandelnden drei Seiten seiner grundlegenden Tätigkeit als Schöpfer der deutschen Feinoptik wird es nötig sein, auf den Stand der Technik zu seiner Zeit im In- und Auslande einzugehen. Nur so wird man zu einer gerechten Würdigung seiner unvergleichlichen Leistungen kommen.

A. Die Verfeinerung der Arbeitsverfahren

Wenn ja auch seit langer Zeit Linsen hergestellt wurden — wir wissen von Vergrößerungslinsen für alterssichtig gewordene Lesekundige aus der ersten Hälfte des 13. Jahrhunderts —, so ist uns über die Arbeitsverfahren aus so weit zurückliegender Zeit nichts erhalten. Die gelehrte Welt hat erst sehr viel später, im wesentlichen nach den erstaunlichen Entdeckungen *Galileis* am Sternenhimmel für die Arbeitsverfahren der Schleifer von Brillengläsern und andern Linsen einen gewissen Anteil gezeigt. War es doch in der ersten Zeit nach der *Lipperhey*schen Erfindung vom Oktober 1608 für den gelehrten Astronomen nötig, selber mit Hand anzulegen, wenn er ein Himmelsfernrohr verwenden wollte.

Mindestens einige Verfahren der damaligen Zeit schildert uns *H. Sirturus* 1618 in seinem Buche (*65*) über das Fernrohr, und er scheint besonders stark durch die venezianischen Schleifer angeregt worden zu sein, denen ja auch eine lange Erfahrung beim Spiegelschleifen zu Gebote stand und deren einige im Anfang des 17. Jahrhunderts als Hersteller von Fernrohrobjektiven einen großen Ruf hatten. Gewisse Kunstgriffe, das Aufkitten der zu bearbeitenden Linsen auf hölzerne Hefte, die häufige Nachprüfung der noch lange stillstehenden Schleifschale auf die Erhaltung der richtigen Krümmung, Schleifverfahren mit Schmirgel und Polierverfahren mit verschiedenen Mitteln sind jenem etwas gierigen Mann wohl bekannt gewesen. Auch der Graf *C. A. Manzini* gibt uns in seinem Buche (*23*) von 1660 Kenntnis von dem ihm bekannten Schleifverfahren.

Soweit die Kenntnis dieser Arbeitsweisen bis jetzt bekannt geworden ist, verbreiteten sich brauchbare Handgriffe ziemlich rasch, weil die Gelehrten, die in nicht geringer Zahl selber schliffen, zwar auf ihren Ruhm eifersüchtig waren, aber keinen Brotneid empfanden, der sie grundsätzlich an der Verbreitung wohl erprobter Arbeitsvorschriften hinderte. Als auf ein besonders hoch gestecktes Ziel ist auf die Absichten des Jesuitenpaters *B. Conrad* (*37* 69) zu verweisen, der in seinem wissenschaftlichen Brief vom 17. Juli 1658 geradezu die Bildung einer Gesellschaft zur Verfeinerung der Linsenbearbeitungsverfahren anstrebte.

Man wird also annehmen können, daß bei der Herrschaft des Lateins als einer überall verstandenen Sprache die Gelehrten auch in Ländern von minder entwickelter Kunstfertigkeit einigermaßen über die Fortschritte der Formgebung in günstiger gestellten Völkern unterrichtet gewesen sein mögen. Für uns ist das besonders im Hinblick auf das Geistesleben in London wichtig. Die Königliche Gesellschaft, die sich dort in der zweiten Hälfte des 17. Jahrhunderts entwickelte, nahm an den lateinischen Schriften etwa *Keplers* und *Scheiners* vielen Anteil, was man aus den Londoner Neudrucken schließen kann, und wird sicherlich auch lateinische Werke von geringerer Bedeutung gelesen haben. Ihre Mitglieder, unter denen sich auf unserm Gebiete Männer wie *R. Hooke* und *I. Newton* befanden, stellten den englischen Optikern, die sich allmählich aus dem Kreise der Londoner Brillenmacher heraus oder unabhängig neben ihnen zu entwickeln begannen, Aufgaben, bei denen sie ihre Geschicklichkeit anstrengen mußten. Daß *Newton* mit Zinnasche poliert habe, erwähnte *H. Schröder* (*48* 307). Wir wissen ferner genau, daß im Januar 1694 *J. Marshall* (*46*) nach einer früheren Anregung *Hookes* die Bearbeitung von Linsenflächen auf zweckmäßig angelegten Körpern der Königlichen Gesellschaft vorführte, und daß diese ihm dafür eine öffentliche Anerkennung erteilte. Zu gleicher Zeit hob er hervor, daß er die alten eisernen Schleifschalen verwerfe und an ihrer Stelle solche aus Messing *(brass)* verwende.

Man kann nachweisen, daß dieses *Marshall*sche Verfahren der Formgebung verhältnismäßig bald Eigentum eines jeden Gesellen wurde, der überhaupt in London richtig freigesprochen worden war, und man mag daher die späteren bildlichen Darstellungen davon als gültig für die Gesamtheit der Londoner Optiker annehmen. Wie man aus der Abb. 5 ersieht, handelte es sich dabei noch lange um einen feststehenden Linsenkörper, auf dem von dem Arbeiter die Schleifschale in bestimmten Bewegungen herumgeführt wurde. Man erkennt ohne weiteres, wie hier durch die Arbeit auf Körpern der Preis für die Herstellung guter Linsenflächen herabgedrückt wurde, auch wenn der geschulte Arbeiter eine verhältnismäßig hohe Bezahlung erhielt.

Abb. 5. Der Londoner Optiker J. *Ayscough* am feststehenden Schleifgerät um 1750. Nach einem gleichzeitigen Werbestich.

Soweit wir wissen, blieb die Londoner Optikerschaft noch lange Zeit hindurch in dem alleinigen Besitz dieses ausgezeichneten Verfahrens und erfreute sich damit eines großen Vorzuges vor den Optikern anderer Länder. Denn eine Fachpresse bestand nicht, die, wie im 17. Jahrhundert die technischen Bücher der geistlichen Verfasser, von Personen ausgegangen wäre, die an dem wirtschaftlichen Ergebnis der verbesserten Verfahren überhaupt keinen Anteil genommen hätten. Vielmehr war, wie noch näher zu zeigen sein wird, äußerste Geheimhaltung bei allen technischen Handgriffen die Regel.

Wie es scheint — ich bemerke ausdrücklich, daß mir eine Geschichte der technischen Formgebung für Linsenflächen nicht bekannt ist —, ist man zum Beginn des 7. Jahrzehnts im 18. Jahrhundert dazu übergegangen, Schleifmaschinen zu veröffentlichen, wo das Werkstück oder auch die Schale dauernd im Umlauf um eine lotrechte Achse war, wobei es zunächst noch nicht gelungen war, eine einfache Maschine mit Fußantrieb zu bauen; vielmehr wurde die Schale durch einen besonderen Gehilfen in Umlauf versetzt, der bei dieser Tätigkeit nur die ermüdende Aufgabe hatte, eine Kurbel zu drehen. Man verdankt anscheinend dem großen französischen Wörterbuch zwischen 1760 und 63 die erste Abb. 6 einer derartigen Maschine; die technischen Schriften jener Zeit könnten, gehörig durchforscht, vielleicht noch eingehendere Kenntnis geben.

Abb. 6. Schleif- und Poliermaschine mit Antrieb durch einen Hilfsarbeiter nach Pariser Darstellungen um 1760.

Geht man nun von dieser, namentlich in England, aber auch in Frankreich geförderten Entwicklung auf die heimischen Verhältnisse ein, so muß man seine Erwartung ziemlich niedrig halten. Es sieht so aus, als ob die ungemeine Verarmung Deutschlands nach dem Dreißigjährigen Kriege die Anstellung von regelmäßigen Sternbeobachtungen mit Hilfe von guten Fernrohren weitaus an den meisten Stellen verhindert habe, so daß in unserer Heimat ein Antrieb unwirksam war, der etwa in London Gelehrte und Handwerksmeister zur Anspannung ihrer besten Kräfte bewegte. Die große Seefahrt ging in jener Zeit auch nicht von vielen Orten im deutschen Gebiet aus, und so fehlte der weitere Anlaß für den heimischen Optiker, unter dessen Wirkung die Zunftbrüder in London, Venedig und Paris für die Schiffer arbeiteten, die auf der hohen See Fernrohre und Nachtgläser brauchten und sie bei diesen Gewerbsmännern erstanden.

Aber es war noch ein anderer Grund vorhanden, der es für den deutschen Optiker zu keiner rechten Arbeitsfreude kommen ließ; er war nämlich von der Herstellung der Brillen in einem weit höheren Maße ausgeschlossen als etwa sein Londoner Zunftbruder. Seit langen Jahren — wir kennen einen Brillenmachermeister in Nürnberg schon im Jahre 1478 — war in Nürnberg und seit dem Anfang des 18. Jahrhunderts auch in dem benachbarten Fürth eine Massenerzeugung ganz billiger Brillen zu Hause, die dem gelernten Optiker auf diesem Gebiete das Wasser abgrub. Man kann von diesen Brillenmachern nicht als Optikern sprechen, sondern es handelte sich bei diesen Leuten um Unternehmer, die von völlig ungelernten oder nur auf eine besondere Einzelarbeit abgerichteten Kräften eine ganz ungemein billige Brillenform herstellen ließen. Diese Brillen wurden ausschließlich durch ungeschulte Mittelsmänner, Wanderhändler, Eisenwarenverkäufer usw. vertrieben, so daß der Unternehmer aus dem Verkehr mit dem brillenbedürftigen Kunden keinerlei Anregung und Förderung erhielt.

Unter diesen Umständen wird es keine Überraschung erregen, daß im deutschen Sprachgebiet die Verfahren der Formgebung für die Linsen völlig veraltet waren und keine sorgfältige Arbeit liefern konnten. Die Linsen wurden in den großen Brillenfabriken einzeln auf Holzhefte gekittet und in der feststehenden Schale gerieben, wie die Arbeiter auch als Glas*reiber* bezeichnet wurden. Wir erhalten den rechten Begriff von dieser Schundarbeit, wenn wir hören, daß der Arbeiter beidhändig schliff und viele (bis zu 12 und 15) Hefte auf einmal umzutreiben hatte. — Man ist in den Kreisen der Brillenmacher gelegentlich sogar so weit gegangen, daß man gepreßte Linsen ohne weitere Nacharbeit in die Brillengestelle faßte.

Bei den gelernten Optikern wird es mit der Verwahrlosung nicht ganz so schlecht gestanden haben, immerhin aber muß das üble

Beispiel der billigen und weitverbreiteten Brillen von einem ungünstigen Einfluß gewesen sein. Daß auch hier Versuche mit Maschinen gemacht wurden, wobei die Schleifschale um eine senkrechte Achse umlief, ist durch eine Leihgabe der Jenaer Sammlung gesichert. Es handelte sich dabei wahrscheinlich um die Schleifbank des Marburger Optikers *H. J. Bücking*, die 1808 durch Kauf in den Besitz seines Nachfolgers *E. Unkel* überging. Abb. 7 u. 8 zeigen

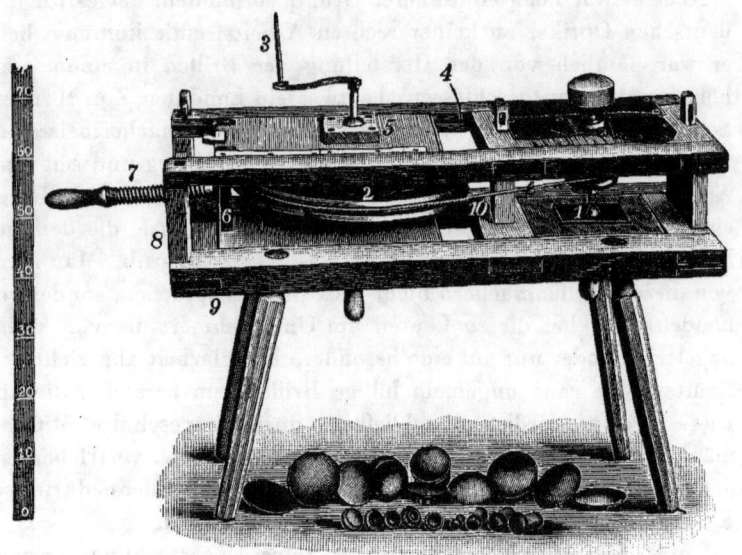

Abb. 7. Deutsche Optikerschleifbank mit Antrieb durch den Schleifer selbst. Um das letzte Drittel des 18. Jahrhunderts nach *18*.

diese Anlage mit aller wünschenswerten Deutlichkeit auf Grund der *Keßler*schen (*18*) Untersuchungen. Man erkennt, daß hier eine schwachgebaute, nur zur Bearbeitung von Einzellinsen (Brillengläsern und Okularlinsen) geeignete Vorkehrung vorliegt.

Geschliffen wurde wohl auf Zinn- oder Kupferblechschalen und mit Tuch poliert, was anscheinend von *Fraunhofer* (*57* 53) als die Art der alten Optiker bezeichnet wird. Mindestens gebraucht er diesen Ausdruck, als er 1816 von dem bei *J. H. Tiedemann* ausgebildeten und „als Opticus und Mechanicus" empfohlenen *W. Strahl* ziemlich verächtlich spricht. Man wird sich nicht wundern können, daß dem Großunternehmer *J. Utzschneider* (S. 95/6) die süddeutschen Betriebe, die er — freilich mit mangelhaften optischen Kenntnissen — 1804/05 bereiste, keinen besonderen Eindruck machten, und daß er um diese Zeit in dem betriebsamen und erfindungsreichen Glasfachmann *P. L. Guinand* auch einen geeigneten Optiker gefunden zu haben glaubte. Von dem Schlen-

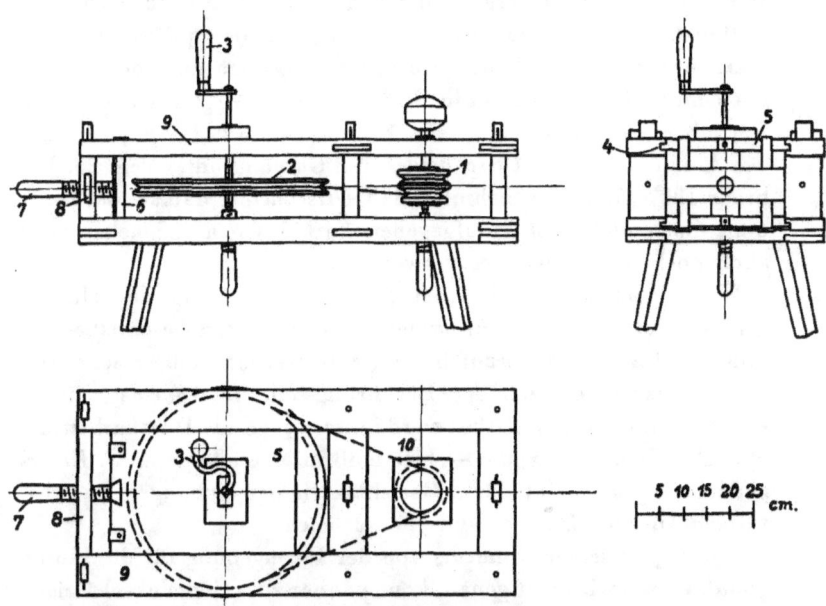

Abb. 8. Maßstabzeichnungen (Grundriß und zwei Schnitte durch die Triebachse) für die in Abb. 7 perspektivisch dargestellte Schleifbank. Alles nach *18*.

drian der gedrückten Handwerksmeister wird jener Optiker eigener Ausbildung bestimmt freier gewesen sein.

Mit diesem grau in grau gemalten Bilde der heimischen Schleiftechnik stimmt es gut zusammen, daß ein tatkräftiger Geselle wie *J. Fr. Voigtländer* aus Wien keine Hoffnung hegte, im deutschen Sprachgebiet eine befriedigende Ausbildung zu erhalten, obwohl er bei dem schon erwähnten Stuttgarter Optiker *Tiedemann* längere Zeit gearbeitet hatte. Das mag in der Zeit zwischen 1801 u. 1806 gewesen sein, paßt also der Zeit nach vortrefflich zu der

*Utzschneider*schen Beurteilung. *Voigtländer* zog — wie der Aachener *Jecker* und der Stuttgarter *Baumann* vor ihm — aus seiner Erkenntnis den Schluß, daß er in London als Geselle zu arbeiten habe, um in den dortigen besseren Verfahren geschult zu werden, und führte diesen Plan auch wirklich durch, mit dem entschiedensten Vorteil für sich selber und die optische Entwicklung in Wien, worüber (*40*) bereits eingehend gehandelt worden ist.

Man kann nicht annehmen, daß *Guinand* als Optiker in Benediktbeurn besonders hohen Ansprüchen genügt hat; denn sonst hätte man 1806 sicher nicht in München mit *J. Niggl* einen optischen Betrieb eingerichtet, anderseits kann man aber aus dem 1. Satz des Abkommens von *Utzschneider* und *Guinand* unter dem 20. Februar 1807 (*57 21*) entnehmen, daß *Utzschneider* damals die Hoffnung noch nicht völlig aufgegeben hatte, seinen Schmelzmeister auch noch als Optiker zu verwenden.

Wenn man nun nach einer solchen Ausmalung des Hintergrundes dazu übergeht, *Fraunhofer*s Verfahren zu beschreiben, so muß wohl zunächst darauf hingewiesen werden, daß er sehr früh — offenbar bald nach der Berührung mit *Utzschneider*, die er seinem Unfall vom Juli 1801 verdankte — an die Durcharbeitung optischer Werke ging, die — hier muß in erster Linie an *S. Klügel* gedacht werden — aus dem Gesichtskreis der damaligen gewerbstätigen Optiker Deutschlands herausfielen.

Wie es mit seiner Kenntnis von der Formgebung für die Linsen stand, wissen wir nicht genau, können aber aus seinem abschätzigen Urteil, das er in späterer Zeit über die alten Schleif- und Polierverfahren fällte, entnehmen, daß seine Schulung darin gering war und wohl hinter seiner theoretischen Vorbildung zurückgeblieben sein wird.

Als ihn ein glückliches Geschick im Mai 1806 in das optische Institut brachte — er hatte soeben sein 20. Lebensjahr angetreten — da kam (S. 13) er unter den Einfluß eines so hervorragend begabten Technikers wie *G. Reichenbach*. Dieser nennt ihn 15 Jahre später einen „optischen Zögling", was man wohl auf seine noch mangelhafte technische Schulung beziehen mag. Auch wenn man annimmt, daß *Reichenbach*s Schilderung nicht frei von Selbstgefälligkeit war, so muß man doch beachten, daß es sich hier um einen Streit (mit *J. Liebherr*) handelte, bei dem er jede Blöße vermieden haben wird; ferner war *J. Fraunhofer* im April 1821 noch bei guter Gesundheit, und er würde einer klärlich unzutreffenden Darstellung in der Öffentlichkeit oder im engeren Kreise haben widersprechen können.

Reichenbach (S. 15) erhob also den Anspruch, *Fraunhofer*n die Anregung für die Schleifmaschine und für den Fühlhebel gegeben zu haben. Daß das für die Pendelschleifmaschine wirklich zutrifft, kann man aus einer lange Zeit unveröffentlicht gebliebenen Bemerkung *(13) Fraunhofer*s vom März 1807 entnehmen, worin er ausdrücklich von dieser auf *Reichenbach* zurückgehenden Erfindung gesprochen hat. Berücksichtigt man den Eifer und das Geschick, womit unser Held später der Lösung solcher in sein Fach schlagender Aufgaben nachging, so wird man wohl glauben, daß ihm die Berührung mit einem so hervorragenden Mechaniker die Augen für die Möglichkeiten öffnete, die sich für eine wesentlich vollkommenere Formgebung darboten. Die Bedingungen dafür waren gegeben, daß er in späterer Zeit diese Aufgaben gleichsam von einer höheren Warte aus behandelte, wie er ja auch wirklich später von „Erfindungen und Entdeckungen" sprach, die für dieses Arbeitsgebiet auf ihn zurückzuführen wären.

Wenn man also anzunehmen hat, daß jetzt die Keime zu einer ganz besonders gedeihlichen Entwicklung der Flächengestaltung für optische Linsen gelegt worden waren, so bedurften sie zur Entwicklung Zeit, während es *Utzschneider*n darauf angekommen sein wird, bald Fernrohre in größerer Anzahl aus seinem Unternehmen hervorgehen zu sehen. Irgendein Grund, an der Brauchbarkeit des ihm schon seit einigen Jahren vertrauten Meisters *J. Niggl* zu zweifeln, lag bestimmt nicht vor, und so hat man in München etwa anderthalb Jahre lang, vom Mai 1806 bis zum Ende von 1807 mit zwei ausführenden Optikern gearbeitet, von denen der dienstältere *Niggl* vermutlich die alten Verfahren vertrat, während der jüngere *Fraunhofer* nicht allein auf dem theoretischen Felde besser geschult war, sondern auch — bestimmt mit *Reichenbach*s Billigung — neueren Verfahren der Formgebung nachging. Wie das Verhältnis von Vorarbeiter und Geselle war, wissen wir ebensowenig, wie wir die Art kennen, nach der die Vorstandschaft zwischen *Utzschneider* und *Reichenbach* geteilt war. Wohl läßt es sich denken, daß es dem älteren Vorarbeiter noch eine Zeit hindurch gelang, die ihm verwerflich erscheinenden Neuerungen des ihm unterstellten Gesellen zurückzuhalten, und es stimmt gut dazu, daß, wie schon oben angedeutet, am 20. Februar 1807, als der 2. Vertrag mit *Guinand* abgeschlossen wurde, *Fraunhofer* in *Utzschneiders* Gedankenwelt offenbar noch keine besondere Rolle spielte.

Aber die achtzehn Monate, die er noch in München unter *Niggls* Leitung gearbeitet haben mag, sind ihm bestimmt nicht verlorengegangen. Die Ausführung farbenloser Objektive mit dem aus Benediktbeurn von *Guinand* gelieferten Rohstoff wird ihm zur Umsetzung seiner theoretischen, an *Klügel* geschulten Kenntnisse in die Wirklichkeit ganz unschätzbar gewesen sein. Wohl kann man sich vorstellen, daß ihm Verbesserungsmöglichkeiten der überalteten Schleif- und Polierverfahren schon in München reichlich kamen, wenn sie auch vorläufig durch den leitenden Werkmeister verworfen wurden. Er mag also schon damals Maschinen in Einzelheiten geplant haben, die im Hinblick auf Genauigkeit weit über die Einrichtungen hinausgingen, wie sie *Guinand* seinerzeit in les Brenets getroffen hatte.

Wir haben schon auf S. 17/8 darauf hingewiesen, daß es heute kaum möglich ist, die Gründe zu ermitteln, aus denen *Niggl* seine Stellung verließ. Die alte Auffassung mag doch richtiger sein, daß er das Aufrücken *Fraunhofers* nicht habe ertragen können, denn jetzt, wo der optische Betrieb durch die Heranziehung mehrerer Lehrlinge (S. 18/9) vergrößert wurde — 1809 hat man nach (*57* 53) sogar einen ausgebildeten Optiker aus der Fremde eingestellt —, wird mindestens *Reichenbach* darauf gedrungen haben, daß mit der Anwendung der neuen genauen Bearbeitungsverfahren Ernst gemacht wurde.

Ich möchte auch glauben, daß sich *Fraunhofer* die wasserkraftbetriebenen Schleifmaschinen (S. 18) von *Guinand* deshalb hat vorführen lassen, um ein Urteil über ihre Leistungsfähigkeit zu gewinnen.

Da dessen Zeit aber bestimmt mehr oder minder durch die Schmelzertätigkeit beansprucht worden sein wird, so mag *Fraunhofer* als Vorarbeiter nunmehr nicht mehr wesentlich gehemmt gewesen sein, seine lang geplanten Verbesserungen auszuführen.

Auf diese Weise erscheint es möglich und verständlich, daß er in den kurzen 14 oder 15 Monaten seit der Überleitung des optischen

Betriebes nach Benediktbeurn die Unmenge von Arbeit leistete, die von den *Lebensbeschreibungen in diese Zeit verlegt wird.* Es bleibt immer bedauerlich, daß die Entwicklung eines solchen Genius auf seinem eigensten Felde keinen Künder gefunden hat. Da *Utzschneider* schwerlich eine genügende Fachkenntnis besaß und ganz bestimmt keine Zeit hatte, häufig das abgelegene Benediktbeurn aufzusuchen, so behandelt der von ihm eher rasch als gründlich hingeschriebene Nachruf diese ganz wichtige Entwicklungszeit der Benediktbeurner Monate, vor dem ersten Vertrage, so gut wie gar nicht. *Fraunhofer* hat es (*51* 67γ) zum Beginn des Jahres 1825 *Struven* geradezu abgeschlagen, seine Erinnerungen aus dieser Zeit mitzuteilen, da er einen Mann wie *Reichenbach* nicht kränken wolle, auch wenn er selber unter einer solchen Zurückhaltung leide. Man wird das nur so auffassen können, daß er an dem mechanischen Betriebe, mag es sich nun um Verbesserungen an den Arbeitsmaschinen oder um Neuerungen an der Fernrohraufstellung gehandelt haben, ziemlich weit beteiligt gewesen ist; jedenfalls weit genug, um *Reichenbachs* damals anscheinend besonders reizbare Empfindlichkeit selbst durch eine am Tatsächlichen bleibende Darstellung zu erregen. *Guinand* schließlich mit seiner zwar einseitig entwickelten, aber nicht unbeträchtlichen Fachkenntnis fühlte sich — was man wohl verstehen kann — hinter *Fraunhofer* zurückgesetzt und widmete ihm (*57* 55) noch im Februar 1816 eine unverhohlene Abneigung. Der einzige Fachmann, der über diese Zeit vielleicht hätte Auskunft geben können, war der mit *Fraunhofer* wohlvertraute Mechaniker *Rudolph Blochmann,* der schon in *Fraunhofers* Brief vom 26. Januar 1809 als ein Vorarbeiter in der mechanischen Abteilung — also doch wohl von längerer Erfahrung — erwähnt wird. Aber leider sind, als 1859 von *L. Jörg* (*16*) einige Nachrichten über *Fraunhofer* veröffentlicht wurden, Mitteilungen von *Blochmann* nicht darunter gewesen.

Über die im *Fraunhofer*schen Betriebe üblichen Verfahren zur Gestaltung und zur Ausrichtung der Flächen ist nicht eben viel der Vergessenheit entrissen worden. Durch unmittelbare Mitteilung von dem allgemein bewunderten Techniker kennt man nur ungemein wenig, wie sogleich aus der Darstellung hervorgehen wird. Mehr ist aus zweiter Hand zu erfahren, und zwar gibt es dafür meines Wissens drei Quellen.

Die erste geht auf das im Januar 1828 veröffentlichte Buch
J. J. Prechtls (27) zurück, schließt sich also zeitlich der Blütezeit
des Münchener Unternehmens sehr nahe an und wird auch sachlich
in einem gewissen Zusammenhange mit der *Fraunhofer*schen Anstalt
stehen. Man weiß nämlich durch eine Mitteilung S. *Stampfers*
(67 39α), daß H. R. *Starke*, ein besonders geschickter Arbeiter
Fraunhofers — er hatte seinem Meister sogar noch bei der Ausrichtung der Linsen zum Dorpater Refraktor geholfen — jedenfalls
1828 im Dienst des Wiener polytechnischen Instituts stand. Man
wird daher annehmen können, daß auf solche Weise die diesem
Fachmanne bekannten Herstell- und Prüfverfahren wenigstens in
den Grundzügen den Wiener Gelehrten bekannt geworden sein
werden. Zum mindesten hat man das im Jahre 1887 im 100. Jahre
nach *Fraunhofers* Geburt angenommen, wo im einzelnen E. *Voit*
(74 6α) ausdrücklich eine solche Ansicht äußert. Er nennt *Utzschneider*n in diesem Zusammenhang, ohne aber seine Quelle näher
zu bezeichnen. An und für sich möchte man die Vermutung hegen,
daß die Vermittlung solcher Beziehungen wohl mit größerer Wahrscheinlichkeit auf *Starke* zurückzuführen sei, da *Utzschneider* schwerlich eine genügende Sachkenntnis besaß und auch nicht leicht
solche, seinen eigenen Betrieb schädigenden Mitteilungen gemacht
haben möchte. Dazu dürfte er sich um so weniger veranlaßt gesehen haben, als das Wiener polytechnische Institut offenkundig
darauf aus war, den Stand auch der Wiener Optiker zu heben.

Die zweite Quelle für die *Fraunhofer*schen Maschinen und Hilfsgeräte fließt in der schon erwähnten *Voit*schen Schrift (74) von
1887. Hier ist mit großer Sorgfalt in sehr knapper Darstellung
wiedergegeben und in Abbildungen dargestellt, was damals in der
*Steinheil*schen Werkstatt als *Fraunhofer*sche Hinterlassenschaft
galt. Da Augenzeugen zu jener Zeit unter den Arbeitern wohl
nicht mehr am Leben waren, so wird einiges aus der in München
lebendigen Fachüberlieferung stammen, einiges wohl auch auf
C. A. *Steinheil* zurückgehen, der als junger Mann *Fraunhofer*n
noch persönlich gekannt hat. Immerhin ist dieser als Leiter seiner
Werkstätte wohl sehr vorsichtig mit Mitteilungen über Herstellverfahren gewesen und das mit vollem Recht zu einer Zeit, wo in
deutschen Landen ein Schutz durch Patente, wenn überhaupt, so
doch nur mit ungewöhnlichen Schwierigkeiten hätte gesichert

werden können. Die in jener Schrift von *S. von Merz* erwarteten Mitteilungen zu den technischen Leistungen des großen Münchener Optikers scheinen nicht ans Licht getreten zu sein, was wir heute als ungemein bedauerlich empfinden.

Die dritte Quelle geht auf den Optiker *H. Schröder (48)* zurück, und zwar hatte er seine Kenntnisse durch einen Optikergesellen ... *Wedemeier* in den 50er Jahren als Lehrling in Göttingen erhalten. *Wedemeier* seinerseits aber war von einem später in Braunschweig ansässigen Optiker ... *Spengler* angelernt worden, der früher Arbeiter bei *Fraunhofer* gewesen war. Mit der Veröffentlichung dieser Kenntnisse hat *Schröder* vier Jahrzehnte und länger gewartet; er schrieb in seinen letzten Jahren als ein enttäuschter und verbitterter Mann, worüber in (*47*) Näheres zu finden ist. An Sorgfalt und Treue der Wiedergabe läßt sich seine Auskunft auch nicht entfernt mit der vorhergehenden Quelle vergleichen, und sein leidiger Hang, über andere Fachleute, namentlich Theoretiker, abzuurteilen und sein eigenes Licht auf einen besonders hohen Leuchter zu stecken, macht die Lesung seiner Niederschrift nicht durchweg erfreulich. Anderseits aber muß man zugeben, daß er in der langen Zeit seines Lebens als Techniker eine Erfahrung erworben hatte, die in diesem Maße weder bei *Prechtl* noch bei *Voit* erwartet werden kann, und es wäre ein Versehen, wollte man bei dem Mangel an Quellen für *Fraunhofers* Wirken an dieser vorbeigehen, weil ihr Wasser nicht immer so klar ist, wie man wohl wünschen möchte.

Im einzelnen soll nun jede der Arbeitshilfen nach den beiden ersten Quellen abgebildet und beschrieben werden. Im Anschluß daran sollen auch die Äußerungen aus der dritten ihren Platz finden.

Die Radien- oder Pendelschleifmaschine
erfunden von *G. Reichenbach*

Beginnt man mit der wichtigen unter diesem Namen bekannten Vorkehrung, die jedenfalls schon im März 1807 vorhanden war, so sind gleichzeitige Beschreibungen nicht vorhanden; man kann allein eine gewisse Vermutung über die Art hegen, wie damals beim Schleifen der Kugelmittelpunkt in unveränderter Lage erhalten wurde. Wir werden weiter unten auf diese Möglichkeit zurückkommen.

II. A. Die Verfeinerung der Bearbeitungsverfahren

Wenn *J. J. Prechtl* in seiner Besprechung der (tatsächlich von *G. Reichenbach* stammenden) Pendelschleifmaschine auf Vorgängerschaften aus dem 17. Jahrhundert (*27* 238) hinweist, so gilt das sicherlich nur für den Grundgedanken einer solchen Anlage, nicht für die *Reichenbach*schen Mittel, sie auch zu verwirklichen. Nimmt man die inneren Radien des Königsberger Heliometers (*5* II. 147 1), so sind sie auf 333′′′, 578 [= 752,5 mm] und 340′′′, 536 [= 768,2 mm] einzustellen und bei der Arbeit zu bewahren, was beides die alte Maschine schwerlich hätte leisten können. Und wir wissen genau, daß die *Fraunhofer*schen Objektive auch wirklich den nach der Rechnung zu fordernden Grad der Güte zeigten.

Die hier in Abb. 9 beschriebene Form ist von *E. Voit* (*74* 6) mitgeteilt, und zwar nach einer auf *Fraunhofer* selber zurückgehenden Maschine entworfen worden. Danach war der Sockel und der Träger aus Stein und trug

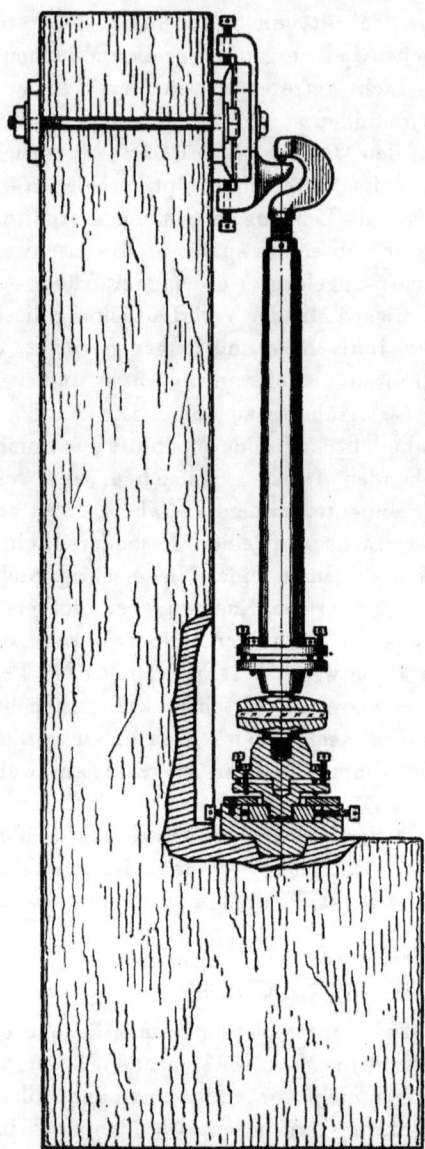

Abb. 9. Spätere Form der *Reichenbach*schen Pendelschleifmaschine nach *74* u. *27* Abb. XLV neu gezeichnet von *C. Büchele*.

an seinem oberen Teile einen nach unten verschiebbaren Halter für das Pendellager, der durch zwei starke Bolzen rechts und links von dem steinernen Träger in der gewünschten Höhe zuverlässig gesichert werden konnte. An diesem Halter befand sich der Träger des Pendellagers, der durch zwei in senkrechter Richtung gegeneinander wirkende Druckschrauben fein eingestellt werden konnte. Das Lager war durch eine kleine Kugelschale gebildet, die jedenfalls in hartem Werkstoff — gehärtetem Stahl etwa — auszuführen war. In sie wurde das Pendel eingehängt, das zu diesem Zwecke eine genau passende Kugelkappe trug. Es bestand in seinem Hauptteile aus einem Metallrohr, das mit der es tragenden Kugelkappe durch eine Schraube verbunden war, so daß man dem Glasverlust beim Schleifen dadurch begegnen konnte. Man verlängerte durch diese Schraube das Pendel in der notwendigen Weise. Am unteren Ende der Pendelstange befand sich der die Schleifschale enthaltende Kopf, mit je drei Zug- und Druckschrauben ausgestattet, um die Mitte der zu bearbeitenden Glasfläche — in der Zeichnung 9 ist die untere Fläche der Sammellinse in Bearbeitung dargestellt — von der Achse des Pendels senkrecht durchsetzen zu lassen.

Die — auf derselben Maschine zuvor hergestellte — Schleifschale ruht in der Zeichnung in einem entsprechenden Ausrichtekopf auf dem Sockel der Vorkehrung. Außer den entsprechenden drei Zug- und Druckschrauben trägt er noch eine Einrichtung, um das Lot durch den Scheitel der Schleifschale mit der Ruhelage der Pendelachse zusammenfallen lassen zu können.

Verständlicherweise wechseln Schleifschale und Linse sozusagen ihren Platz, wenn eine Hohlfläche herzustellen ist: dann sitzt die erhabene Schleifschale an der Pendelstange, während die Linse auf den unteren oder Sockelkopf aufzubringen und mit ihm auszurichten sowie auch nachzustellen ist.

Wiewohl an der Zuverlässigkeit dieser Angaben nicht zu zweifeln ist, wird man über die Herstellungszeit dieses Stückes im Unsichern sein. Vermutlich handelt es sich um eine späte Form, in der die ganze reiche Erfahrung unseres Helden verkörpert ist.

Beachtet man nun aber, daß *Fraunhofer* (13) selber im März 1807 auf S. [14] seiner Reinschrift über die Spiegel mit Umdrehungsflächen 2. Grades einen Hinweis auf die — damals ganz neue —

*Reichenbach*sche Schleifmaschine gibt, so läßt sich daraus ein wichtiger Hinweis auf die damalige Gestalt entnehmen. Er bemerkt, daß damals das (den Pendelmittelpunkt führende) Kügelchen in einem Konus gelaufen sei.

Eben diesen Konus findet man in der *Prechtl*schen Zeichnung seiner Radienschleifmaschine auf Abb. 10. *E. Voit* (74 6) hat angenommen, daß er die Anregung durch Äußerungen *Utzschneiders* erhalten habe. Vielleicht ist, wie schon oben bemerkt, die Meinung haltbar, daß *H. R. Starke* ebenfalls als Vermittler in Betracht komme, da dieser ja bald nach 1819 eine wichtige dienstliche Stellung (S. 161) im polytechnischen Institut in Wien bekleidet hat.

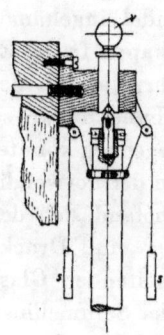

Abb. 10.
Ältere Form des Oberteils der *Reichenbach*schen Pendelschleifmaschine, nach 27 Abb. XLV von *C. Büchele* entworfen.

Wie sich aus der Zeichnung 10 ergibt — der von *Prechtl* an der Aufhängevorrichtung vorgesehene Fühlhebel wurde aber weggelassen — ist der Kugelmittelpunkt hier unter dem Druck des Gewichtes v von oben und dem Gegendruck der beiden Gewichte s, so daß die nachträgliche Verstellung des Lagers durch eine besondere Schraube (um den Bearbeitungsverlust an der Glasfläche auszugleichen) unnötig wurde. Das unliebenswürdige *Schröder*sche Urteil (*48* 307 λ) wird durch unsere Mitteilungen über die Entstehungsgeschichte widerlegt sein.

In jedem Falle aber erkennt man, und das soll hier deutlich betont werden, daß mehrere Fachleute an diesem Gerät beteiligt gewesen sind. Wir werden weiter unten auf diesen Umstand im Zusammenhang mit andern Fragen noch genauer eingehen.

Die auf dieser Maschine geschliffenen Linsenflächen — hier kamen in erster Linie die Objektivlinsen für Fernrohre in Betracht — wurden auf dem sogleich zu beschreibenden Gerät poliert; denn es handelt sich jetzt bei Abb. 11 u. 12 um

die *Fraunhofer*sche Poliermaschine.

Wir kennen sie aus der durch *E. Voit* (74 5) von der *Steinheil*schen Werkstätte vermittelten, aber *Fraunhofern* zugeschriebenen Form. Es ist also möglich, daß gewisse Verfeinerungen, so die

Anwendung von Spurschrauben, später hinzugekommen wären. Hier könnte wohl nur ein Studium feinerer Drehbänke jener Zeit Aufschluß geben.

Die von dem Arbeiter bewegte Kurbel setzt eine senkrechte Achse mit einer doppelten Triebscheibe (für schnelleren und für langsameren Lauf) in Umdrehung, die durch einen Treibriemen auf die hauptsächlichste Achse vorn rechts wirkt. An ihr sitzt einmal oben die Polierschale, anderseits unterhalb eine weitere Triebscheibe, die eine andere (im Grundriß rechts hinten gelegene) Scheibe in langsamere Umdrehung versetzt. Diese Drehung wird, noch weiter verlangsamt, an eine Scheibe (hinten in der Mitte) mit einem Exzenter weitergegeben, der nun seinerseits eine wagrechte Triebstange in hin und her gehende Bewegung setzt. Dadurch teilt

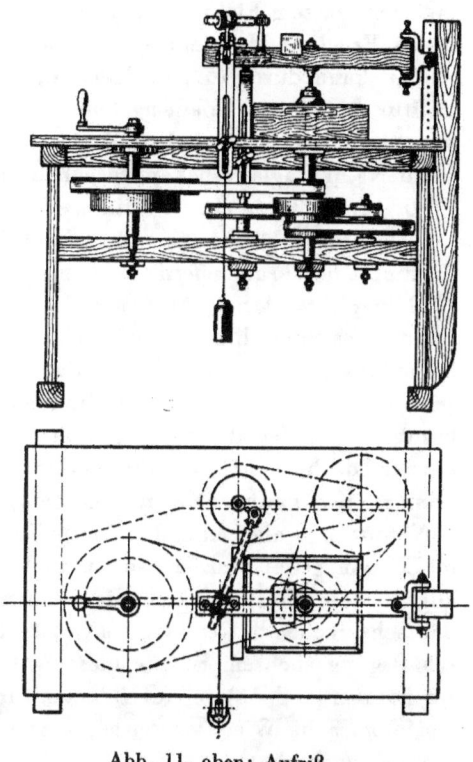

Abb. 11, oben: Aufriß,
Abb. 12, unten: Grundriß
der *Fraunhofer*schen Poliermaschine. Nach Anregungen von 74 5 durch *C. Büchele* neu entworfen.

er diesen Antrieb dem um eine senkrechte Achse am rechten Rande der Maschine drehbaren Arme mit, der die Linsen mit ihrer zu bearbeitenden Fläche nach unten gekehrt trägt. Ein Gewicht — in der Zeichnung links über der Polierschale — gestattet, die Politur unter einem innerhalb gewisser Grenzen veränderten Druck vorzunehmen. Eine über eine Rolle vorn hinabgeführte, gewichtbeschwerte Schnur diente vermutlich dazu, jeden toten Gang bei der Wirkung der Triebstange auf den die Linse tragenden Arm auszuschalten.

Poliert wurde nach (*42* 546r γ) jedenfalls auf einer Harzunterlage mit nassem Eisenoxyd; auch hat *Fraunhofer* selbst (*22* 49 β) dieses Ergebnis als „sehr schön" bezeichnet.

Man kann durch (*64*) nachweisen, daß solch ein Verfahren der Politur mit Zinnasche auf hartem Pech oder einer harten Mischung von Pech und Harz jedenfalls im letzten Drittel des 18. Jahrhunderts in England bekanntgegeben und dort vielleicht seit etwa 1750 regelmäßig in einer bestimmten Werkstätte geübt worden ist, ja vielleicht auch schon in andern Betrieben verbreitet war. — Ganz bestimmt hat *Fraunhofern* (*13* Anm. § 2) aber eine von *J. Edwards* 1781 verfaßte Arbeit in deutscher Übersetzung vorgelegen, wo mindestens Spiegelflächen auf Pech mit Eisenoxyd poliert wurden. Jedenfalls muß man annehmen, daß *Fraunhofer* gern von dem so sehr viel weiter entwickelten Stande des englischen Handwerks lernte. — Vielleicht kann ich später Einflüssen dieser Art noch genauer nachgehen. Aber die soeben gebrachten Hinweise werden immer einen gewissen Wert behalten.

Nimmt man aber einmal als zutreffend an, daß solche Verfahren in London geübt wurden, so ist noch eine Vermutung über ihre allgemeinere Einführung in die deutsche Technik zu wagen. Daß deutschsprechende Gesellen des Optikerhandwerks in England Beschäftigung suchten, ist für diese Zeit durchaus nicht unerhört: wir können (s. S. 56) ja auf *Baumann* in Stuttgart und auf *J. Fr. Voigtländer* in Wien verweisen, die beide eine solche Schulung durchgemacht hatten.

Auch wäre es nach neueren Forschungsergebnissen durchaus nicht unmöglich, daß selbst der Opticus *J. P. Hirn* für München in gewisser Weise ein Mittelglied abgäbe und daß seine Kenntnis an andere Fachleute dort gelangt sei.

Gewisse Erfahrungen über das Verhältnis der Durchmesser der Polierschale und der Linsenfläche und die Geschwindigkeit des Umlaufs aus dem Optischen Institut finden sich bei (*62* 183).

Im allgemeinen hat *Fraunhofer* nach (*48* 306 α) darauf gehalten, daß nicht zu lange poliert wurde. *E. Voit* (*74* 4 ε) hat, wohl im

Zusammenhang damit, darauf hingewiesen, daß er nach dem Takt (nach einem Metronom) polieren ließ, um die günstigste Zeit auch sicher zu treffen.

Nähere Angaben über *Fraunhofers* Versuche zur Ermittlung der besten Arbeitsvorschriften finden sich bei *A. Seitz (62)* nach den Münchener Akten. Man erkennt leicht, mit welcher Sorgfalt die Versuche geleitet und die Ergebnisse niedergelegt wurden. Als an dieser Stelle sehr wertvoll sei erwähnt, daß er die beste Zusammensetzung des Pechs für die Polierschalen in Hundertteilen für seinen Betrieb ermittelt hat, während sich die *Short*sche Beschreibung *(64)* nur in ganz allgemeinen Ausdrücken bewegte. Er hatte also gefunden

        Asphalt .... 53,5 Hundertteile
        Leinöl .... 7,4 „
        Kolophonium .... 39,1 „

Der *Fraunhofer*sche Ölkitt, den er zum Aufkitten der Linsen für das Zentrieren verwendete, ist nur durch späte mündliche Überlieferung bekannt. Man verdankt ihn *Schrödern (48* 305), der ihn auf dem Wege der Werkstattüberlieferung in den 50er Jahren des vorigen Jahrhunderts erhielt. Nach dieser Angabe besteht er aus Kolophonium und Olivenöl, und zwar enthält der härteste Kitt in Hundertteilen

        Kolophonium 92,9
        Olivenöl 7,1

Je mehr Olivenöl man zusetzt, um so weicher wird das Ergebnis.

Wendet man sich zu den Feststellungen der Richtigkeit der Linsengestalt, so ist als ein erstes Verfahren zu erwähnen die Prüfung mit dem Sphärometer. Das dafür notwendige Gerät (Abb. 13) ist

das Sphärometer zur Prüfung der Regelmäßigkeit der Fläche
Erfunden von *Georg Reichenbach*

Hier liegt eine Erwähnung *E. Voits (74* 7) vor, doch ist danach nicht sicher, daß die Form genau der *Reichenbach*schen entspricht.

Die zu prüfende Linsenfläche liegt, hinabgekehrt, auf den drei Knöpfen am Rande. Ein vierter Knopf in der Mitte ist das eine

Ende eines Tastgliedes, dessen anderes Ende auf den kurzen Arm der Fühlhebelstange wirkt.

Durch die mittlere, mit einer Gegenmutter zum Feststellen versehene Schraubenspindel kann bei einer beliebig zu prüfenden Fläche das Tastglied so eingestellt werden, daß bei einigermaßen richtiger Lagerung der zu prüfenden Fläche der Fühlhebel-Zeiger auf dem Nullwert der Teilung steht.

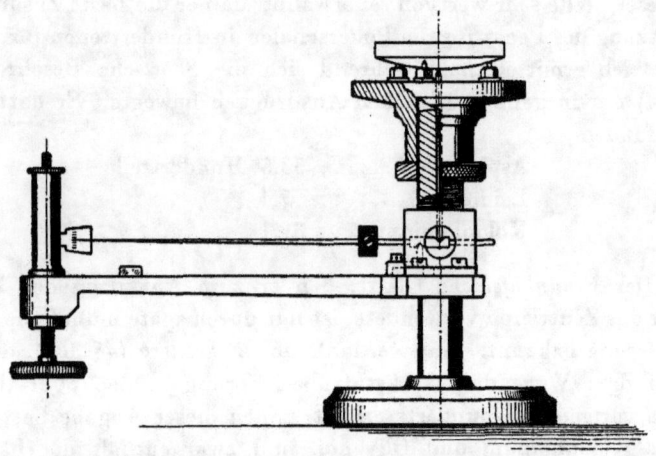

Abb. 13. *Reichenbachs* Sphärometer zur Prüfung der Flächenform. Nach 74 7 durch *C. Büchele* neu gezeichnet.

Die Fläche ist für dieses Prüfgerät gut, wenn bei beliebiger Verschiebung der zu prüfenden Fläche aus ihrer Mittellage heraus der Zeiger des Fühlhebels über dem Nullwert stehen bleibt.

Das Gewichtchen links vom Drehpunkt des Fühlhebels drückt dessen rechtes Ende gegen den Fußteil des Tastgliedes.

Ein wesentlich genaueres Prüfverfahren lieferten die von *Fraunhofer* eingeführten Probegläser, die nicht bloß die Regelmäßigkeit der Form, sondern auch die Einhaltung der vorgeschriebenen Radienlänge zu beurteilen gestatteten. Freilich wurde dieser Kunstgriff als allerstrengstes Geheimnis betrachtet, und er ist damals auch nicht nach Wien gebracht worden.

Zuerst scheint er von *E. Voit* (*74* 5/6) beschrieben worden zu sein, während *W. Dyck* (*11* 367) einige Jahre später die Abänderung mitteilte, in der er in der *Steinheil*schen Werkstätte im Gebrauch war.

Wendet man sich zu den Zentrierverfahren, so stammte auch hier, wie schon bemerkt, ein wichtiges Gerät (Abb. 14) von G. *Reichenbach*.

Der doppelte Fühlhebel zum Zentrieren großer Linsen
Erfunden von *Georg Reichenbach*

Da uns die älteste Form mit ausdrücklicher Erwähnung von *Fraunhofer*scher Herkunft bei J. J. *Prechtl* (27 263) erhalten ist, so sei hier diese Beschreibung wörtlich gegeben.

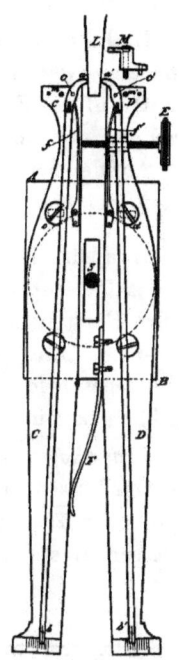

Abb. 14. *Reichenbach*s doppelter Fühlhebel zur Ausrichtung großer Linsen, nach 27 Abb. XLVI verkleinert wiedergegeben.

„AB ist eine Platte, mittelst welcher die „ganze Vorrichtung durch die mit einem Griffe „versehene Schraube S auf einen in die Auf- „lage der Drehbank eingesetzten Träger auf- „geschraubt wird. Auf dieser Platte sind die „beiden messingenen Schenkel CC und DD durch „vier Schrauben befestigt, von welchen die „beiden c und d sich in einem in der Platte „angebrachten Schlitze hin und her bewegen „können, um die beiden Schenkel mittelst der „Stellschraube E in beliebige Entfernung aus- „einander stellen zu können (je nach der Dicke „der Linse, die man zentrieren will), wobei die „Feder F dieser Stellschraube entgegen wirkt. „ab und a'b' sind die beiden Fühlhebel, deren „Umdrehungspunkt in o, o' ist. Das in m ein- „zusetzende Stück M hält die obere Spitze der „Spindel, um welche der Fühlhebel sich dreht, „auf dieselbe Art, als dieses bei den Zapfen- „lagern in der Kleinuhrmacherei gewöhnlich ist. Die Federn „f, f' drücken auf den langen Arm der beiden Fühlhebel, „damit das Ende des kürzeren, welcher aus einem vorn ab- „gerundeten Stahlstücke besteht, gegen die beiden Flächen der „mit der Spindel der Drehbank umlaufenden Glaslinse L an- „drückt. Die Länge der Arme C, D hängt von dem Grade der

„Empfindlichkeit ab, welchen das Instrument haben soll. Das Ver-
„hältnis 1:50 des kurzen Hebelarms zu dem langen ist hinreichend."
Die *Voit*sche Zeichnung (*74* 6) weicht nur in unwesentlichen
Stücken von der *Prechtl*schen ab, und für sie mag es bei diesem
Hinweise bleiben.

Daß *Fraunhofer* für kleinere Linsen noch ein anderes Verfahren
hatte, erwähnt *Schröder* (*48* 306). Man richtete die mit heißem
Kitt auf ein Futter aufgebrachte Linse mit behelfsmäßigen Werkzeugen vor und dann mit Hilfe der Spiegelbilder endgültig aus.
Auf den bei *Prechtl* (*27* Abb. XLVII) dargestellten großen Zentrier-
kopf sei hier nur eben hingewiesen.

Handelte es sich nun um die Ausrichtung der beiden, ein farben-
loses Fernrohrobjektiv bildenden Linsen, so hatte man schon früh
ihre Fassung derart gestaltet, daß man die Linsen herausnehmen
konnte. Eine solche Einrichtung hat *J. H. Tiedemann* bereits
1785 beschrieben, wahrscheinlich um die gelegentlich beschlagende
Flintlinse putzen zu können.

Fraunhofer hat seine vollkommeneren Objektive (s. S. 80),
deren Linsen durch zwischengelegte Zinnplättchen am Rande voneinander zu trennen waren, mit einem federnden Ringe gefaßt,
dessen Gestaltung aus der nebenstehenden Zeichnung (Abb. 15)
entnommen werden kann. Der innere
Durchmesser der Objektivfassung wurde
bei kleineren Objektiven anscheinend von
selbst für weit genug gehalten, um bei
Temperaturänderungen keine Spannung
der Linsen herbeizuführen.

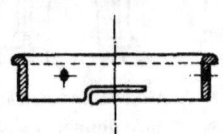

Abb. 15. *Fraunhofers*
federnder Ring zur Fassung
seiner vollkommneren Ob-
jektive von mittlerem
Durchmesser. Von *C.
Büchele* entworfen.

Die Wiedereinpassung eines solchen
Objektivs hat *Fraunhofer* selbst (*22* 159/62)
genau beschrieben, wobei er besonders
großen Wert auf die gleiche Dicke der
trennenden Zinnplättchen legte. Sie
mußten so ausgewählt werden, daß die Farbenflecke genau in der
Mitte blieben.

Bei großen Objektiven — er hat das bei dem Dorpater Fernrohr
beschrieben (*57* 80/1) — ließ er den Innendurchmesser der Fassung
um die doppelte Dicke eines Stanniolstreifens weiter ausdrehen,

Die Ausrichtung der Objektivlinsen

als der Durchmesser der beiden Linsen betrug. Dieser Innendurchmesser blieb nur an 3, je um 120° voneinander entfernten Stellen erhalten. Der Schluß mag in ganz enger Anlehnung an (57 80) folgen: „An zwei der „Stellen, wo das Objektiv die Auflage berührt, sind „an der Peripherie Staniolstreifen zugelegt; an der „dritten Stelle aber ist die Objektivfassung durch-„brochen, d. i. hier hat sie ein viereckiges Loch. In „dieses Loch ist, ohne Zwang, ein Stück Messing „gepaßt, welches die Form hat, welche der aus der „Fassung geschnittene Teil hatte. Dieser in die vier-„eckige Öffnung leicht passende Teil wird durch „zwei an der äußeren Peripherie der Objektivfassung „befindliche Stahlfedern gegen den Rand des Ob-„jektivs gedrückt, so daß auch in diesem Sinne das „Objektiv immer mit gleicher Spannung in seiner „Fassung ist, es mag diese sich ausdehnen oder „zusammenziehen. Die Stahlfedern, deren jede mit „zwei Schrauben an die Objektivfassung festge-„schraubt ist, haben auch noch eine dritte Schraube, „durch deren Anziehen oder Zurückschrauben die „Feder weniger oder mehr drückt."

Zur Ausrichtung des ganzen Rohrs mag die Beschreibung der Abbildungen 16 u. 17 nach (27 276/9) wiedergegeben werden.

Abb. 16. Zur Ausrichtung großer Fernrohre nach *Fraunhofer*. 27 Abb. XLVIII entnommen.

„In der Abb. XLVIII sei ABC das Rohr, AB das „Objektiv, und C der Okulareinsatz, in dessen Deckel „sich die Okularöffnung o befindet. /x/b ist nun die „Achse des Fernrohrs, und bei der gehörig richtigen „Einsetzung des Objektivs zugleich die Achse des „Objektivs und des Okulareinsatzes. Wenn man „mit einem anderen Fernrohr f, welches vor dem „Okular mit einem Fadenkreuze versehen ist, durch „das Objektiv AB sieht, so kann man die Okular-„öffnung o erblicken, wenn das kleine Fernrohr die „in f angezeigte Lage hat; und man kann dieses „Fernrohr so richten, daß der Durchschnitt des Fadenkreuzes „genau in die Mitte der Okularöffnung o falle.

72   II. A. Die Verfeinerung der Bearbeitungsverfahren

„Bringt man nun das kleine Fernrohr in die Lage f', so daß der
„Winkel, welchen seine Achse mit der Linie bx macht, dem [277]
„Winkel gleich ist, welchen das Fernrohr in der ersten Lage f mit
„derselben Linie gemacht hat, so wird man
„durch das Fernrohr in dieser zweiten Lage,
„ebenso wie in der ersten, den Durchschnitts-
„punkt des Fadenkreuzes in der Mitte der
„Okularöffnung erblicken; wenn nach der an-
„genommenen Voraussetzung bx die gemein-
„schaftliche Achse des Objektivs und des Okulars
„ist. Gesetzt aber, die Achse der Vorderfläche
„AaB, folglich des Objektivs, sei nicht bx,
„sondern falle etwas seitwärts, so wird man
„durch das Fernrohr in der zweiten Lage f'
„nicht mehr die Okularöffnung oder das Faden-
„kreuz in ihrer Mitte erblicken, weil dann der
„Winkel abm nicht mehr dem Winkel abn
„gleich ist.

„Zur Ausführung dieser Operation richtet
„man ein kleines, in Abb. XLIX dargestelltes,
„etwa 6" [= 16 cm] langes Fernrohr her, das
„ein einfaches oder doppeltes Okular haben
„kann, und das in y mit einem Kreuzfaden (aus
„Spinnweben) versehen ist. Dieses Fernrohr ist
„um den Zapfen a in der Vertikalebene, um
„das Scharnier b in einer auf diese senkrechten

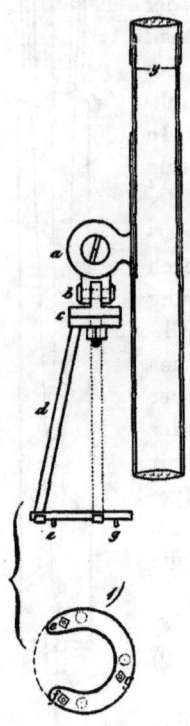

Abb. 17. Eine ältere
Form des *Fraunhofer*schen Ausrichtefernrohrs. Nach 27
Abb. XLIX wiedergegeben. Unten der
Grundriß des Fernrohrfußes.

„Vertikalebene, und um den Zapfen c in der
„Horizontalebene beweglich, so daß es in jeder
„beliebigen Richtung festgestellt werden kann.
„Vermittelst dreier Stützen d ist es auf dem
„hufeisenförmigen Fuße 1), in welchen drei
„stählerne Spitzen efg, welche unten abgerundet
„und poliert sind, eingeschraubt sind, durch
„Schraubenmuttern befestigt. Zwei dieser Stifte, e und f,
„stehen etwa 120° des Kreises, von welchem dieser Fuß ein Aus-
„schnitt ist, voneinander entfernt, der dritte g steht etwas näher
„bei f.

„Soll nun das Rohr zentriert werden, so hält man das eben be-

„schriebene kleine Fernrohr mit den drei Spitzen auf die Vorder-
„fläche des Objektivs, so daß die beiden Spitzen e und f, welche
„am weitesten voneinander entfernt stehen, [278] an die Auflage
„des Objektivs (welche, wie schon früher bemerkt, auf der Dreh-
„bank mit dem Support vollkommen rund ausgedreht ist), und
„richtet nun das kleine Fernrohr so, daß man die Okularöffnung
„des zu zentrierenden Fernrohrs erblickt, und das Fadenkreuz
„genau die Mitte derselben durchschneidet. Nachdem man sich
„hiervon versichert hat, setzt man die drei Spitzen auf die vorige
„Art an eine andere Stelle des Glases, ohne das kleine Fernrohr
„selbst aus seiner Lage zu bringen: und sieht nun wieder durch
„dasselbe. Steht das Fadenkreuz ebenso genau wie vorher in der
„Mitte der Öffnung, so hat das Objektiv seine richtige Lage. Ist
„dieses aber nicht der Fall, so bemerkt man an der Fassung den
„Punkt, an welchem das Objektiv etwas gehoben oder gesenkt
„werden muß, damit durch das kleine Fernrohr das Fadenkreuz
„die Mitte der Okularöffnung durchschneide. Nachdem man diese
„Adjustierung der Lage des Objektivs verrichtet hat, wiederholt
„man die Untersuchung mit dem kleinen Fernrohre wie vorher,
„bis dasselbe an zwei oder drei Stellen des Objektivs dieselbe ge-
„naue Lage des Durchschnitts des Fadenkreuzes in der Mitte der
„Okularöffnung anzeigt; wonach die Zentrierung als vollkommen
„hergestellt angesehen werden kann.

„Das beschriebene kleine Fernrohr kann für Objektive von jeder
„Größe gebraucht werden; nur ist es für bedeutend größere oder
„kleinere Objektive notwendig, einen größeren oder kleineren mit
„den drei Stiften versehenen Fuß an die Träger d anzuschrauben,
„damit der Stift g nicht zu nahe an dem Rande bleibe, sondern
„wenigstens um die Hälfte des Halbmessers gegen den Mittel-
„punkt des Objektivs hineintrete. Das kleine Fernrohr kann man
„übrigens auch so einrichten, daß es in dem Mittelpunkte zweier
„beweglicher Ringe, deren Bewegungs-Ebenen senkrecht auf-
„einander sind, befestigt ist, nach [279] der Aufhängungsart des
„Seekompasses, und unten mit einer Stellschraube, die einer
„an das Rohr drückenden Feder entgegenwirkt, festgehalten wird.
„Der Fuß mit den Stiften ist dann kreisförmig und konzentrisch
„für das Gesichtsfeld des kleinen Rohres ausgeschnitten. Diese
„Einrichtung ist bei dem Gebrauche bequemer, weil sich das Rohr

„mittelst derselben leichter genau richten läßt; sie ist jedoch etwas
„komplizierter."

Nach (57 81 δ) hat *Fraunhofer* bei dem nach Dorpat gelieferten
kleinen Fernrohre die im letzten Absatz angedeutete Einrichtung
nach Art eines kardanischen Gehänges vorgesehen. Mit Geräten
dieser Art wird *Starke* zweifellos besonders gut Bescheid gewußt
haben.

Auch die Prüfung auf Farben und Hebung der Kugelabweichung,
wie sie *Prechtl* beschreibt, wird von dem *Fraunhofer*schen Brauch
stammen. Tatsächlich aber ist die Untersuchung auf die Farbenfehler zweiter Ordnung (das sekundäre Spektrum) schon 1791 von
R. Blair beschrieben worden, während die Hälftung der Objektiv-
scheibe sogar auf *Newton* zurückgeht. Der *Prechtl*sche Text (27)
lautet wie folgt:

„[269] Bei eben dieser Gelegenheit kann man nun auch den
„**Grad der Vollkommenheit des Objektivs** erforschen; denn
„durch die Probe in dem Rohre selbst kann dieser am schärfsten
„erkannt werden. Um das Objektiv auf seine Achromatizität zu
„probieren, nimmt man die stärkste Vergrößerung, welche für das-
„selbe bestimmt ist, und betrachtet einen entlegenen Gegenstand,
„der frei steht und hinter sich den dunkeln Himmelsgrund hat,
„z. B. das Kreuz eines Kirchturms, die Kanten eines Rauchfangs,
„einen auf einer entfernten weißen Mauer angebrachten schwarzen
„Strich oder, wenn es die Zeit zuläßt, die Mondscheibe. Hat das
„Okular seine richtige Stellung, und ist das Objektiv achromatisch,
„so wird der Gegenstand scharf begrenzt und ohne Farben er-
„scheinen: wenn man dann das Okular mehr hinein oder heraus
„bewegt; so erscheint an der Kante oder dem Rande des Gegen-
„standes die schwache Purpurfarbe oder das Grünlichgelb des
„sekundären Spektrums. Es ist bereits oben erwähnt worden, daß
„diese Lage der Farben des sekundären Spektrums diejenige ist,
„bei welcher die chromatische Abweichung auch für dieses zweite
„Spektrum soviel möglich aufgehoben ist, weil bei derselben der
„äußerste violette und der äußerste rote Strahl zusammen auf
„eine Seite fallen und das gemischte Purpur geben, wegen ihrer
„entgegengesetzten Brechbarkeit daher ihre Abweichung von den
„mittleren die möglichst geringste ist. Ein Objektiv, welches

„achromatisch zeigt, aber die Farben des sekundären Spektrums
„nicht in dieser Mischung und Lage darstellt, zeigt daher den
„Gegenstand auch weniger scharf und deutlich begrenzt als das
„vorige, obgleich an demselben oft gar keine Farben bemerkbar
„sind, wie das bei vielen durch Probieren zustande gebrachten
„Objektiven der Fall ist. Jene Farben des sekundären Spek-
„trums geben zugleich ein Maß [270] für die richtige Stellung
„des Okulars ab, indem diese Stellung für die vollkommene
„Deutlichkeit zwischen das Erscheinen jener beiden sekundären
„Farben fällt.

„Um zu beurteilen, bei welchen aus mehreren Objektiven von
„denselben Glasarten, bei gleicher Brennweite und Öffnung die
„Farbenzerstreuung am besten gehoben sei, bedeckt man, nach
„Fraunhofer, jedes Objektiv halb, die Mitte durchschneidend.
„Bei denjenigen, wo die Linien eines entfernten Gegenstandes, die
„mit der Durchschnittslinie des Objektivs parallel laufen, am
„deutlichsten gesehen werden, ist die Farbenzerstreuung am voll-
„kommensten gehoben.

„Um den Grad der Aufhebung der sphärischen Abweichung zu
„probieren, bedeckt man das Objektiv mit einem Kreise aus Papier,
„in welchem in der Mitte eine Öffnung von etwa dem sechsten
„Teile des Durchmessers des Objektivs ausgeschnitten ist, be-
„trachtet damit einen entfernten Gegenstand und bemerkt die
„Stellung des Okulars, wenn der Gegenstand am deutlichsten
„gesehen wird. Hierauf nimmt man diese Bedeckung weg und
„legt eine andere auf, welche den mittleren Teil des Objektivs zu
„etwa 5/8 seines Durchmessers bedeckt, dagegen den Rand frei läßt.
„Ist die sphärische Abweichung aufgehoben, so muß der Gegen-
„stand ebenso deutlich begrenzt erscheinen als vorher, ohne daß
„das Okular verrückt wird. Ist jedoch noch von dieser Abweichung
„vorhanden, so muß das Okular bis zu jenem Punkte der Deutlich-
„keit etwas in das Rohr geschoben werden, weil bei der sphärischen
„Abweichung die Brennweite der Randstrahlen kürzer ist. Es ist
„daher immer ein Zeichen der möglichst aufgehobenen Abweichung,
„wenn das Okular, welches bei der vollen Deutlichkeit des Bildes
„eine gewisse Stellung hat, nicht viel aus [271] dieser Stellung
„verrückt werden darf, ohne daß sogleich Undeutlichkeit des
„Bildes eintrete.

„Sollte der Fall vorhanden sein, daß bei dieser Probierung des
„Objektivs dasselbe der Erwartung nicht entsprechen sollte, so
„deutet das auf Fehler in den Krümmungshalbmessern oder in dem
„Glase, und man muß sodann die eine oder andere Linse mit einer
„anderen gleichnamigen vertauschen, bis man den Fehler soviel
„möglich aufgehoben hat. Wäre das Objektiv nicht achromatisch,
„so muß man durch die Korrektion der zweiten Fläche der Flint-
„glaslinse diesen Fehler zu verbessern suchen, ein Fall, der, wenn
„man die bisher gegebenen Nachweisungen befolgt hat, jedoch
„selten vorkommen wird."

Von diesen Hilfen abgesehen, scheint *Fraunhofer* (*22* 159 Z. 5 u. 4 v. u.) bei der endgültigen Prüfung auch die beiden Linsen gegeneinander verdreht und die Stellung festgehalten zu haben, bei der sich die übriggebliebenen Fehler am besten aufhoben.

Zu dieser Vermutung paßt ausgezeichnet eine undatierte handschriftliche Bemerkung aus *Fraunhofers* in der *Darmstaedter*schen Sammlung aufbewahrtem Nachlaß:

„Bei Fernröhren, welche, sei es durch eine mangelhafte Kon-
„struktion oder durch schlechte Ausführung, einen niederen Grad
„von Güte haben, wird eine Veränderung der Lage der Gläser
„gegeneinander die Wirkung nicht merklich ändern; bei Fern-
„rohren hingegen, welche sich der Vollkommenheit mehr nähern,
„kann eine geringe unrichtige Stellung der Gläser eine wenn auch
„nicht sehr auffallende, doch schädliche Wirkung hervorbringen."

B. Fraunhofer als rechnender Optiker

Nach allem, was wir von *Fraunhofers* Betätigung in der Anfangszeit seiner Stellung (S. 15) wissen, hat man ihn schon früh mit Rechnungen für Fernrohrobjektive beschäftigt, doch hat er zweifellos recht bald eigene Wege eingeschlagen, die ihn gelegentlich von *Klügels* Vorschrift abweichen ließen.

Der erste Fall dieser Art ist auf den März 1807 zu setzen, wo er (*13*) an seine Vorgesetzten mit einem Vorschlag herantrat, *Gregory*sche Spiegelfernrohre zu machen. Der Gedankengang soll in großen Zügen angegeben werden.

Nach einer kurzen geschichtlichen Einleitung — englische Einflüsse z. B. von *Short* und *Herschel* sind gesichert — beschäftigt er sich damit, die Strahlenvereinigung eines schief auffallenden Büschels paralleler Strahlen im Achsenschnitt eines parabolischen Spiegels zu ermitteln, und findet die Abweichungen wesentlich kleiner als die eines entsprechenden Kugelspiegels.

Da bei einem Spiegelrohr nach *J. Gregory* der kleine Fangspiegel schwerlich genau genug elliptisch geschliffen werden könnte, wie das ein parabolischer Hauptspiegel forderte, so stellt sich *Fraunhofer* eine neue Aufgabe. Er beabsichtigt, eben die Form des Hauptspiegels zu bestimmen, die mit einer Hohlkugel als Fangspiegel unter Beschränkung auf den Achsenschnitt in einem parallelen Strahlenbüschel von kleiner endlicher Schiefe auf eine ausreichend gute Strahlenvereinigung führt. Er glaubte diese Form erreicht zu haben, wenn er den großen Spiegel als ein Umdrehungshyperboloid ausführte. Nun konnte *H. Boegehold* (7a Anm. § 11) in jüngster Zeit zeigen, daß diese Überlegungen nicht einwandfrei sind; aber *Fraunhofer* beschränkte sich nicht auf diesen Nachweis, sondern versuchte, von der älteren Form der *Reichenbach*schen Pendelschleifmaschine (s. Abb. 10 auf S. 64) ausgehend, ein Triebwerk zur Herstellung von Umdrehungshyperboloiden zu erfinden.

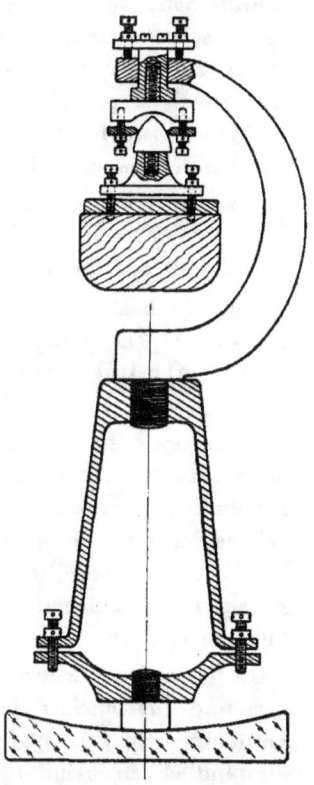

Abb. 18. Frühe Zeichnung von *Fraunhofer*s Schleif- und Poliermaschine für nichtkuglige Flächen, durch eine Niederschrift aus *Merzi*schem Besitz vermittelt. Unter Vermeidung der Flüchtigkeiten der Vorlage für 50a neu entworfen von *C. Büchele*.

Zu diesem Zwecke ersetzte er die kleine Kugel der *Reichenbach*schen Vorkehrungen durch einen aus gehärtetem Stahl geformten „sphärischen Kegel" (ein Gebilde mit einer torischen Außenfläche), auf dem ein achatner

Ring verschoben werden sollte, um die Führung des Schleifwerkzeugs zu übernehmen.

Fraunhofer verzweifelte selbst daran, die Gleichung der so im Achsenschnitt von dem Mittelpunkt des Schleifwerkzeugs beschriebenen Kurve vollständig entwickelt niederzuschreiben, glaubte aber, sie als Hyperbel ansehen zu dürfen, wobei er sich aber wieder in einem Irrtum befand. Wie *H. Boegehold* (7a Anm. § 11/15) gezeigt hat, handelt es sich hier um eine Kurve der 6. Ordnung.

Fraunhofer war von der Möglichkeit einer technisch brauchbaren Lösung so überzeugt, daß er für den inneren Betrieb eine Maschine (s. Abb. 18) auf Grund seiner Überlegungen angab.

Genauer beabsichtigte er, Spiegelfernrohre nach *Gregory* von $8''$ $[= 21^3/_4$ cm$]$ Länge zu bauen. Die freie Öffnung sollte $3^1/_2''$ $[= 9^1/_2$ cm$]$ betragen, und Vergrößerungen von $40 \times [2p' = 2,4$ mm$]$, $60 \times [2p' = 1,6$ mm$]$ und $90 \times [2p' = 1,0$ mm$]$ waren vorgesehen.

Ganz gewiß handelt es sich bei dieser Arbeit noch nicht um ein Meisterwerk, das man aber auch von einem 20jährigen, ungewöhnlich begabten Optikergesellen nicht erwarten will. Wie sich sogleich zeigen wird, hat man im optischen Institut keine Versuche in dieser Richtung gemacht und hat dem jungen Angestellten damit sicherlich die Beschäftigung mit einer sehr heiklen Aufgabe erspart.

Die damaligen beiden Leiter des optischen Instituts, *Reichenbach* und *Utzschneider*, haben sich zu jener Zeit eben gegen die Aufnahme von Spiegelgeräten erklärt, was bei dem Wert völlig verständlich erscheint, den *Utzschneider* auf die Verwertung des in seiner Hütte zu erschmelzenden Glasguts legen mußte.

Später hat *Fraunhofer* von den Spiegelgeräten ebenfalls nichts wissen wollen, wie schon (42 551 1) auseinandergesetzt wurde. Auch bei den nach *W. H. Steavensons* Forschungen von *Herschel* abgesetzten Spiegelfernrohren ausschließlich *Newton*scher Anlage handelte es sich um eine doppelte Spiegelung an Metallflächen, denn Spiegelfernrohre der eigentlichen *Herschel*schen Anlage sind damals nur in Slough aufgestellt worden. *Fraunhofer* rügte an diesen Rohren nach *Newton* die geringe Lichtstärke, denn man erhält bei zwei Spiegelungen je mit dem Anteil von 0,673 nur eine durchgelassene Flächenhelle von 0,453, während der Spiegelungsrest eines von 2 Linsen aus Kron und Flint mit etwa 0,90 davon sehr merklich absticht.

Auf *J. Fr. W. Herschels* im September 1825 veröffentlichte Entgegnung ist *Fraunhofer* nicht mehr eingegangen, da sich sein Leben schon seinem Ende zuneigte und der Rest seiner Arbeitskraft wohl der Leitung des Geschäfts gewidmet wurde.

Wendet man sich zu seinen Arbeiten an den dioptrischen Vorkehrungen, so hat er die größte Wichtigkeit ohne Frage dem Fernrohrobjektiv beigelegt.

Schon in (*57* 43 γ) steht eine Bemerkung, wonach man annehmen muß, daß er merklich vor dem Ende von 1811 auf diesem Gebiete gearbeitet hat, und daß er ziemlich früh bewußt von den *Klügel*schen Lehren abwich, obwohl er sich unter *Klügels* Führung, wie sie in dessen Lehrbuch von 1778 niedergelegt war, in die technische Optik eingearbeitet hatte.

Wir müssen heute nach (*7* 31 β) darauf hinweisen, daß *Klügel* den *Euler*schen Auffassungen in der ersten Zeit der Achromate folgte, wonach bei der Farbenhebung hauptsächlich der Farbenunterschied der Vergrößerung zu vernichten sei, während für das achsenparallele Öffnungsbündel die Kugelabweichung gehoben werden müsse. Berücksichtigt man diese Auffassung, so erkennt man deutlich, daß die Worte (*57* 43 γ) nicht allzuviel entscheiden: „in Hinsicht der Farbenzerstreuungen, Abweichungen in und außer „der Achse, der helleren Deutlichkeit der Bilder u. s. f." habe es *Fraunhofer* besonders weit gebracht. Es ist eben nicht mit Sicherheit gesagt, daß damals unter Abweichungen außer der Achse wirklich schon der gleiche Inhalt verstanden worden sei, den wir heute damit verbinden. Ich möchte es freilich für wahrscheinlich halten, da in der Technik von der Kugelabweichung in der Achse doch wohl nur gesprochen werden kann, wenn man dem Öffnungshalbmesser eine endliche Öffnung gibt. Auch scheint es mir kaum zu bestreiten, daß derselbe Techniker, der schon vor 1807 daran arbeitete, dem Spiegelfernrohr ein größeres Gesichtsfeld zu verleihen, einer entsprechenden Aufgabe am Linsenfernrohr um 1811 nicht ausgewichen sein wird.

Sehr viel später, im Juli 1824, hat *Fraunhofer* bei einer kurzen Schilderung der Entwicklung des farbenlosen Fernrohrobjektivs (*22* 169/70) hervorgehoben, daß — im Anfange seiner Tätigkeit —

die „Theorie der achromatischen Objektive noch unvollkommen „war", daß das aber „hier teils durch Erfindungen, teils durch „Entdeckungen glücklich beseitigt wurde".

Ein so hervorragender Fachmann wie *L. Ph. Seidel* (*53* 326) hat 1856 auf Grund der *Bessel*schen Durchrechnung des Königsberger Heliometerobjektivs die Ansicht ausgesprochen, daß *Fraunhofer* durch trigonometrische Durchrechnung die Vorschrift S ② = 0 mit großer Annäherung erfüllt habe. In der Ausdrucksweise der *Abbe*schen Schule würde das heißen, daß *Fraunhofer* die Kugelabweichung in der Achse gehoben und die Sinusbedingung erfüllt habe.

Mit einer solchen Auffassung, daß schon früh der Steigerung des Feldes nachgestrebt worden sei, stimmt auch *Fraunhofer*s alter Brief (*57* 35) vom 26. Januar 1809 überein. Schon hier ist er der Meinung, daß die achromatischen Objektive noch vieler Verbesserung fähig sind, was mit auf die Schwierigkeiten der Glaswahl geschoben werden kann, denn zu so früher Zeit vermochte er genaue Messungen von Brechung und Zerstreuung bestimmt noch nicht durchzuführen. Für die messingnen Perspektive — damit sind wohl die Zugfernrohre gemeint — schlägt er schon damals Objektive von zwei Graden der Güte vor. Wie sich durch Nachmessung ergeben hat (s. S. 81/2), bestanden die einfacheren Objektive aus einer fast gleichseitigen Sammellinse aus Kron und einer eben-hohlen Zerstreuungslinse aus Flint, während die vollkommneren Formen mehr durchgebogen waren.

Daß *Fraunhofer* allein die Objektivanlage mit Kron voraus durchgebildet hat, lag wohl an dem englischen Muster, das ihm auch nach der Seite 86 dauernd vor Augen war: für Seefernrohre hat man aber damals stets die Kronlinse an die erste Stelle gebracht, weil man das Flintglas jener Zeit keiner Benetzung durch Salzwasser aussetzen mochte.

Ganz und gar nicht darf man sich aber vorstellen, daß unser Held diese im Laufe der Zeit mühsam erworbenen Kenntnisse auch nur in seinem eigenen Betriebe verbreitet hätte. Man muß vielmehr nach einer Auseinandersetzung, die *G. Merz* (*63* 57r) im Hinblick auf die ihm anzuvertrauenden Rechnerpflichten an *Utzschneider* lieferte, annehmen, daß er in *Fraunhofer*s Feinheiten nicht eingeweiht war. Auch aus (*68* 78/9) geht deutlich hervor, daß mindestens den Wiener Theoretikern die Begrenztheit ihrer Kenntnis der *Fraunhofer*schen Verfahren wohl bewußt war.

Daß er selbst jenen Schleier des Geheimnisses gut kannte, den er mit Mühe und Sorgfalt um alle seine Arbeitsweisen gebreitet hatte, mochten sie nun auf die Verfahren der Berechnung, der Flächengestaltung und der Glasmessung Bezug haben, kann man sicher aus seinem bedingten Versprechen vom Juli 1824 (22 170β) schließen, wo er im Hinblick auf seine Verfahrensweisen sagt: „Ich werde vielleicht bei „andern Gelegenheiten Veranlassung finden, „ausführlicher über diese Gegen-„stände zu sprechen."

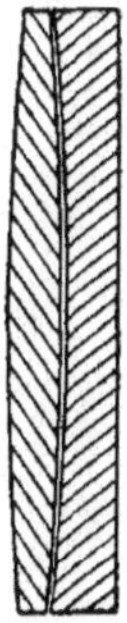

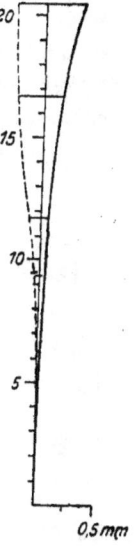

Wann *Fraunhofer* über die *Klügel*schen Vorrechenformeln hinaus zu trigonometrischer Durchrechnung überging, läßt sich nicht mehr sagen. Aber selbst wenn man annimmt, daß er auch hier dem *Klügel*schen Vorgang folgte, so gehen dessen Formeln für trigonometrische Durchrechnung doch auch bereits auf das Jahr 1810 (*63* 57r) zurück.

Setzt man also, wie der Verfasser es tun möchte, die *Fraunhofer*sche Bestimmung der vierten Bedingung bei der Berechnung eines Fernrohrobjektivs in eine frühe Zeit, so mag man nach (22 3α) seine Enttäuschung ermessen, als die Ergebnisse bei der Ausführung nur selten der Genauigkeit bei der Berechnung entsprachen.

Es blieb nun nichts weiter übrig, als den Grund dafür in der Ungenauigkeit zu suchen, mit der die Brech- und die Zerstreuungszahlen bestimmt worden waren. Schon auf Seite 22 war darauf hingewiesen worden, daß ihn der Kampf gegen diese Messungsfehler seit 1813 zur Anstellung von Versuchen angetrieben hat, und

Abb. 19. Äußere Form des einfachen *Fraunhofer*schen Fernrohrobjektivs nach 44 287.

Abb. 20. Reste der Kugelabweichung — und der Abweichungen von der Sinusbedingung - - - von Abb. 19 nach 44 287.

man weiß bestimmt, daß er mit seinem Lampengerät (s. S. 129) sein Ziel bereits erreicht hat. Das wird also wohl in das Jahr 1814 gefallen sein, denn die Durchführung der umständlichen Versuche mit dem durchaus nicht regelmäßig zur Verfügung stehenden Sonnenlicht mögen eine längere Zeit beansprucht haben.

Wie er die höchsten Ziele zu erreichen strebte, wird auf S. 128 auseinanderzusetzen sein, wo wir über seine wissenschaftliche Tätigkeit zu handeln haben. Er hat für die zweckmäßigste Verteilung der Farbenreste die Helligkeit der Farbenbezirke berücksichtigt und sich lange und zu seiner eigenen Befriedigung mit der Aufgabe abgegeben (S. 132), diese Farbenreste kleiner und kleiner zu machen. Hier an dieser Stelle ist über den Erfolg nicht zu sprechen, da es sehr zweifelhaft ist, ob er mit Glaspaaren von gleichmäßigerem Gange der Zerstreuung wirklich Versuche für Fernrohre zum regelmäßigen Absatz gemacht hat.

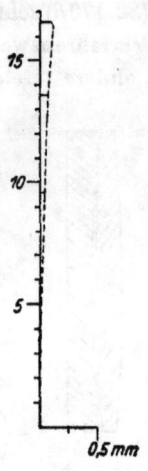

Abb. 21. Äußere Form d. vollkommneren *Fraunhofer*schen Fernrohrobjektivs nach 44 287.

Abb. 22. Reste der Abweichungen von der Sinusbedingung --- von Abb. 21 nach 44 287.

Wendet man sich zu den Geräten oder Geräteteilen, die er nachweislich ausgeführt hat, so sind zwei Objektive, eines von der einfacheren und eines von der verbesserten Anlage, vor wenigen Jahren in Jena gemessen und nach den heutigen Verfahren durchgerechnet worden.

Die Ergebnisse sind — auf die Grundbrennweite von 500 mm gebracht — auf den vorstehenden Schaubildern (S. 81) dargestellt worden. Danach zeigt (Abb. 19 und 20) das einfachere bei dem verhältnismäßig großen Öffnungsverhältnis von 1:12,3 eine Überbesserung von nicht ganz 0,5 mm am Rande, während der Wert von $h:\sin u'$ um etwa den gleichen Ziffernbetrag von dem Werte der Achsenstrahlen abweicht. Die Ausführungsvorschriften in Millimetern sind für

$$f' = 500 \text{ mm}$$
$$r_1 = +213{,}9$$
$$r_2 = -218{,}7 \quad d_1 = 3{,}91$$
$$r_3 = -215{,}6 \quad b = 0{,}38$$
$$r_4 = -10062{,}3 \quad d_2 = 3{,}85$$
$$n_D = 1{,}52658,\ \nu = 60{,}2;\ N_D = 1{,}63383,\ \nu = 34{,}6$$

Wie man aus den Abb. 21 und 22 ersieht, ist die Fehlerhebung bei der vollkommeneren Anlage viel weiter getrieben. Für das kleinere Öffnungsverhältnis von 1:15,1 sind bei dem hier gewählten Abbildungsmaßstabe Abweichungen von dem Vereinigungspunkte der Achsenstrahlen mit wachsender Einfallshöhe nicht festzustellen, und auch der Randwert von $h:\sin u'$ weicht nur eben merkbar von f' ab. Die Ausführungsvorschriften in Millimetern sind hier wieder für

$$f' = 500 \text{ mm}$$
$$r_1 = +365{,}8$$
$$r_2 = -146{,}0 \quad d_1 = 3{,}35$$
$$r_3 = -148{,}8 \quad b = 0{,}02$$
$$r_4 = -526{,}3 \quad d_2 = 2{,}29$$

$$n_D = 1{,}52862,\ \nu = 59{,}5$$
$$N_D = 1{,}63532,\ \nu = 34{,}5$$

Man wird auch mit den heutigen Verfahren aus den *Fraunhofer*schen Schmelzen keine bessere Anlage mit Kron voraus angeben können. Nach (67 43 γ) wird man annehmen müssen, daß diese beiden Objektive mit Kron von 1,527 oder 1,529 und mit Flint von 1,634 oder 1,635 aus einer Zeit stammten, die bei *Fraunhofers* Lebensende schon um einige Jahre zurücklag. *Stampfer* hatte nämlich gefunden, daß *Fraunhofer* für die letzten Objektive etwas andere Glasarten, nämlich Kron von 1,5308 und Flint von 1,6164 benutzt habe.

Da hier ein solches Stück noch nicht vorgekommen ist, so würden sich in zwei Abbildungen auch die äußere Form und der Zustand der Strahlenvereinigung nach der üblichen Art darstellen lassen.

Man kann nach der Durchrechnung nur sagen, daß die Strahlenvereinigung des achsenparallelen Strahlenbündels und die Erfüllung der Sinusbedingung (nach der heutigen Ausdrucksweise) auf der gleichen Höhe stehen, wie bei den Formen mit größerer Verschiedenheit der ν-Werte. Das Öffnungsverhältnis ist mit 1:14,9 in dem *Stampfer*schen Falle eher noch etwas größer. Die Radien und Dicken ergeben sich in Millimetern bei ganz entsprechender Anordnung zu

$$f' = 500 \text{ mm}$$
$$r_1 = +342,7$$
$$r_2 = -136,5 \qquad d_1 = 2,53$$
$$r_3 = -139,1 \qquad b = 0$$
$$r_4 = -619,9 \qquad d_2 = 1,99$$

$$n_D = 1{,}5308, \ [\nu = 59]$$
$$N_D = 1{,}6165, \ [\nu = 36]$$

Diese Angaben hat übrigens *H. Erfle* schon 1924 gemacht. Man erkennt also, daß *Fraunhofer* eine ganz neue Berechnung angesetzt hat, als er diese beiden Glasarten für seine Objektive verwenden ließ. Eine neue Zeichnung für die Anlage und die Abweichungen im achsenparallelen Strahlenbündel endlicher Öffnung zu entwerfen erübrigt sich, da die Abb. 21 und 22 eine ausreichende Vorstellung vermitteln werden.

Schließlich seien noch einige Worte dem Objektiv des Königsberger Heliometers gewidmet, das uns (5 II 147/8) kennen gelehrt hat. Schon *Bessel* machte darauf aufmerksam, daß die sehr kleine Abweichung für den D-Wert (es ist eine ganz geringe Unterbesserung daselbst vorhanden) möglicherweise darauf zurückzuführen ist, daß *Fraunhofer* darauf aus gewesen sei, Strahlen von einer etwas andern Wellenlänge vollkommen zu vereinigen. Nach den hier für ein Öffnungsverhältnis von 1:16,1 durchgeführten Rechnungen — dabei wurden die Teilzerstreuungen nach den *Schott*schen Schmelzen O.15 und O.4125, sowie O.919 und O.335 bestimmt — ergab sich tatsächlich eine ganz hervorragende Strahlenvereinigung für die Linie e. Für die Linie C fand sich verständlicherweise eine Unterbesserung, die ein wenig größer ist als die Überbesserung für F. Die Zeichnung für die Anlage und die Darstellung der Abweichung im achsenparallelen Strahlenbündel der angegebenen Öffnung durch ein Schaubild ist unnötig, da auch dafür Abb. 21 und 22 eintreten können.

Radien und Dicken ergeben sich in Millimetern zu

$$f' = 500 \text{ mm}$$

$$r_1 = +370{,}4 \qquad d_1 = 2{,}65$$
$$r_2 = -147{,}5 \qquad b = 0$$
$$r_3 = -150{,}5 \qquad d_2 = 1{,}77$$
$$r_4 = -518{,}1$$

$$n_D = 1{,}52913, \; [\nu = 58{,}5]$$
$$N_D = 1{,}63912, \; [\nu = 35]$$

Das bildaufrichtende Okular (Abb. 23), dessen Einzelangaben auf eine Messung (*44* 288) zurückgehen, besteht aus 4 eben-erhabenen Linsen und zeigt eine ganz ausgezeichnete Hebung der Schärfenfehler schiefer Bündel. Der Astigmatismus schiefer Bündel ist schon in einem ganz geringen Maße überbessert, während er in dem an der gleichen Stelle veröffentlichten *Ramsden*schen Okular ähnlicher Art noch unterbessert ist. Bei einem ebenso großen Gesichtsfeld, wie es die *Fraunhofer*sche Anlage zuläßt, würde dort sicherlich der Schärfenfehler schon merklich sein.

Daran, daß die *Ramsden*sche Anlage versuchsmäßig zusammengestellt (erpröbelt) ist, wird man

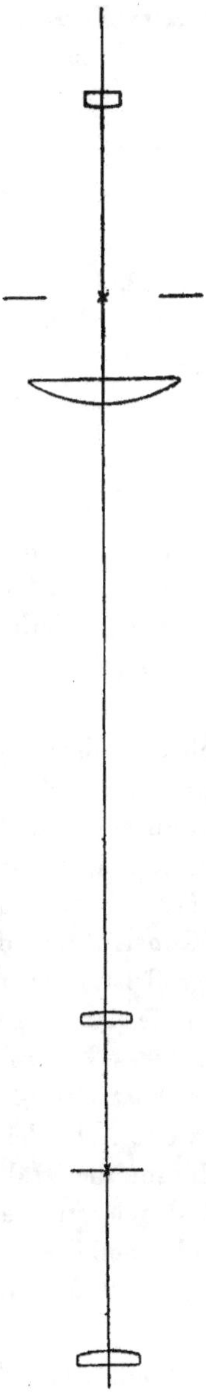

Abb. 24. Die Spuren der astigmatischen Bildflächen (- - - für die tangentialen, — für die sagittalen Büschel) in der vorderen Okularbrennebene nach *44* 289.

Abb. 23. Äußere Form eines *Fraunhofer*schen bildaufrichtenden Okulars f'=25 mm in halber natürlicher Größe nach *44* 288. Die Lichtrichtung ist von unten nach oben gehend zu denken.

Abb. 23.

nicht zweifeln wollen, hat doch in England G. B. *Airy* Vorrechenformeln für Okulare erst veröffentlicht, als *Fraunhofer* schon im Grabe lag.

Für das Okular sind die Daten der Anlage (von unten nach oben fortschreitend) in Millimetern

$$f' = 25 \text{ mm}$$

$r_1 = \infty \quad r_3 = \infty \quad r_5 = +35{,}36 \quad r_7 = +22{,}68$
$\quad d_1 = 3{,}3 \quad d_2 = 2{,}32 \quad\quad d_3 = 5{,}64 \quad\quad d_4 = 3{,}15$
$r_2 = -28{,}55 \quad r_4 = -36{,}69 \quad r_6 = \infty \quad\quad r_8 = \infty$
$\quad b_1 = 74{,}6 \quad b_2 = 137{,}83 \quad b_3 = 61.38$
$$s'_8 = \infty$$
$n_D = 1{,}529$

Daß *Fraunhofer* mindestens in den Vorarbeiten zu einer neuen Preisliste auf Neuheiten an dem Okular Bezug nahm, wird der folgende, undatierte Entwurf beweisen, den ich der Berliner Sammlung *Darmstaedter* verdanke; er bezieht sich zweifellos auf die beiden Nummern 47 und 48 auf S. 178/9.

„Wir machen gegenwärtig auch Tag- und Nachtfernrohre. Das „Äußere derselben ist so plump, wie das der englischen; weil man „uns sagte, daß sie nur in dieser Form den Schiffern gefielen. Da „bei diesen Fernrohren das große Feld die Hauptsache ist, bei den „englischen Marine-Fernrohren aber außer der Mitte des Feldes „das Sehen undeutlich ist, so suchten wir eine Konstruktion der „Okulare, wo auch am Rande die Deutlichkeit groß ist, was uns „von Wichtigkeit zu sein scheint, da man zu Schiffe den Gegen„stand nicht in der Mitte erhalten kann. Ein solches Fernrohr, „dessen Objektiv 16″ [= 43 cm] Brennweite hat, kostet fl 54.— „[= 105 S.-M.] — Wir machen auch noch eine zweite Art solcher „Fernrohre, wo die Vergrößerung bloß dadurch um die Hälfte „stärker gemacht werden kann, daß man bloß das letzte Paar „der Okularlinsen, die zusammen in einem Rohr gefaßt sind, „weiter hinauszieht; diese kosten fl 57 [= 111 S.-M.] das „Stück."

Wann man im optischen Institut diese Form fand, ist völlig unbestimmt. Da das dazugehörige Objektiv möglicherweise eines älterer Art war, so wird vielleicht auch das Okular einige Jahre vor *Fraunhofer*s Tode entstanden sein. Ob man bei dem Suchen Vorrechenformeln verwandt hat, also den Weg wählte, den später *Airy* gegangen ist, oder ob man enge Büschel längs Hauptstrahlen verfolgte, deren Weg mittels trigonometrischer Durchrechnung festgelegt worden war, wird sich ebenfalls nicht mehr entscheiden lassen. Die dafür nötigen Formeln waren ja schon seit den ersten Tagen des 19. Jahrhunderts durch *Th. Young* veröffentlicht worden, und auch wenn man die Kenntnis dieser Arbeit bei dem jüngeren *Fraunhofer* nicht vermuten wollte, so wird man ihm wohl die Fähigkeit zutrauen, solche analytische Entwicklungen selber durchzuführen, die später von einer ganzen Anzahl von Physikern unabhängig gefunden wurden. Da er, wie auch seine Ansichten abgewichen sein mögen, die im optischen Institut herrschende Übung der Geheimhaltung tatsächlich nicht durchbrochen hat, so werden wir den über seinem Verfahren lagernden Schleier nicht mehr lüften können.

Wie man aus dem Schluß der Bemerkung entnehmen kann, hat er später, bei der Vorbereitung der Preisliste von 1826, tatsächlich Okulare mit zwei Vergrößerungen angeboten. Nach seiner Beschreibung wurden die Linsen der bildumkehrenden Verbindung hinausgezogen, also dem ersten Zwischenbilde genähert. In dem Falle schwächerer Vergrößerung gab also diese Verbindung bei der Umkehr nur die Maßstabsänderung auf 0,817, bei der stärkeren die auf 1,225. Der Unterschied von 0,408 ist dann tatsächlich die Hälfte des schwächeren Wertes. Wie es scheint, mußte man aber den letzten, das Okular tragenden Auszug abschrauben, um diese Verschiebung der bildumkehrenden Folge auszuführen.

Das oben durchgerechnete bildaufrichtende Okular der Abb. 23 ist weit davon entfernt, eine solche Anordnung zu zeigen, vielmehr wird durch die bildaufrichtende Folge das erste Zwischenbild etwa $2^{1}/_{2}$fach vergrößert; man muß also dafür auf eine ganz andere Anlage schließen. Vielleicht, daß ein solches Fernrohr mit dem Wechsel zwischen beiden Vergrößerungen einmal noch im Althandel auftaucht und der Messung unterworfen werden kann. Sammler von optischen Geräten sollten auf diese Möglichkeit achten.

Über zwei andere optische Vorkehrungen seiner Herstellung kann noch einiges beigebracht werden.

Die Objektive des auf S. 188/9 beschriebenen Mikroskops sind von *A. Köhler* untersucht und infolge ihrer starken Abblendung recht lichtschwach befunden worden.

Bei ihrer einem können nach Messungen von *H. Keßler* und trigonometrischen Rechnungen durch *H. Boegehold* die folgenden Angaben gemacht werden. Radien, Dicken (in Millimetern) und Glasarten des in Abb. 25 im Achsenschnitt dargestellten Objektivs haben die folgenden Werte

$$f' = 33{,}3 \text{ mm}$$

$$\begin{aligned}
r_1 &= \infty \\
r_2 &= 13{,}91 \\
r_3 &= 14{,}13 \\
r_4 &= -13{,}54
\end{aligned} \qquad \begin{aligned}
d_1 &= 0{,}57 \quad N_D = 1{,}629, [\nu = 36] \\
b &= 0 \\
d_2 &= 3{,}2 \quad n_D = 1{,}515, [\nu = 59]
\end{aligned}$$

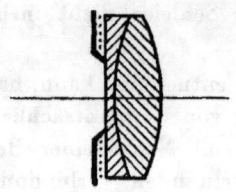

Abb. 25. Äußere Form des *Fraunhofer*schen Mikroskopobjektivs von $f' = 33^1/_3$ mm mit der starken Abblendung in mehr als doppelter Größe.

Nach Abb. 26 ist bei einer Vergrößerung von 4,6:1 an dem ersten Zwischenbilde die Kugelabweichung für die ganze Öffnung mit einem Zwischenfehler von etwa 6,8 mm gehoben. Die starke Abblendung auf nicht ganz 0,4 der ursprünglich vorgesehenen Öffnung läßt diese Hebung der Kugelabweichung nicht zur Geltung kommen. In dem freigelassenen Teile der Öffnung besteht eine unbeträchtliche Unterbesserung in einem Betrage von etwa 3 mm. Den Grund für diese Abblendung muß man wohl in einer Rücksicht auf die Ausdehnung des Bildfeldes suchen, da — nach unserer heutigen Ausdrucksweise — die Sinusbedingung in der Zwillingslinse nur mangelhaft erfüllt war.

Freilich muß man berücksichtigen, einmal, daß dieses Mikroskopobjektiv aus einer frühen Zeit unseres Meisters — vermutlich vor 1816 — stammt, und daß er ferner wohl durch seine Arbeiten zur Erforschung der Natur des Lichts gehindert wurde, der Verbesserung des Mikroskops später mehr Aufmerksamkeit zu schenken.

Sein früher Tod hat ihn anscheinend daran gehindert, von seiner tief eindringenden Erkenntnis für das Mikroskop Nutzen zu ziehen. Denn in (*22* 135 Anm. 1) hat er auf eine Grenze für das Auflösungsvermögen bei gerader Beleuchtung hingewiesen.

Daß *Fraunhofer* der regelmäßigen Herstellung von holländischen Handröhrchen im optischen Institut entgegen war, ist auf S. 24 betont worden. Da er aber im Dezember 1825 seinem Freunde *Soldner* ein solches Stück überreichte, so hat er sich also noch spät gelegentlich mit diesem Gegenstande beschäftigt. Durch die freundliche Vermittlung von Herrn *F. Fuchs* haben wir dieses, jetzt im

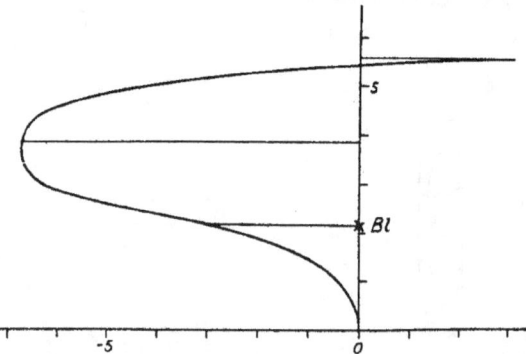

Abb. 26. Der Gang der Kugelabweichung in dem Achsenpunkt des Zwischenbildes für die auf der y-Achse in Millimetern angegebenen Einfallshöhen. Die Blende ist auch auf dieser Zeichnung kenntlich gemacht worden.

Deutschen Museum aufbewahrte Stück zur Nachmessung nach Jena erhalten. Meinen beiden Kollegen *H. Boegehold* und *H. Keßler* bin ich je für die Durchrechnung und für die Messung der Dicken, Halbmesser und Brechzahlen (Abb. 27) verpflichtet. Als Gegenstück haben wir auch ein vermutlich etwa gleichzeitiges (S. 173) *Dollond*sches Handröhrchen der Jenaer Sammlung entsprechend in Abb. 28 behandelt.

Radien, Dicken (in Millimetern) und Glasarten haben die folgenden Werte:

Für das *Fraunhofer*sche Fernrohr:

$r_1 =\ \ \ \ 98{,}16$
$r_2 = -\ 55{,}67$
$r_3 = -161{,}0$
$r_4 = -\ 65{,}87$
$r_5 =\ \ \ \ 32{,}85$

$d_1 =\ \ 8{,}0$
$d_2 =\ \ 1{,}75$
$b\ =\ 90{,}61$
$d_3 =\ \ 1{.}18$

$n_D = 1{,}52694,\ \ \nu = 60{,}4$
$N_D = 1{,}63517,\ \ \nu = 34{,}4$
$n_D = 1{,}52714,\ \ \nu = 58{,}6$

Für das *Dollond*sche Fernrohr:

$r_1 = 56{,}8$	$d_1 = 6{,}9$		
$r_2 = -78{,}8$	$b_1 = 0$	$n_D = 1{,}50833,$	$\nu = 57{,}8$
$r_3 = -77{,}7$	$d_2 = 1{,}4$	$N_D = 1{,}58723,$	$\nu = 39{,}6$
$r_4 = 2060$	$b_2 = 72{,}62$		
$r_5 = -64{,}8$	$d_3 = 1{,}6$	$N_D = 1{,}58311,$	$\nu = 40{,}0$
$r_6 = 56{,}9$			

Abb. 27. *Fraunhofer*sches Handglas von $3{,}3 \times$ Vergrößerung.

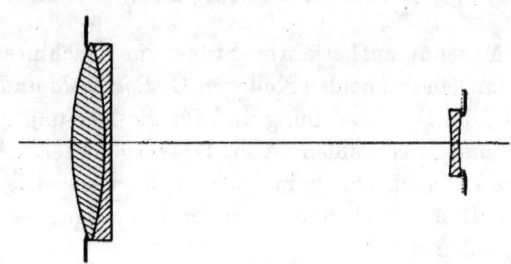

Abb. 28. *Dollond*sches Handglas von $2 \cdot 5 \times$ Vergrößerung.
Beide in $^2/_3$ der natürlichen Größe.

Da holländische Fernrohre jedenfalls von selbst mit Augendrehungen verwandt werden, so sind die Fehler schiefer Bündel, namentlich der Astigmatismus, für einen Hauptstrahlenkreuzpunkt von einer solchen Entfernung bestimmt worden, daß man in ihn den Augendrehpunkt des Benutzers bringen kann. Wir haben den etwas kurzen Abstand von 22,5 mm gewählt, der zwischen dem letzten Linsenscheitel und dem Hornhautscheitel des längs der Achse blickenden Auges noch etwa 10 mm Abstand übrigläßt.

Das Ergebnis der Rechnung zeigte zu unserm Erstaunen in der *Fraunhofer*schen Form eine Hebung des Astigmatismus längs schiefen Hauptstrahlen, so daß die Unterschiede der auf die Scheitelkugel bezogenen Tangential- und Sagittalbrechwerte im inneren Teil des Blickfeldes ein anderes Zeichen haben als am äußersten Rande. Bei dem *Dollond*schen Glase ergab sich im ganzen Blickfelde eine geringe Überbesserung: die Okularlinse wirkt für die mit ihr verbundene Form des Objektivs etwas zu stark. Und dabei muß man noch hervorheben, daß für *Fraunhofer* die Bedingungen insofern schwieriger lagen, als sein Glas eine stärkere Vergrößerung hatte und sein Objektiv außerdem die Verkittungsbedingung erfüllte.

Die Ergebnisse lassen sich in einer Zeichnung schlecht darstellen, da die Winkel sowohl des halben ding- als auch des halben bildseitigen Blickfeldes hier nur sehr unbeträchtlich sind, doch wird die obige Beschreibung ja genügen.

Daß *Fraunhofer*n die Bedeutung des Augendrehpunkts für die Anlage eines solchen Handglases bewußt gewesen sei, möchte ich nicht annehmen, denn seine Schriften geben keinen Hinweis darauf. Ich möchte eher an eine sorgfältige Vorbereitung auch einer solchen Einzelausführung durch pröbelnde Versuche glauben.

Jedenfalls ist es erstaunlich, daß schon 1825 eine so einfache Lösung für eine Aufgabe gefunden worden war, die wohl nicht vor *A. Gullstrand*s Arbeit von 1908 mit klaren Worten gestellt worden ist.

C. Die Herstellung verbesserten Werkstoffs durch P. L. Guinand und J. Fraunhofer

Als *I. Newton* entschieden die Möglichkeit verneinte, die Linsenfernrohre zu verbessern, hatte die technische Optik eine ganz schwere Hemmung erlitten: bei dem ungeheuren Gewicht, das *Newton*s Aussprüchen mit Recht zuerteilt wurde, wagte zunächst weder ein Gelehrter noch ein ausübender Fachmann die Meinung zu bestreiten, daß — in unserer heutigen Ausdrucksweise — alle brechenden Stoffe das gleiche Zerstreuungsvermögen besäßen und daß also eine Hebung der Farbenfehler unmöglich sei.

Es ist sehr eigentümlich, daß die irrige Meinung, das Menschenauge vermittele eine farblose Abbildung, für verschiedene Forscher den Anlaß zum Zweifel an der Richtigkeit der *Newton*schen Ablehnung ergab. Auch der Sonderling, dem 1733 die erste Herstellung eines von Farbenfehlern freien Fernrohrobjektivs gelang, der naturwissenschaftlich geschulte Jurist *Chester Moor Hall*, ist von dieser Ansicht ausgegangen. Es ist hier nicht der Ort, des längeren nachzuweisen, woher es kam, daß an dem schwer erreichten Ziele nicht ihm, sondern dem von ihm abhängigen Fachmanne *John Dollond* der Kranz des Erfinders auf das Haupt gedrückt wurde, es mag vielmehr genügen hervorzuheben, daß jedenfalls um 1754 oder noch früher durch *Hall*s Arbeiten verschiedenen Londoner Optikern die Vorstellung geläufig war, zur Herstellung von farbenfreien Fernrohren bedürfe man eines aus Kron und Flint gebildeten Objektivs.

Aber solcher Kenntnis ungeachtet hatte keiner dieser Fachmänner die Tatkraft, nun der Öffentlichkeit auch wirklich derartige verbesserte Rohre anzubieten, und man muß *J. Dollond* diesen Vorzug rückhaltlos zugestehen. Er brachte nämlich nach sorgfältiger Vorbereitung 1758 seine neuen Fernrohre auf den Markt, freilich ohne der Anregung durch *Chester Moor Hall* zu gedenken. Das Aufsehen in England, wo die Bedingungen für eine Würdigung des so erzielten Fortschritts am günstigsten waren, aber auch auf dem Festlande, war ganz ungeheuer, und die Aufträge an die Werkstätte des Erfinders fielen für die kleinen Verhältnisse jener alten Zeit sehr beträchtlich aus. Damit aber stand *Dollond* vor einer Schwierigkeit, die auch seine Berufsgenossen für eine lange Zeit nicht überwinden konnten, nämlich vor der Frage, wie der nötige Werkstoff zu beschaffen sei. Für die erste Zeit, also schätzungsweise die 60er Jahre, wurde das *Dollond*sche Haus durch einen eigenartigen Glücksfall gefördert, indem der Ankauf einer besonders fehlerfreien Glasmasse im Norden Englands gelang. Aber in späterer Zeit lächelte ihm das Glück nicht mehr in gleicher Weise, und die Sachverständigen Englands mußten sich mit Kummer gestehen, daß Linsen mit dem freien Durchmesser von $12^1/_2$ cm, wie sie in jener guten alten Zeit dem Künstler doch mindestens einmal gelungen waren, nicht mehr zu erstehen seien.

Der Grund lag darin, daß bei dem ziffernmäßig doch nur geringen Bedarf der Londoner Optiker keine Glashütte bewogen werden konnte, allein auf optisches Glas zu schmelzen. Man mußte sich daher mit Zufallsstücken begnügen und sich aus den für die gewöhnlichen Zwecke der Technik (Spiegel, Kronleuchterprismen usw.) geschmolzenen Blöcken die brauchbaren Stücke von Kron- und Flintglas heraussuchen. Das genügte wohl für die Handfernrohre zum Gebrauch auf See und zu Lande, da man dafür mit Scheiben von 4—8 cm Durchmesser auskam, aber die Astronomen hätten größere Linsen mit hohen Summen bezahlt. Freilich waren auch die kleineren Stücke in der Masse nicht gleichartig, sondern zeigten, namentlich bei strengerer Untersuchung, Schlieren in Menge. Auf dem Festlande, namentlich in Frankreich, wo zu Paris ein optisches Gewerbe von Bedeutung bestand, lagen die Verhältnisse für den Glasersatz noch merklich schlechter, und es ist sehr lehrreich, die Schritte zu verfolgen, die das französische Kaiserreich tat, um dem Mangel an Werkstoff abzuhelfen. Wohl noch früher als in England hatte man nämlich in Frankreich — bereits in der Zeit der Königsherrschaft — sehr ansehnliche Preise für brauchbares Flintglas ausgelobt, und die englische Regierung war, wie soeben angedeutet, solchem Beispiel gefolgt. Allerdings sind wir über die englischen Bestrebungen in dieser Richtung nicht gut unterrichtet, da uns Berichte über die Preisbewerber und das von ihnen erzielte Ergebnis nicht zugänglich waren. In Frankreich steht es damit besser, und nicht selten stiegen in der napoleonischen Zeit die Hoffnungen hoch, bis es sich dann herausstellte, daß es mit dem wahren Wert der so lebhaft gepriesenen Neuerung doch einigermaßen hapere. Daß man von unserm Vaterlande hier nicht viel Rühmliches erzählen kann, wird nach der Darstellung von S. 52/3 verständlich sein; man machte wohl mit dem heimischen Flintglas für technische Zwecke Versuche, aber das optische Gewerbe Deutschlands konnte die Glashütten um so weniger zu besondern Anstrengungen bewegen, als es ja unvergleichlich schwächer war denn das hierin gleichfalls erfolglose Londoner. Die von *J. E. Zeiher* im Auftrage der Petersburger Akademie namentlich für Flintglas unternommenen Schmelzversuche haben, soweit man heute urteilen kann, wohl eine gewisse wissenschaftliche Bedeutung gehabt, aber die wirtschaftliche blieb aus, da den Leitern ein russisches optisches Gewerbe fehlte, dessen Anforderungen ihnen die Richtung für weitere Förderung ihrer Bestrebungen hätte weisen können.

In einer Zeit, wo also die optisch tätigen Fachleute an einer befriedigenden Lösung der Glasfrage verzweifelten, versuchte ein diesem Gewerbe fernstehender Erfinder mit leidenschaftlicher Hingabe an die selbst gestellte Aufgabe einen Erfolg zu erzielen. *Pierre Louis Guinand* aus *les Brenets* im Fürstentum Neuenburg war ein Kunsttischler von Handwerk, ein sehr erfindungsreicher Kopf, der auch in fremden Gewerben Erfahrungen gesammelt hatte und beispielsweise im Guß von Glocken für Schlaguhren sehr gut bezahlte Arbeit leistete. In der Westschweiz habe ich die Vermutung gehört, ihm möge das dabei geübte Umrühren des Metallgusses eine brauchbare Anregung zu seinem Rührverfahren für Glas gegeben haben, und ich mag dem nicht widersprechen, da mir die Anschauung fehlt. Jedenfalls vermochte er nach langen Versuchen und sehr zweckmäßig erdachten Beobachtungsverfahren (*49* 444, 506) etwa von 1798 ab die Glasmasse mit Tongeräten umzurühren, um so die Wellen und Schlieren verschwinden zu lassen. Dabei ist auch darauf hinzuweisen, daß er bei all seinen pilzförmigen Rührern ein Getriebe vorgesehen hatte, womit der Rührer in ganz planmäßiger Weise geführt wurde: er hatte Drehungen rechts und links herum zu machen und dabei auch vorgeschriebene Hebungen und Senkungen auszuführen.

Wir sind glücklicherweise seit 1926, wo zum ersten Male (*41* 121/137) ein brauchbarer Auszug aus der einzigen von *P. L. Guinand* erhaltenen Schmelzanweisung veröffentlicht wurde, über die verschiedenen Stufen und Zustände unterrichtet, die seine Erfindung bis zum Jahre 1805 durchzumachen hatte. Man kann wohl sagen, daß die Ergebnisse noch vieles zu wünschen übrig ließen und daß er seinen umfangreichen Tonrührer jener Zeit seit dem Frühjahr von 1805 ganz verlassen hat. Einträglich war das Glasgeschäft auch nicht, und es sieht so aus — wirklich Gewisses hat sich nicht ermitteln lassen —, als habe *Guinand* sein Glasgut, wobei es sich meistens um Flintglas gehandelt haben mag, selber zum Schleifen von Brillengläsern verwendet oder dafür verkauft. Jedenfalls fehlt jede Kenntnis einer umfangreicheren Verwendung für feinere optische Werkzeuge. Selbst wenn man *Utzschneiders* Darstellung (*72*) von 1826 als befangen ablehnt, vermag man aus den gleichzeitigen heimischen Berichten, die die Heimatsforschung in Neuenburg inzwischen erfreulicherweise aufgedeckt hat, keine Anzeichen für einen lebhafteren Geschäftsgang der kleinen Hütte nachzuweisen. Man versteht es, daß *Guinand* um 1805 bereit war, seine lange eifersüchtig gewahrte Selbständigkeit aufzugeben, als er durch die Vermittlung einiger Schweizer Bekannten, des Berghauptmanns *J. S. Gruner* und des Politikers *H. Zschokke*, in nähere Beziehung mit dem bayrischen Fabrikherrn *J. Utzschneider* kam, der die Hilfe eines Glasschmelzers gerade damals nötig brauchte.

Um diese Beziehung zu verstehen, muß man hier etwas weiter ausholen. Am 20. Juli 1804 hatten sich drei Männer zur Erweiterung des mathematisch-mechanischen Instituts zu München zusammengeschlossen: das war der weitgereiste und als Techniker wohlbekannte Offizier *Georg Reichenbach*, der mit ihm seit 1802 (s. S. 13) geschäftlich verbundene Mechaniker *Joseph Liebherr* und, als Geldmann, der Fabrikherr *Joseph Utzschneider*. Da die Bedürfnisse der neuen Gründung nach der mechanischen Seite durch die beiden zuerst genannten Männer vollkommen gedeckt waren, so nahm sich *Utzschneider* der optischen Seite an. Nach (*31 96a*) ist er in dieser Hinsicht von dem hilfsbereiten *U. Schiegg* beraten worden, der ihn offenbar zu Versuchen mit Flintschmelzen anregte. Bei den geringen Ansprüchen jener Zeit mag man in der ersten Freude auch mit diesen Ergebnissen zufrieden gewesen sein. Neuere Forschungen, namentlich von *A. Seitz*, haben uns manche wissenswerte Einzelheit darüber mitgeteilt, auch die zu dem Vorgehenden gut passende, daß *Utzschneider* es gleich im Anfang dieser Zeit unternahm, sich selber mit der Flintglasbereitung zu versuchen, wobei er verständlicherweise aber nur Enttäuschungen erntete. Mit dem schon erwähnten Opticus *J. Niggl* ist er (*58*) schon in diesem ersten Jahre in Geschäftsbeziehung gewesen.

Wahrscheinlich haben sich aber doch bald Zweifel eingestellt, und sie veranlaßten *Utzschneidern* schon 1804, namentlich aber 1805, größere Reisen zu unternehmen, die ihn über die optischen Betriebe Süddeutschlands im allgemeinen und über die Glasbeschaffung im besondern unterrichten sollten. Auf diesen Reisen erkannte er die auf S. 55 geschilderte ungünstige Lage der dortigen Betriebe, und er war in der richtigen Stimmung, einen leistungsfähigeren Optiker zu würdigen, als er schon 1804 *Guinand* kennenlernte und dann im Jahre darauf in nähere Beziehungen zu ihm trat. So ließ er von ihm im Frühling und Sommer 1805 verschiedene Schmelzen in les Brenets ausführen, deren in München untersuchte Proben ihm einen hinreichend günstigen Eindruck machten. Es sollte hervorgehoben werden, daß die Erfindung des tonumgebenen Rührstabes zum Ersatz der viel umfangreicheren Tonrührer früherer Herstellung erst auf den letzten Versuch von 1805 und verschiedene auf *Utzschneider*s Kosten gemachte Schmelzungen zurückgeht. *Guinand* scheint (*49* 606β, 611) sich hier mit einer Führung durch die Hand des Schmelzers begnügt zu haben. Die Aufstellung des Benediktbeurner alten, nicht eben bequem zu bedienenden Rührwerks (S. 103) mag auf einen Eingriff *Fraunhofer*s zurückgehen.

Aber abgesehen von der Erfindung dieses Rührkolbens, der allein genügt, seinen Namen unvergänglich zu machen, hat *Guinand* auch das weitere Verdienst, an die Herstellung kleiner Proben gedacht zu haben. Nach (*49* 448γ) hat er bestimmt vor 1805 gleichzeitig mit einem großen Hafen 4 kleinere je mit abweichendem Glassatz in den Ofen geschoben. Ob er später den Inhalt der kleinen Tiegel auch durchgerührt hat, ist mir unbekannt. Nach der (*49* 449) von ihm lebhaft geschilderten Schlierigkeit aller Proben ist das mindestens für die ersten Versuche kaum anzunehmen.

Aus seiner Benediktbeurner Zeit kenne ich Niederschriften über solche Probehäfen nicht, man weiß aber, was auf S. 152 eingehender zu schildern sein wird, daß *Fraunhofer* später regelmäßig solche kleinen Probeschmelzen *Guinand*scher Art ausgeführt hat.

Bei der Zusammenkunft im Herbst 1805 wurde zu les Brenets (*39* 783) *Guinand* als Schmelzmeister für Benediktbeurn angeworben, und er trat, mit Reisegeld durch *Utzschneider* wohl ausgestattet, zusammen mit seiner viel jüngeren Frau *Rosalie* die Reise nach Oberbayern an.

Utzschneider hat zu jener Zeit offenbar daran gedacht, durch seinen in vielen Gewerben gewandten Schmelzmeister in Benediktbeurn den Hauptteil des zu gewinnenden Glasguts auch optisch verarbeiten zu lassen. Dazu ist es aber nicht gekommen, weil es mit dem Gelingen der Schmelzen gleich von Anfang ziemlich haperte, und weil namentlich seit 1807/08 *Fraunhofers* eindringende Kritik die alten schon zu les Brenets geäußerten Befürchtungen *Guinands* (*41* 129/30) über die äußerst schwierig zu vermeidenden Schlieren im Flintglas gleichsam unterstrichen haben wird.

Daß Auseinandersetzungen zwischen *Fraunhofer* und *Guinand* (S. 20/1) entstehen mußten, ohne daß man von vornherein auf einer der beiden Seiten irgendwelchen bösen Willen anzunehmen braucht, ist leicht verständlich. Die Stellung, die *Guinand* auf [S. 77] seiner Glasschrift (*49*) zu Glasstücken mit Flächenschlieren annahm, ist reichlich akademisch: Er gibt sich selber Rechenschaft über das bis dahin von ihm erreichte, ohne recht die Schwierigkeiten zu beachten, die dem ausführenden Optiker erwuchsen. Es läßt sich denken, daß *Fraunhofer* solch Glas nicht ohne Schärfe zurückgewiesen hat. Die von *Guinand* 1800 und 1805 niedergelegten Regeln, aus denen wir heute die Eigenartigkeit und Erfindungsgabe des alten Meisters willig anerkennen, werden damals angesehen worden sein als eine von *Utzschneider* rechtmäßig erworbene Anleitung, die schwierig zu lesen war und in all diesen Fällen versagte. Eine solche Auffassung ist ohne Frage im Drange der Geschäfte und unter dem Druck der Notwendigkeit, bald besseren Werkstoff zur Verfügung zu haben, ganz natürlich, sie wird aber von *Guinand* vermutlich auf einen *Fraunhofer*n eignen bedauerlichen Mangel an Rücksicht geschoben worden sein. Schon früher (*41* 191/2) haben sich ja auch dem langmütigen *Utzschneider* gegenüber Anzeichen von Empfindlichkeit bei *Guinand* gezeigt, und dieser hat Versuche gemacht, sich aus dem Mißerfolg herauszureden, die in einem technischen Betriebe sehr übel auf die Beurteilung des Schmelzmeisters zurückwirken konnten und anscheinend schließlich auch zurückgewirkt haben. Bei gemeinsamer Arbeit an einem großen Werk ergeben sich ja leider nur allzu leicht Reibungen zwischen den Mitarbeitern, die nur durch ein nicht allzu häufig angetroffenes Zartgefühl auf beiden Seiten vermindert werden können.

Wie schon oben angedeutet, kann man es *Utzschneider*n wirklich nicht verdenken, daß er *Fraunhofer*n als einen ungewöhnlich fähigen Meister, der ja am 7. Februar 1809 schon Mitvorsteher geworden war, vom 9. August 1809 ab durch *Guinand* in das bis dahin auch vor *Reichenbach* und ihm sorgfältig geheimgehaltene Schmelzverfahren einweihen ließ.

Wir kommen hiermit zu der denkwürdigen Benediktbeurner Zeit, nach der wir von einem *Guinand-Fraunhofer*schen Verfahren der Bereitung optischen Glases sprechen können.

Daß *Guinand* die einschlägigen technischen Einzelheiten, die er in jahrzehntelanger Vorbereitung erprobt hatte, *Fraunhofern* mitteilte, ist ganz selbstverständlich, hatte er doch die Grundzüge schon in seiner Schmelzanweisung niedergelegt. Die Prüfverfahren sind natürlich eingeschlossen, so die Prüfung auf Schlieren, deren Grundanlage er (*49* 501) 1798 aus Paris heimgebracht hatte. Durch einen zufällig erhaltenen Brief *Fraunhofers* (*9* 124 ε), wohl aus dem Frühsommer 1825, werden wir unterrichtet, daß dieser damals die gleiche Anlage für einen solchen Zweck verwandt hat.

Aber so sicher der Erfolg der gemeinsamen Arbeit belegt ist, namentlich durch die Zunahme der Öffnungsdurchmesser der Objektivlinsen, wie sie in den späteren Preislisten des Instituts (s. S. 109 und 110) angeboten wurden, so völlig fehlen uns jegliche Einzelheiten. Der Schleier des Geheimnisses, den beide Parteien, bei aller sonstigen Meinungsverschiedenheit hierin eines Sinnes, über die Stufen der Vervollkommnung breiteten, ist so dicht gewesen und geblieben, daß wir heute nur dürftige Angaben machen können.

Eine besondere Verbesserung scheint die Vermehrung des Hafeninhalts von 2 auf 4 Zentner bedeutet zu haben. Aber auch danach blieb nach *Utzschneiders* Nachruf der Erfolg unsicher, bis es nach manchen vergeblichen Versuchen *Fraunhofern* gelang, den Ausfall merklich zu verringern. Natürlich werden die in den Jahren seit 1809 von *Fraunhofer* immer weiter und weiter verfeinerten Untersuchungsverfahren die Notwendigkeit dargetan haben, größere und größere Fortschritte zu erzielen, wenn *Fraunhofers* kühner Plan, den Aufbau des Objektivs in allen Einzelheiten auch bei großem Durchmesser durch vorhergehende Berechnung zu ermitteln, nicht gleich im Anfang scheitern sollte. Daß ihm das gelang, ist der Gegenstand des Staunens und der Bewunderung sachverständiger Astronomen und Techniker gewesen, aber die Spuren der eingeschlagenen Richtung sind durch die Geheimhaltung wohl für immer verwischt worden.

Das eine aber ist sicher (übrigens auch von *Fraunhofer* selbst [*50* 3] bestätigt), daß der bejahrte Meister *Guinand* (und seine in der alten Technik wohl geschulte Frau) bei diesen Neuerungen bis zum Ende von 1813 gegenwärtig waren und also der ersten Entwicklungsstufen dieses *Guinand-Fraunhofer*schen Verfahrens ebenfalls Meister wurden. Man hat ihn und seine junge, tatkräftige Frau damals in Benediktbeurn offenbar ganz gewaltig unterschätzt und hat geglaubt, daß er bei seiner mangelhaften theoretischen Vorbildung keine wesentliche Bedeutung für oder wider den dortigen Betrieb haben könnte. Das nimmt uns heute um so mehr wunder, als seine Aufzeichnungen über die Flintglasbereitung nicht allein im Archiv der Anstalt lagen, sondern auch von einigen — ich nehme an von *Utzschneider*, aber vielleicht auch von *Fraunhofer* — durchgearbeitet worden sind. Der heutige Leser erhält doch einen von jener abschätzigen Beurteilung wesentlich abweichenden Begriff. Er findet sich einem Manne gegenüber, der mit voller Hingebung seinem Ziele nachlebt, optisches Glas fehlerlos herzustellen, der, in vielen Sätteln gerecht, keine Mühe und keine Kosten scheut, wenn er hoffen kann, seinem Ziele näherzukommen. Gewiß, *Guinand* wird kaum gewußt haben, wie man mit einiger Genauigkeit die Brechung und Zerstreuung eines vorhandenen Glasstückes feststellt, und in die wunderbare Erfindung einer ganz genauen Messung mit Hilfe des Fernrohres und der Beobachtung der dunklen Linien des Sonnenspektrums wird ihn *Fraunhofer* nicht eingeführt haben, aber des technischen Verfahrens, wie es in gemeinsamer Arbeit vom September 1809 bis zum Ende des Jahres 1813 entwickelt worden war, ist er und ist seine Frau *Rosalie* Meister gewesen.

Im Jahre 1813 wird er den Entschluß gefaßt haben, Benediktbeurn zu verlassen und in seiner alten Heimat mit der Hilfe seines nicht besonders tüchtigen Sohnes *Aimé* und von *Wilhelm Strahl*, einem Angestellten des alten Unternehmens (S. 22), unterstützt eine kleine optische Werkstätte zu les Brenets zu errichten. Er warb diesen Glasschleifer an und knüpfte anscheinend noch im Frühjahr 1814 von München aus Beziehungen nach Wien, um dorthin wenigstens Glas zu liefern.

Je mehr man die Hingabe des alten Meisters an seine selbstgestellte Aufgabe bewundert, um so mehr bedauert man sein unaufrichtiges und hinterhaltiges Wesen, das ihm erlaubte (57 51), im voraus sein Ruhegehalt bis zum 1. Mai 1816 einzusäckeln und auf jeden Wettbewerb mit Benediktbeurn feierlich in derselben Zeit zu verzichten, wo er Maßnahmen traf, die der schärfste Wettbewerber nicht zweckmäßiger hätte ersinnen können. Denn man kann wohl annehmen, daß *Guinand* schon im Frühjahr 1814 entschlossen war, nicht allein optische Werkzeuge herzustellen, sondern auch Rohglas gegen Bezahlung abzugeben. Damit aber hatte er in *Utzschneiders* Plan den schwachen Punkt erkannt, der es allein ermöglichte, daß *Guinand* in seinem hohen Alter — er verließ Benediktbeurn 66 Jahre alt — und ohne größere Geldmittel ein so gefährlicher Gegner wurde. Denn das ist er gewesen, eben indem er die Glashütte von dem verarbeitenden Betriebe trennte und Rohglas einem jeden lieferte, der es zu bezahlen willens war.

Durch die Ungeschicklichkeit des jungen *Strahl* wurde der *Guinand*sche Plan schon Ende Januar 1816 in Benediktbeurn mindestens nach seinen wesentlichen Umrissen bekannt und erregte dort vermutlich eine ganz große Entrüstung. *Guinands* Anerbieten vom Februar 1816 (57 54/6), ihn unter den Bedingungen des Vertrages vom 20. Februar 1807 wieder aufzunehmen — freilich sollten *Fraunhofer* und *Blochmann* dort nichts zu sagen haben — wurde keiner es auch nur in Erwägung ziehenden Antwort gewürdigt. Das war menschlich verständlich, geschäftlich aber unklug gehandelt (s. S. 155/6). Denn hier bot sich vielleicht — auf seine Personenforderungen konnte man natürlich nicht eingehen — noch die Möglichkeit, den erfahrenen Mann nach Bayern zurückzugewinnen und ihn für, nicht gegen das Unternehmen arbeiten zu lassen.

Ein solcher Versuch ward nicht gemacht, und nunmehr spaltet sich offenkundig der Stamm der Benediktbeurner Glashütte in zwei Äste, zunächst in einen Westschweizer zu les Brenets und den im ursprünglichen Benediktbeurner Betrieb weitergeführten.

Wir müssen unbedingt auch den ersten wenigstens im groben weiter verfolgen, weil nur so das allmähliche Verkümmern des bayrischen Astes verständlich wird.

Guinand eröffnete nun in der Tat sein Unternehmen zu les Brenets und hat anfänglich auch Fernrohre nach dem alten pröbelnden Verfahren hergestellt, wovon uns sein Schüler *E. Reynier*

(*32*) noch 1824 nähere Kunde gegeben hat. Es sieht aber so aus, als habe er sich seit 1818 mehr und mehr auf die Glaslieferungen nach Paris beschränkt, wobei ihm die bekannten Optiker *R. A. Cauchoix* und *N. J. Lerebours* treue Abnehmer waren. Das Geschäft, das namentlich *Cauchoix* in großen achromatischen Fernrohren nach England machte, ist recht beträchtlich gewesen und hat den Absatz *Utzschneider*scher Geräte weit hinter sich gelassen. Gewiß sind nicht alle Schmelzen geglückt, aber den Anforderungen genügten sie, wie die Abnehmer sie damals stellten.

Nach dem Tode des alten *Guinand* am 13. Februar 1824 scheinen sich sehr bald stärkere Meinungsverschiedenheiten zwischen Frau *Rosalie* und ihrem Stiefsohn *Aimé* herausgestellt zu haben; zu allem eilte auch noch *Guinand*s ältester Sohn *Henri*, seinen Wirkungskreis als Uhrmacher in Frankreich verlassend, herbei, um auch sein Teil an der aussichtsvollen Erfindung zu erschnappen. *Henri Guinand* hat offenbar gleich von Anfang seine Tätigkeit nach Paris verlegt, wo ihm ein glänzender Markt für optisches Glas winkte, und ihm ist auch schließlich die Palme zugefallen. Kein Wunder, war er doch an Tatkraft, Hingebung und Geschäftstüchtigkeit dem Vater viel ähnlicher als sein trunkfälliger Halbbruder *Aimé*, dessen viel bessere Vorbildung als Schmelzer er in harten und entbehrungsreichen Jahren von 1827 bis etwa 1840 durch unermüdlich weitergeführte Schmelzarbeiten eingeholt hat. Er hat im Laufe der Zeit auch noch den fähigen Schmelzer *G. Bontemps* mit dem Geheimnis des Rührers vertraut gemacht, und dieser hat die *Guinand-Fraunhofer*schen Verfahren 1848 nach England, und zwar nach Birmingham verpflanzt, als er, die Staatsumwälzung in Frankreich mißbilligend, seine Zuflucht in jenem Nachbarlande suchte.

Die Westschweizer Schmelzer — sie arbeiteten zunächst im benachbarten Grenzort Chaillexon, um den französischen Einfuhrzöllen zu entgehen — erhielten in dem fähigen und gewissenhaften Apotheker *Th. Daguet* (*17*) einen wertvollen Zuwachs, der, Frau *Rosalie*ns Geschäftserfahrung richtig einschätzend, mit ihr zunächst auf französischem Gebiet in Chaillexon eine Glashütte betrieb, die bald darauf nach Solothurn verlegt wurde. Er hat nach allen Nachrichten Glas von besonders guter Beschaffenheit geliefert. Der Solothurner Betrieb ist 1857 stillgelegt worden.

Man kann nicht bezweifeln, daß das Wachstum der Glashütten in Paris und Birmingham — es sind die einzigen noch lebenden Schößlinge des alten Benediktbeurner Stammes — erstaunlich kräftig war. Der Hauptgrund dafür lag, wie auch 1916 von neuem (*34* 405 r) hervorgehoben werden konnte, darin, daß um 1840 herum für den Glasschmelzer ein neuer Tag anbrach, den *Utzschneider* 1805 nicht ahnen konnte, und den der Inhaber des bayrischen Astes in starrem Festhalten an den *Utzschneider*schen, längst veralteten Regeln versäumt hat. Es handelte sich um zwei ursprünglich von Wien ausgehende Anstöße, zunächst die Einführung des doppelten, 1823 wieder erfundenen Opernglases, das etwa seit den dreißiger Jahren des vorigen Jahrhunderts in immer steigenden Zahlen verlangt wurde. Hier wurden Scheiben mittlerer Größe von 5 cm Durchmesser und darunter gebraucht. Der inzwischen bekannt gewordene Bericht eines einschlägigen Gewerbsmannes gibt einen Begriff, um welche Zahlen es sich für die Pariser Glashütte dabei in den 80er Jahren des 19. Jahrhunderts gehandelt hat. In zweiter Linie wurden namentlich nach 1840, dem Einführungsjahre der *Petzval*schen Bildnislinse, ebenfalls in immer steigendem Maße merklich größere Scheiben verlangt, die um das Ende des 6. Jahrzehnts sogar sehr bemerkenswerte Durchmesser, 1873 schon solche von 21 cm (*40a* 77), zeigten.

Nähere Angaben werden sich, wenn nötig, aus dem großen Stammbaum entnehmen lassen, der auf der Tafel in einer Form veröffentlicht wird, an der ich seit 1909 immer wieder gebessert und gerundet habe.

Wendet man sich nun zu der Benediktbeurner Stammhütte zurück, wo nach *Guinand*s Austritt um Ende April 1814 *Fraunhofer* allein wirkte, so ist nach *Utzschneider*s Nachruf (*72* 169) der Erfolg auch unter diesem Meister noch längere Zeit unsicher geblieben. Erst allmählich ist er nach derselben Quelle seiner Sache gewiß geworden. Ähnlich hat auch *Fraunhofer* (*50* 3) selber 1824 über seine Fortschritte gedacht.

Daß eine Abhängigkeit von *Guinand*s alten Vorschriften von 1800 bis 1805 bestand, wird nicht wundernehmen, ist doch das schließlich angenommene Verfahren unter ständiger Mitarbeit des alten Meisters entwickelt worden. Beschreibungen des Verfahrens unter *Fraunhofer* selbst sind (*57* 46/8) veröffentlicht worden, und der Fachmann wird durch einen Vergleich mit der *Guinand*schen Anweisung (*49*) feststellen können, daß man sich in einer großen Menge von Einzelheiten an das alterprobte Verfahren *Guinands* hielt.

Später ist unter *Georg* und *Siegmund Merz* nach dem *Guinand-Fraunhofer*schen Verfahren immer weiter geschmolzen worden, und zwar hat *A. Seitz* (*61*) eine sehr eingehende und lebendige Schilderung von dem Erinnerungsbilde gegeben, wie er es sich von alten Schmelzarbeitern hat entwerfen lassen und wie es zweifellos an diese Stelle gehört, obwohl die Übung auf die 70er oder 80er Jahre zurückgehen wird. Vielleicht ist auf das mit Wahrscheinlichkeit jener alten Zeit zuzuschreibende Rührwerk (*61* 3571) besonders hinzuweisen. Eine Sonderung der Verdienste an den Verbesserungen, die schließlich die Glasbereitung der ganzen Welt auf eine höhere Stufe hoben, und eine Zuteilung an die beiden Meister ist im einzelnen nicht mehr möglich.

Einige Andeutungen über *Fraunhofers* Rolle lassen sich der Anweisung entnehmen, die er seinem Freunde, dem königlichen Münzdirektor *G. J. von Leprieur*, auf dem Totenbette in die Feder diktiert hat. Diese Mitteilungen sind von *R. Swinne* (*69*) veröffentlicht worden; sie werden hier nach nochmaliger Vergleichung mit der Urschrift wiedergegeben, da sie an jener Stelle nicht jedem Leser dieser Darstellung bequem zugänglich sind.

„Das Schmelzen des Crownglases, eigene Worte des Aka-
„demikers und Opticus Dr. *von Fraunhofer* einige Wochen vor
„seinem Tode zum Nachschreiben gesprochen an seinen Freund
„*von Leprieur*.

„Da jedes brechende Mittel das Licht in Farben zerlegt und
„die verschiedenen Strahlen nicht ein und dieselbe Brechbarkeit
„haben, demnach nicht im Focus vereinigt werden können, so
„mußte man, um diese Abweichung so wenig als möglich schädlich
„zu machen, den Fernrohren eine ungeheure Länge im Vergleich
„mit ihrer Öffnung geben; diese Abweichung könnte vernichtet
„werden, wenn es eine andere als die gemeine Glasmaterie gäbe,
„welche das Licht in einem viel stärkeren Verhältnis zerstreut, als
„sie dasselbe bricht; eine solche Glasart fand sich in England unter
„dem Namen Flintglas, und *Dollond* war der erste, der davon zu
„dem genannten Zwecke Gebrauch machte; man fand um dieselbe
„Zeit, daß jede Glasart, welche im Verhältnis zu den übrigen

„Bestandteilen sehr viel Bleioxyd enthält, diese Eigenschaft der
„stärkeren Farbenzerstreuung besitzt; allein um so weniger ist
„alsdann das Flintglas, notabene um so viel mehr Mennige dabei
„ist, von Wellen und Streifen frei, welche das zu brechende Licht
„unregelmäßig zerstreuen, und aus dieser Ursache größeren Fern-
„rohren die Vollkommenheit der Objektive beschränkt.

„Bei dem bayerischen Flintglase verhält sich die Farbenzer-
„streuung zum Crownglas wie 4 zu 2, indes dieses Verhältnis bei
„dem englischen wie 3 zu 2 ist; dennoch ist das bayerische Flint-
„glas bei dieser außerordentlichen Zerstreuung von Wellen und
„Streifen frei, indes das englische bei geringerer Zerstreuung noch
„voller Wellen und Streifen ist.

„Das englische Crownglas ist weiter nichts, als das in Deutsch-
„land unter dem Namen Mondglas bekannte Glas, mit dem Unter-
„schied, daß das englische Crownglas dunkler von Farbe und
„gleichsam grünblau ist; diese Farbe bekommt es von eisen-
„flüssigem Quarz, und das Glas verdankt diesem den Vorteil, nie
„zu verwittern.

„Dieses Glas hat übrigens die Bestandteile des gemeinen Tafel-
„oder Spiegelglases, aber auch wie jede andere Glasart besitzt es
„in Massen Wellen und Streifen, welche bei größeren Objektiven
„das Licht unregelmäßig brechen und zerstreuen; da sie aber
„weniger auffallen als die des Flintglases, so hielt man sie für
„ganz unschädlich; sowie aber Objektive von 4 bis 5 Zoll Durch-
„messer zu machen angefangen wurden, so überzeugte man sich
„von der Unbrauchbarkeit des zu diesem Zweck eigens geschmol-
„zenen Crownglases, sowie auch von Spiegelglas und anderen
„Glasarten; es mußte also darauf gedacht werden, ein vollkommen
„homogenes Glas zu schmelzen, welches in Hinsicht der Bestand-
„teile dem gemeinen Glase gleich oder ähnlich ist und welchem Glase
„man den Namen Crownglas gab.

„Zu diesem Zwecke wurde ein besonderer Schmelzofen, welcher
„größer als der für das Flintglas bestimmte ist, gebaut; vor dessen
„Vollendung aber wurden noch im Flintglasofen mit dem Crown-
„glas Versuche angestellt, die mit ganz neuen Schwierigkeiten be-
„kannt machten; sowie man mit diesem Glasofen die Komposition
„zu gewöhnlichem weißem Glase einlegte, wurde sie im Schmelzen
„zu gelbem oder grünlich-gelbem Glas; wenn auch am Anfang

„des Schmelzens diese Farbe schwach war, so wurde sie durch
„das allmähliche Erkalten so stark, daß das Glas einige Male fast
„undurchsichtig war; nebenbei wurde das Glas öfters nach dem
„Erkalten beim Ramollieren zu Milchglas, so daß es aus vielen
„Ursachen unbrauchbar war; es wurde durch Aufsätze am Glas-
„ofen, durch Erhöhung der Abzugsrohre u. dgl. der Flamme eine
„andere Richtung zu geben versucht, dieses verminderte öfter die
„genannten Nachteile, doch hob sie solche nie auf. Jetzt fingen
„die Schmelzen im großen, zum Crownglas bestimmten Ofen an,
„hier zeigten sich dieselben Nachteile, es wurde aus diesem Grunde
„damit angefangen, die Materialien, welche zu diesem Glase ver-
„wendet wurden, so vollkommen als möglich zu reinigen.

„Die Pottasche ist dasjenige Material, an dessen Reinheit bei
„dem Crownglas am meisten gelegen ist; es wird erstlich schon
„dafür gesorgt, daß die rohe Pottasche sicher aus einem Orte ist,
„wo sie am vollkommensten erzeugt wird; man prüft sie überdies
„auch noch durch Ausglühen, wo man aus den verschiedenen
„Farben, die sie da erhält, schon darauf schließen kann, ob sie
„mehr oder weniger neutrale Salze enthalte; man nimmt also schon
„zum Reinigen keine andere Pottasche als die, welche den ge-
„nannten Rücksichten entspricht.

„Diese Pottasche, welche schon geglüht ist, wird neuerdings ge-
„glüht und in einer bedeutend größeren Quantität Wasser aufgelöst,
„als zu ihrer Auflösung nötig wäre; diese Flüssigkeit bleibt in gläsernen
„Flaschen so lange stehen, bis die Flüssigkeit ganz hell und alle
„Erden sich zu Boden gesetzt haben; alsdann wird diese reine
„Flüssigkeit in einen Eindickkessel gegossen und dort bis zu dem
„Grade eingedickt, bei dem die Neutral-Salze anfangen, in Kristallen
„anzuschießen; diese Flüssigkeit kommt in gläserne Flaschen, in
„welchen bei allmählichem Erkalten die Kristallisierung vor sich
„geht; die nun abgegossene Flüssigkeit ist reine etwas kohlensaure
„Pottasche, welche an dem Tage, wo man sie gebraucht, völlig
„eingekocht wird.

„Der Quarz, wie er zu Flint- und Crownglas gebraucht wird,
„kommt aus dem Pillertale in Tirol; er wird wie jeder Quarz in
„hohem Grade geglüht, noch glühend in Wasser gegossen und so
„dem Erkalten ausgesetzt; dieser geglühte Quarz ist bekanntlich
„leicht zerschlagbar und kann deswegen von dem sehr oftmals

„nach dem Glühen sich zeigenden Katzengold u. dgl. gereinigt
„werden; nach dieser Reinigung wird der Quarz in einem hölzernen
„Mörser, welcher unten am Boden einen ziemlich ebenen un-
„gebrannten Quarzstein zum Lager hat und dessen Stempel eben-
„falls einen stumpfrundlichen in Holz gefaßten Quarzstein ent-
„hält, zerstoßen, damit man sicher ist, daß kein Eisen unter den
„gereinigten Quarz kommen könne; aus diesem Mörser, der durch
„ein Wasserrad betrieben wird, wird von Zeit zu Zeit der ge-
„stoßene Quarz hinweggenommen, um gesiebt zu werden, durch
„ein Kalk- oder Mehlsieb für Flintglas, etwas stärker für Crown-
„glas; dieser gesiebte Quarz aber ist noch nicht in jeder Beziehung
„als rein zu betrachten, denn der hölzerne Mörser läßt bei dem
„Stoßen etwas Holz ab, und ein etwas Holz enthaltender Quarz
„wird bei Flintglas die ganze Masse verfärben, weswegen der
„schon gekochte und gesiebte Quarz geschlämmt werden muß.

„Die Kalkgattungen sind einander selbst nicht gleich; von zwei
„scheinbar gleich guten Kalkarten kann die eine im Crownglas viel
„mehr sättigen als die andere, daher man mit den Kalkarten, von
„welchen man Gebrauch machen will, Erfahrungen gemacht haben
„muß; — über die Alaunerde keine weiteren Bemerkungen.

„Mit diesen auf die beschriebene Weise gereinigten Materialien
„wurden die Schmelzen im großen Ofen fortgesetzt, die Farbe
„des Glases blieb schön, selbst nach dem Erkalten und auch beim
„Ramollieren; allein dieses homogene, langsam erkaltende Glas
„hatte die Eigenschaft, an der Luft leicht zu beschlagen und feucht
„zu werden und hierin fand sich eine neue Reihe von Hindernissen.

„Es ist bekannt, daß ein Glas um so hartflüssiger ist, je weniger
„man ihm Pottasche beisetzt, allein man mußte eine gewisse
„Quantität Pottasche den übrigen Materialien beimengen, damit
„das geschmolzene Glas imstande ist, die Luftblasen, welche es
„während des Schmelzens enthält, so gut als möglich abzuscheiden;
„bei der Aenderung der Kompositionen zeigte sich bald, daß eine
„Vermehrung des Kalkes bei einer verhältnismäßig starken Ver-
„mehrung der Pottasche ein Glas gibt, welches, wenn man nicht
„zu sehr auf Luftblasen achtet, ein Glas gibt, das in der Luft,
„selbst nach längerer Zeit, nur unbedeutend angegriffen wird;
„jedermann aber, der in einem Objektive Luftblasen sieht, glaubt,
„daß sie in bezug auf das Sehen Schaden hervorbringen müßten,

„obschon jeder sich von dem Gegenteil dadurch überzeugen könnte,
„daß er auf ein Objektiv von gewöhnlichem Durchmesser einen
„Finger legt oder legen läßt, was gar keinen Nachteil beim Durch-
„sehen hervorbringt. Da nun Millionen Luftbläschen von der ge-
„wöhnlichen mittleren Größe dazu gehören, um so viel Flächen-
„raum darzubieten, als ein Finger, so kann man leicht schließen,
„daß einige tausend Bläschen, welche dem Laien sehr auffallen
„würden, auch in der mathematischen Helligkeit nichts schaden;
„da aber der größte Teil der Perspektive in die Hände der Laien
„kommt, so mußte man diese Bläschen noch völlig wegzuschaffen
„suchen; dieses geschah nun durch Aufsuchung neuer Verhältnisse
„des Kalkes, Quarzes und der Pottasche, zuletzt fand ich aber
„noch, daß ein Zusatz von Alaunerde das Beschlagen etwas ver-
„mindert, jedoch die Farbe des Crownglases, welche ohne diese
„völlig weiß ist, etwas weniges bläulich macht.

„Da bei den Crownglasschmelzen die Luftblasen ungleich
„schwerer wegzuschaffen sind, so muß sowohl bei dem Einlegen
„der Komposition als auch bei dem Fertigschmelzen am Ende auf
„andere Zeiten geachtet werden; man darf beim Crownglas nicht
„daran denken, den Topf mit einem Mal voll zu machen, sondern
„gerade bei der ersten Einlage wird am wenigsten Komposition
„gebraucht; man darf sich ebenso nicht einfallen lassen, daß dieses
„geringen Gewichtes der Komposition wegen der Ofen bei der
„großen Einlage keine zu große Hitze zu haben brauche; gerade
„bei der ersten Einlage muß der Ofen den Grad von Wärme haben,
„welchen er zu erreichen imstande ist; wie man aus den Tage-
„büchern, wo die Zeiten genau angegeben sind, ersehen kann,
„braucht diese erste Einlage die längste Zeit zum schmelzen,
„die zweite Einlage, obschon vielmals mehr, erfordert eine
„etwas geringere Zeit zum schmelzen, die dritte Einlage
„noch weniger Zeit usw., man sehe in den Tagebüchern
„rücksichtlich der Kompositionen und der Zeiten. Wenn eine
„erste Komposition nicht völlig ausgeschmolzen ist, und man legt
„die zweite Einlage darauf, so gibt es, was man auch anfangen
„mag, nie wieder ein brauchbares Glas; man muß daher auf die
„Regulierung des Feuers bei den ersten Einlagen außerordentlich
„Rücksicht nehmen; hat das Glas die gehörige Zeit geschmolzen,
„was durch besondere Umstände bald etwas mehr, bald etwas

„weniger ist, wie die Tagebücher zeigen, so geschieht das erste Er-
„kalten oder abgehen lassen; es wird nämlich bei diesem Crown-
„glas kein Feuer gemacht und erst nach dieser Zeit erst wieder all-
„mählich zu feuern angefangen; wenn das Glas einen ziemlich
„hohen Grad von Wärme wieder erreicht hat, so läßt man noch
„ein zweites Mal, jedoch nur $1^1/_2$ Stunden, das Feuer ausgehen, und
„dann fängt man wieder an, sehr allmählich Feuer zu machen,
„bis das Glas die Wärme erreicht hat, bei welcher man die
„Manipulationen des Rührens, Abschäumens u. dgl. vollbringen
„kann."

Man erkennt hieraus ganz deutlich, wie *Fraunhofer* auf die Wirkung der Zusammensetzung achtete, wozu ihm freilich auch bei der Einwirkung auf die Brechung und Zerstreuung sein neu entwickeltes Meßverfahren die wesentlichsten, dem alten Meister *Guinand* völlig unerreichbaren Dienste geleistet haben wird, wie er, in planmäßigem Ausbau einer sicherlich schon von dem alten Meister gegebenen Anregung, auf die äußerste Reinheit der Bestandteile des Glassatzes drängte. Auch diese Erfahrung ist jetzt vielleicht erst aus dem Anfang von *Guinand*s Schmelzertätigkeit in den Vordergrund gerückt worden; und wenn wir später über *Th. Daguet* hören, daß dieser mit dem entschiedensten Erfolge ganz besonderen Wert auf die chemische Reinheit der den Glassatz bildenden Stoffe gelegt hat, so mag eben diese ganze Vorstellung mit zu den gemeinsamen Überlieferungen aus der Zeit von 1809 bis 1813 gehört haben.

Diese Überlieferung aber heute noch in den Einzelheiten wiederherzustellen, ist, wie schon auf S. 98 erwähnt, bei dem durch die Wahrung des Geschäftsgeheimnisses gebotenen Mangel aller schriftlichen Aufzeichnungen über wichtige Einzelheiten ausgeschlossen. Daß *Utzschneider* mit dem Ergebnis der vierjährigen Versuche und Erprobungen zufrieden war, wird man aus dem bereits auf S. 23 erwähnten Umstande schließen können, daß er beim Abschlusse seines zweiten Vertrages mit *Fraunhofer* (72 173a) vom 20. Februar 1814 diesem einen Anteil an dem Unternehmen in einer Höhe von 10000 fl [= 19500 S.-M.] gewährte.

Den einzigen Beweis für die Wirksamkeit von *Fraunhofer*s Eingreifen in die Glaserzeugung kann heute nur eine statistische Behandlung der vier Listen geben, die uns von dem optischen Institut erhalten sind. Sie fallen in die Jahre 1811, 1812, 1816, 1820; ich möchte glauben, daß die ersten beiden wesentlich unter dem entscheidenden Einfluß von *Reichenbach* standen, indem sie noch die *Fraunhofer*n unbestreitbar widerwärtigen Perspektive holländischer Anlage enthielten. Bei den beiden letzten war eine derartige Einwirkung nicht mehr zu befürchten: sie sind allein auf unsern Helden zurückzuführen. Man kommt dabei zu folgenden Ergebnissen:

1811 noch keine Durchmesser angegeben, der größte ist vermutlich über 38''' B(airisch) M(aß) = 77 mm nicht hinausgegangen.

1812 größter Durchmesser 41''' B. M. = 83 mm ⎫
,,   ,,   ,,   38''' ,, = 77 ,,   für
,,   ,,   ,,   36''' ,, = 73 ,,   ohne weiteres
,,   ,,   ,,   33''' ,, = 67 ,,   zu beziehende
,,   ,,   ,,   32''' ,, = 65 ,,   Rohre
,,   ,,   ,,   30''' ,, = 61 ,, ⎭
und darunter.

Von großen Objektiven wird eines für einen Refraktor von
$$7'' \ 3''' \ \text{B. M.} = 176 \text{ mm}$$
erwähnt, und die Hoffnung auf 10- und 12 zöllige wird ausgesprochen.

1816 Übergang zum Pariser Zoll.
Größter Durchmesser für ohne weiteres zu beziehende Rohre
,,   ,,   ,,   43''' P(ariser) M(aß) = 97 mm
,,   ,,   ,,   37''' ,,   ,, = 83 ,,
,,   ,,   ,,   34''' ,,   ,, = 77 ,,
Größter Durchmesser der achromatischen (Mechaniker-)Objektive
,,   ,,   60''' ,, = 135 mm
,,   ,,   54''' ,, = 122 ,,
,,   ,,   51''' ,, = 115 ,,
,,   ,,   48''' ,, = 108 ,,
,,   ,,   45''' ,, = 102 ,,

Von achromatischen Refraktoren sind 9 füßige mit einem Linsendurchmesser von   78''' P.M. = 176 mm auf Lager
und 14 füßige mit   102''' ,, = 230 ,, in Arbeit.

Man sehe übrigens auch noch auf S. 183 die Durchmesser der von *Utzschneider*, *Liebherr* und *Werner* angebotenen Objektive. 1820 größte Durchmesser der ohne weiteres zu beziehenden Rohre

$$52''' \text{ P.M.} = 117 \text{ mm}$$
$$48''' \quad ,, \quad = 108 \text{ ,}$$

1820 größte Durchmesser der achromatischen (Mechaniker-) Objektive:

$$72''' \text{ P.M.} = 162 \text{ mm}$$
$$66''' \quad ,, \quad = 149 \text{ ,,}$$
$$63''' \quad ,, \quad = 142 \text{ ,,}$$

In den achromatischen Refraktoren sind keine Änderungen eingetreten.

Beim Überblick über diese Liste kann man sagen, daß schon 1812 ein Refraktor mit Linsen von $17^1/_2$ cm Durchmesser erwähnt wird, also von einem damals unerhörten Durchmesser.

Die Öffnungszahlen der regelmäßig zu liefernden Rohre aber halten sich damals noch auf der Höhe der in England um diese Zeit üblichen Zahlen für die größten Durchmesser [83 mm]. 1816 aber wird für die regelmäßig abzugebenden Fernrohrobjektive mit 135 mm der Durchmesser des größten von *Dollond* je gelieferten Objektivs [5 in. = 127 mm] merklich überschritten, während in den 9- und 14 füßigen [2,9 und 3,8 m] Rohren Objektive von $17^1/_2$ und 23,0 cm Durchmesser schon als regelmäßig lieferbar angeboten werden.

Eine solche Zusammenstellung gehört an diese Stelle, damit der Leser einsehe, daß *Utzschneider*s Stolz auf seinen wunderbar erfolgreichen Partner nicht ohne guten Grund war. So wenig der Verfasser wünscht, von *Guinand*s wohlverdientem Ruhm als Erfinder des Rührverfahrens abzubrechen, ebensowenig darf der Aufschwung verdeckt werden, den unter *Fraunhofer*s Leitung die Lieferungen der Glashütte zu Benediktbeurn an die optische Abteilung nahmen. Gerade weil man offenbar früher größere Schwierigkeiten beim Glasersatz empfunden hatte, schätzte man den neuen Leiter der Glashütte mit seiner erfolgreichen Tätigkeit um so mehr; und man kann es *Utzschneider*n und den Benediktbeurner Kräften schwerlich sehr verdenken, wenn sie im Angesicht dieser erfreulichen Erfolge *Fraunhofer*n das Hauptverdienst zuschrieben, während die Tatsache in Vergessenheit geriet, daß es sich hier um ein durch eine Arbeitsgemeinschaft entwickeltes Verfahren handelte.

Wir wissen heute, daß *Fraunhofer* sich bei seinen Linsen von 23 cm Durchmesser noch nicht beruhigte. Wie schon oben gesagt, war zu München im Dezember 1819 das Dorpater Objektiv, ein 9-Zöller [$24^1/_2$ cm], ausgestellt und mit einem Preise bedacht worden. Man mochte es aber wagen, nach der Lieferung des Dorpater Refraktors einen 12-Zöller [$32^1/_2$ cm] für die Bogenhausener Sternwarte in Auftrag zu nehmen, wofür *Fraunhofer* noch die Anfangsarbeiten ansetzen konnte. Bei der schließlichen Ausführung aber ist der Durchmesser geringer ausgefallen, nämlich zu $10^1/_2''$ [$= 28^1/_2$ cm].

Bei der Durchforschung von *Fraunhofers* wissenschaftlichem Nachlaß — er befindet sich jetzt in der *Darmstaedter*schen Sammlung auf der Berliner Staatsbibliothek — hat sich übrigens eine weitere Auskunft in dieser Hinsicht gefunden. Gegen Ende Januar 1825 hat *Fraunhofer* (*51* 65/6) auf eine Anfrage hin zwei ganz große Fernrohre über *Schumacher* in Kiel nach Edinburg angeboten. Deren Objektivdurchmesser sind je $12''$ [$= 32^1/_2$ cm] und $18''$ [$= 49$ cm]. Diese Angabe ist 1831 von *D. Brewster* in einem Lehrbuch (irrtümlich in den kleineren englischen Zollen) auch der Öffentlichkeit übergeben worden. Mit dieser uns durch *Fraunhofers* eigenhändigen Briefentwurf gesicherten Kenntnis stimmt es gut überein, daß nach (*43* 286δ) der Wiener Fachmann *J. J. Prechtl* von *Fraunhofers* Plänen mit Fernrohren ganz großen Durchmessers spricht. Unser Meister hat also von seinen Absichten in dieser Richtung durchaus kein Hehl gemacht.

Sehr bald nach seiner an andern Stellen genauer zu besprechenden großen Glasarbeit von 1817 sandte *Fraunhofer* — ich schließe mich hier an meine frühere Darstellung (*43* 283/4) an — einen weiteren Aufsatz über das Anlaufen des Glases an einen wissenschaftlichen Wettbewerb in Holland ein. Wir wissen heute, daß er den Wunsch hatte, den Aufsatz in Deutschland zu veröffentlichen, da ihm bei früheren Schmelzen die schon an den alten Glasarten getadelte Neigung, zu beschlagen, aufgefallen war, und er einer Beunruhigung der Käufer entgegenwirken wollte. Der Entwurf seines gleichfalls 1817 an *Utzschneider* gerichteten Briefes ist noch erhalten, und man erkennt, daß er nicht beabsichtigte, nützliche Kenntnisse aus der

Glasbereitung bekanntzugeben, eine Einstellung, die er übrigens im Schlußsatz seiner Darstellung auch ganz deutlich hervorgehoben hat.

Von besonderer Wichtigkeit ist die von ihm eingeführte Schwefel- oder Salpetersäurenprobe, um auch in kurzer Zeit zu erfahren, ob eine bestimmte Glasart den Einwirkungen der Luft widerstehe. Dabei ließ er am liebsten Schwefelsäure auf gut polierte Glasflächen wirken und beobachtete die Verminderung des zurückgeworfenen Lichtes an den wieder rein geputzten Flächen. Der Verlust an zurückgeworfenem Licht ist um so größer, je mehr die Glasart zum Anlaufen und Mattwerden neigt.

Bei der Bereitung des Glassatzes ergab sich die Notwendigkeit, dem reinen Kali und der Kieselerde noch andere Bestandteile, nämlich Kalkerde und Metalloxyde, hinzuzumischen, doch hat auch die Behandlung des Glases beim Schmelzen einen großen Einfluß auf das Anlaufen. Hohe Wärme dabei ergibt ein stärker anlaufendes Glas als ein weniger hoher Wärmegrad. — Unvorsichtigkeiten bei der Beschickung der Schmelztiegel führen leicht zum Auftreten feiner Luftbläschen; solch Glas ist aber, ebenso wie schlieriges, gegen das Anlaufen widerstandsfähiger. Ganz gleichartiges Glas läuft merklich eher an. Ein Zusatz von Bleioxyd macht das Glas sehr leichtflüssig und widerstandsfähig gegen das Beschlagen an freier Luft.

„Die Behandlung einer polierten Fläche mit Schwefelsäure bietet „ein Mittel dar, das weitere Anlaufen des Glases wo nicht zu ver- „hindern, doch sehr zu vermindern, daß es in den meisten Fällen „ohne Nachteil ist, und kann daher vielmal von Nutzen sein. Es „ist zu dieser Absicht am besten, das ganze Glas in Säure zu legen, „die eben nicht konzentriert zu sein braucht."

Vielleicht wird man mit dieser *Fraunhofer*n wohl bewußten Neigung mancher seiner Schmelzen, etwas anzulaufen, die Bemerkung zu verbinden haben, die *W. Olbers* (*12* 20 1) im Jahre 1837 *Gauß* gegenüber machte.

Der zwei Jahre später, 1819, verfaßte Nachtrag erklärt das Anlaufen des Glases einmal als eine Entmischung (z. B. eine Entziehung von Kali durch die Kohlensäure und die Wasserdünste der Luft) oder eine neue feste Verbindung an der Oberfläche (z. B. bei Einwirkung von Nordhäuser Vitriolöl). — Für die schützende

Wirkung der Behandlung mit Schwefelsäure wird ein sehr deutlich wirkendes Beispiel nach bestimmten, dafür besonders angestellten Versuchen angegeben.

Wenn auf diese Weise ein Überblick darüber gegeben wurde, was *Fraunhofer* getan hat, um die Größe der Scheiben, die Güte und Gleichartigkeit des Glases sowie schließlich seine Haltbarkeit zu fördern, so darf ebensowenig sein Verdienst um die Messung der Brech- und Zerstreuungszahlen vergessen werden.

An anderer Stelle (S. 128 u. 140), wo nämlich über seine Leistungen als Wissenschafter zu reden ist, soll über die Grundlage seiner Meßverfahren gehandelt werden, hier gehört es sich, näher auf die Ergebnisse einzugehen, die er mit seinen wissenschaftlichen Meßverfahren für seine Glashütte ermittelt hat.

Man muß daran festhalten, daß in der Zeit vor ihm — s. besonders (7 37) — die Brechung eines durchsichtigen Körpers darum nur sehr unbestimmt angegeben werden konnte, weil man nicht vermochte, sich in dem von einem Prisma entworfenen Farbenbande zurechtzufinden. Auch mit der kanonischen, auf *Newton* zurückgehenden Einteilung in die 7 Farbenbezirke rot, orange, gelb, grün, blau, indigo und violett war für eine brauchbare Messung nichts anzufangen, und man sieht aus den Schriften der beiden Gelehrten (*R. J. Boscovich* und *R. Blair*), die sich im 18. Jahrhundert am eifrigsten mit der möglichst vollständigen Hebung der Farbenfehler abgegeben haben, sehr deutlich, wie es ihnen diese Schwierigkeit, bestimmte Stellen im Farbenbande scharf zu kennzeichnen, unmöglich macht, ihre Forschungsergebnisse in klarer Weise auszusprechen. Als *Fraunhofer* — aller Wahrscheinlichkeit nach erst um 1814 herum — die dunklen Linien des Sonnenspektrums als Marken der Messung dienstbar gemacht hatte, da war die große Aufgabe gelöst, und er vermochte nun, mit einer Schärfe, an die man vor ihm nicht einmal im Traume denken konnte, die Brechzahlen an verschiedenen Stellen des Farbenbandes zu ermitteln und somit sowohl die mittlere Brechung als auch die Zerstreuung in ihren einzelnen Teilbezirken festzulegen.

Gewiß war es ihm zunächst darum zu tun, in diesen zuverlässigen Zahlen eine haltbare Grundlage für das schöne Gebäude optischer Rechnungen zu gewinnen, aber er hat sie bald auch als Schmelzmeister verwandt. Was ihm im Beginn seiner Tätigkeit auf diesem

Gebiet mit den alten Verfahren selbst oder ihnen nahestehenden Behandlungsweisen mißlungen war (*43* 276), kleine Unterschiede in der Brechzahl festzustellen, gelang jetzt mit Leichtigkeit, und er hat sich erst nach der Entwicklung seiner Messungsvorschriften mit Sicherheit davon überzeugen können, daß bei einer wohlgelungenen Schmelze in der Tat ein Stück nahe am Hafenboden die gleichen optischen Eigenschaften zeigt wie ein solches nahe an der Oberfläche des Hafeninhalts. Ebenso gelang eine scharfe Bestimmung der Zerstreuung, und er konnte, auf seine Messungen gestützt, das stärkere Zerstreuungsvermögen des Benediktbeurner Flintglases vor dem englischen behaupten. Auch zur Feststellung des Einflusses, den man durch Abänderung des Glassatzes auf die optischen Eigenschaften der Schmelze ausüben konnte, wird er seine Meßverfahren frühzeitig verwandt haben.

Es ist ganz natürlich, daß ein wissenschaftlich arbeitender Optiker wie *Fraunhofer* der Frage nachging, wie man das sekundäre Spektrum vermindern könne. Die Aufgabe war durch *R. Blair* ja schon zu *Fraunhofers* Lebzeiten in einer gründlichen Abhandlung bearbeitet worden, und zwar hatte der gelehrte schottische Arzt flüssige Mittel dafür vorgeschlagen. Daß *Fraunhofer* auch solche Versuche angestellt hat, gibt er selber (*22* 9/10) an — wir wissen nicht genau, ob er von *Blairs* Vorgängerschaft Kenntnis erlangt hatte, möglicherweise durch *Gilberts* Auszug aus *Blairs* Arbeit —, aber er zog aus seinen Versuchen den Schluß, daß flüssige Mittel zu vermeiden seien, während *Blair* noch jahrelang mit heißem Bemühen seinem unerreichbar weit gesteckten Ziele nachstrebte.

Im Gegensatz dazu ging *Fraunhofer* daran, die Herstellung von Glasarten zu versuchen, die einen wesentlich andern Gang im Verhältnis der Teilzerstreuungen zeigten, als das in der Verbindung von gewöhnlichem Kron und Flint der Fall ist.

Während er nämlich namentlich für Flint 13 und Terpentinöl eine sehr weitgehende Gleichartigkeit des Ganges der Teilzerstreuungen hatte nachweisen können, hat er schon vor 1817 Versuche angestellt, auch Glaspaare mit entsprechend vorteilhaftem Gange zu schmelzen. Das Ergebnis ist als Versuch in hohem Maße ermutigend gewesen. Zur Einführung war das so gewonnene Glasgut freilich noch nicht zu verwenden, da sich Kron M leicht beschlug. Viel später, 1886, hat *S. Czapski* (*8* 346) unter Verwertung der von *E. Abbe* und *O. Schott* seit 1881 durchgeführten Versuchsarbeiten zum Jenaer Glaswerk die Kenntnis der Jenaer Fachleute in bezug auf diese Probeschmelzen in Worte gefaßt. Man hielt damals das Flint 13 für ein Borosilikat-Flint und das Kron Lit. M für ein kalireiches Kron. Wenn auf diese Weise auch keine völlige Sicherheit geschaffen worden ist, so wird man den Angaben so hervorragender Fachleute doch ohne Frage einen bedeutenden Wert beimessen und nicht daran zweifeln wollen, daß *Fraunhofer* schon erfolgreiche Schritte in ein damals noch unbetretenes Gebiet getan hatte. Er versuchte eben den Einfluß der Zusammenstellung des Glassatzes auf die optischen Kennwerte der fertigen Schmelze (ihre mittlere Brechung und den Gang der Teilzerstreuung in ihr) festzulegen. Man weiß aus seinen Äußerungen nichts darüber, wie weit diese aussichtsreichen Versuche nach 1817 weiterverfolgt worden sind. Über die an Münchener Objektiven tatsächlich gemessenen Restfarben wird noch auf S. 132 zu sprechen sein. Auf die Probetiegelchen, die er mindestens seit 1820 regelmäßig bei der Ausführung einer großen Schmelze mit einsetzen ließ, werden wir noch auf S. 152/3 genauer einzugehen haben.

Die starre Härte, mit der man in der Stammhütte nach den *Utzschneider*schen Geschäftsgrundsätzen an der Weigerung festhielt, Rohglas an fremde Anstalten zu liefern, erleichterte nicht nur, wie schon oben gesagt, den fremden Wettbewerbern das Aufkommen — bei richtiger Handlungsweise hätte man sie von Benediktbeurn aus mit der größeren Erfahrung und den reicheren Geldmitteln wohl erdrücken können —, sondern setzte auf die Untreue besser unterrichteter Glasarbeiter gleichsam einen Preis. Schon aus *Rockinger*s Bericht (57 96/7) geht hervor, daß sich selbst *Fraunhofer*s Vertrauensmann *Jungwirth* mit dem Plane trug, das Geheimnis der Flintbereitung an sein Vaterland Österreich zu verraten. Sein früher Tod verhinderte die Ausführung dieses Vorhabens.

Daß man in Wien schon 1827 in der k. k. Porzellan-, Gußspiegel- und Smaltefabrik Versuche mit der Herstellung von Flintglas gemacht habe, brachte *A. Seitz* (59) neuerdings wieder in Erinnerung. Und in der Tat haben ja die Wiener Optiker um die Zeit von *Fraunhofer*s Tod bestimmt Bedarf an optischem Glase gehabt. Wenn es in der dort angeführten Quelle aus der Zeit von 1834/35 heißt, man habe diesen Rohstoff aus England, Frankreich und Bayern eingeführt, so ist uns hier das letztgenannte Land besonders wichtig. Da *Utzschneider* um diese Zeit ganz bestimmt kein Rohglas abgegeben hat, so ist man gezwungen, schon in diesen Jahren die Tätigkeit eines bayrischen Schmarotzerbetriebes anzunehmen. Es wird sich dabei vermutlich um den schon 1811 (*57* 37α) erwähnten Glasschleifer M. *Wörle* handeln, von dem man weiß, daß er seit 1840 in Verbindung mit dem Bankherrn *von Ruedorffer* eine Glashütte zu Kohlgrub bei Murnau betrieben hat. Man mag aus dieser Mitteilung schließen, daß die Anfänge seiner Schmelzen wohl schon auf 1834 oder 1835 zu verlegen sind. Soweit die sehr undeutlichen Nachrichten eine Aussage erlauben, ist diese Anstalt in den 40er Jahren eingegangen.

Ebenfalls mit früher in Benediktbeurn beschäftigten Arbeitern wurde eine von der k. k. Porzellanfabrik zu Wien unterstützte Glashütte für optisches Glas betrieben, die nach *A. Seitz* (*56* 757/61) von dem Unternehmer *Jacob Waldstein* im Jahre 1844 errichtet wurde und sich etwa 21 Jahre gehalten hat. Wenn ausdrücklich hervorgehoben wird, daß die Arbeiter ‚mit der Beschaffenheit des ‚*Fraunhofer*schen Schmelzofens als auch mit der Konstruktion der ‚*Fraunhofer*schen Rührmaschine vollkommen vertraut waren', so wird man an eine wahre Abhängigkeit auch dieses Unternehmens von der Benediktbeurner Stammhütte nicht weiter zweifeln wollen.

Ist auf diese Weise gezeigt worden, welch tiefe Spuren in der Versorgung der ganzen Welt mit optischem Glas das Zusammenarbeiten von *Guinand* und *Fraunhofer* gelassen hat, so kann man vom Standpunkt des von *Fraunhofer* entwickelten Betriebes die auf sein Recht pochende Entscheidung *Utzschneider*s auf *Guinand*s letzten Annäherungsversuch (S. 100 u. 155/6) nur ganz lebhaft bedauern. Und sie ist auch an seiner Glashütte gerächt worden, insofern diese in den achtziger Jahren aus Mangel an Arbeit gleichsam eintrocknete.

D. Fraunhofers Tätigkeit auf mechanischem Gebiet

Die Aufstellung eines solchen Unterabschnitts in dieser Lebensschilderung ist eine Neuerung, die besonders gerechtfertigt werden muß. In den älteren Darstellungen hat man zwar bereitwillig *Fraunhofer*n die Erfindung der Arbeitsmaschinen zugeschrieben (obwohl sie in bestimmten, wichtigen Fällen, s. S. 61/4, 67/8, 69, erweislich nicht ihm, sondern dem bahnbrechenden Ingenieur *Reichenbach* zukommt), hat aber in einer gewissen, im einzelnen unbegründet gelassenen Weise einen Teil des Verdienstes *Liebherrn* zugestanden. Ein derartiges Vorgehen ist insofern durchaus verständlich, als *Liebherr* ohne Zweifel mit *Fraunhofer* an solchen Aufgaben gearbeitet hat, und als es nur natürlich war, daß das optische Institut, das ja noch lange nach *Fraunhofers* Tode bestand, die Mitwirkung eines so fähigen Mechanikers hervorhob, der auch der Schwiegervater (s. S. 162) beider Geschäftsinhaber (*Merzens* sowohl als *Mahlers*) war. Hier wird auch im Hinblick auf diese Tätigkeit *Liebherrs* eine genaue Zeitangabe manche an sich wohl möglichen Schlußfolgerungen verbieten.

Schon auf S. 15 ist darauf hingewiesen worden, daß *Fraunhofer* bei seinem Eintritt am 19. Mai 1806 unmöglich die Mittel zu einer vollkommenen Flächengestaltung kennen konnte, und daß er in dieser Hinsicht als ein Schüler *Reichenbachs* anzusehen ist, der ihm auch die Gedanken der Pendelschleifmaschine und des Fühlhebels für die Prüfung der Flächengestalt und der Zentrierung in einer mehr oder minder durchgearbeiteten Form übergeben hat. Niemand, der einen Einblick in das Verhältnis zwischen *Reichenbach* und *Liebherr* hat, wird daran zweifeln, daß bis zu des letztgenannten Ausscheiden (s. S. 159) im Jahre 1813 die mechanische Arbeit in München unter *Reichenbachs* Leitung stand. In Benediktbeurn aber hatte man schon früh, jedenfalls vor Ende Januar 1809, den aus Sachsen stammenden Mechaniker *S. R. Blochmann* für die Bedürfnisse des optischen Instituts angestellt, und er (nicht *Liebherr*) wird in dieser Zeit *Fraunhofern* für die Bedürfnisse der Werkstätte zur Hand gegangen sein.

Beachtet man die Entwürfe für eine Maschine zum Schleifen von hyperbolischen Spiegeln, die *Fraunhofer* (s. S. 77) 1807 in einem nur den damaligen beiden Leitern, *Utzschneider* und *Reichenbach*, mitgeteilten Entwurf vorschlug, so wird man an seiner ganz hervorragenden Begabung auch für den Maschinenbau nicht zweifeln. Man wird ihm die Lösung der viel einfacheren Aufgaben willig zutrauen, wie sie ihm die Tagesaufgaben bei der Überwachung des Schleifens und Polierens von Kugelflächen boten. Eine derartige Tätigkeit nimmt er übrigens für sein optisches In-

stitut in Anspruch, wenn er (*22* 170*β*) nach einer Berührung der Schwierigkeiten genauer Flächengestaltung fortfährt: „Die ge-
„nannten Hindernisse, so wie eine große Anzahl anderer, wurden
„hier, teils durch Erfindungen, teils durch Entdeckungen, auf
„welche die Verfolgung dieses Gegenstandes führte, glücklich be-
„seitigt."

Das anscheinend sehr erfreuliche Zusammenwirken mit *R. Blochmann* wurde 1818 abgebrochen, da dieser eine Stellung in Dresden annahm. Es ist möglich, ja sogar wahrscheinlich, daß in der Zeit bis zur Überpflanzung des optischen Instituts nach München *Liebherr* (s. S. 160) die alte Tätigkeit *Blochmanns* in Benediktbeurn zu leisten hatte, aber es will mir nicht einleuchten, daß er auf *Fraunhofers* eigenstem Gebiet, den optischen Arbeitsmaschinen, grundlegende Verbesserungen eingeführt habe. Im Gegenteil möchte ich aus der Tatsache, daß *Fraunhofer* nach *Liebherrs* endgültigem Ausscheiden 1823 mit einem so jungen Mechaniker, wie es doch *J. Mahler* damals war, auskam, schließen, daß er die in sein Fach schlagenden mechanischen Aufgaben vollkommen übersah und selber den zweckmäßigsten Weg zu ihrer Lösung angeben konnte.

Wendet man sich nun zu den auf *Fraunhofer* zurückgehenden Nebengeräten, so seien zunächst hier die Mikrometer aufgeführt.

Das Lampen-Netz-Mikrometer (*22* 155/6; *4* 69) besteht aus einem Planglase, in dem zwei Scharen gerader paralleler Linien eingeätzt sind, die sich unter einem genau bekannten Winkel (beim Dorpater Gerät von 76°) schneiden. Zu leichterer Unterscheidung sind die Geraden jeder Schar in 5er-Gruppen eingeteilt und durch einen großen Zwischenraum von der nächsten Gruppe getrennt. Die Abstände sind genau bekannt.

Hergestellt sind die Striche durch Ätzung mit flußspatsauren Dämpfen, so daß sie bei der Beobachtung hell auf dunklem Grunde erscheinen (*22* 149/50; *4* 90/1).

Das Lampen-Kreis-Mikrometer (*22* 150/5; *4* 90/1) enthält in der von ihm beschriebenen Ausführung (die auch für Dorpat gewählt wurde) nicht weniger als 11 Kreise, deren Durchmesser in Millimetern betrugen:

I 0,1029	III 2,2739	VI 9,7180	IX 17,1569
II 0,6578	IV 4,5423	VII 11,9811	X 19,4309
	V 6,8027	VIII 14,2500	XI 21,6885

Die Kreislinien waren in der gleichen Weise eingeätzt wie die Striche des Lampen-Netz-Mikrometers und wurden auch in gleicher Weise beleuchtet.

Das einfache Ringmikrometer (*22* 147/8; *4* 71) stellte *Fraunhofer* dadurch her, daß er in ein dünnes Planglas eine runde Öffnung bohrte und darin einen schmalen stählernen Ring befestigte. Dessen vorstehenden Grat legte er auf der Drehbank mit dem Polierstahl um und schliff den inneren Rand genau kreisrund aus. Später (*22* 148*a*) hat er auch zwei Stahlringelchen angebracht.

Nach seinem am 31. Mai 1825 an *Struve* gerichteten Briefe (*51* 73*δ*) hat er dann noch auf *Schumachers* frühere Anregung hin die Stahlringe auch an dem Ringmikrometer für Dorpat etwas breiter gemacht, damit sie im ganz dunklen Felde etwas leichter erkannt würden.

Schließlich ist das Positionsmikrometer (*22* 174/5; *4* 126/7) zu erwähnen. Es ist entstanden durch eine Verbindung des Schraubenmikrometers mit einem Positionskreise. Die Feineinstellung geschieht mit einer Sehnenschraube.

Über seinen Versuch mit ganz feinen Fäden einer kleinen Spinnenart sehe man *Fraunhofers* Brief (*51* 68/74) an *Struve* vom 31. Mai 1825. Man wird über seine Hingabe im allgemeinen, über seine Geduld und seine Handfertigkeit staunen.

Wendet man sich nun den Neuerungen an den Fernrohraufstellungen, namentlich den parallaktischen Montierungen, zu, so hat man gelegentlich (*24*) Vorgängerschaften angeführt, die ich nicht gelten lasse. Wenn daselbst auf *Chr. Scheiner* — genauer wäre *Chr. Grienberger*, was am leichtesten bei (*31* 32) zu finden ist — hingewiesen wurde, so handelte es sich dort doch nur um die Einstellmöglichkeit eines Fernrohrs durch seine Drehung um die Stunden- und um die Deklinationsachse, nicht aber um eine nur durch ein genaues Uhrwerk zu leistende parallaktische Aufstellung. *Fraunhofer* hat in seinem Briefe vom 28. Februar 1825 an *Struve* (*51* 67/8) die Schwierigkeiten geschildert, die *Reichenbach* selber bei der Aufstellung des Refraktors für Neapel hatte. (Dieser wurde 1810/11 bestellt, aber wohl erst 1815 geliefert.) Wie *Fraunhofer* versuchte, den Mißständen abzuhelfen, hat er selber angedeutet.

Bei der Wichtigkeit dieser Schilderung lasse ich den ganzen Absatz folgen:

„Für Sie mag es vielleicht wissenswert sein, daß das größte Per-
„spektiv, welches ich vor dem Ihrigen machte, [und] in die Welt
„sandte, nur ein Objektiv von 78''' [= 17,6 cm] Öffnung hatte. Zu
„diesem Perspektiv, welches noch zu *Murat*s Zeiten nach Neapel
„kam, machte *Reichenbach* das Stativ. Dieses ist zwar parallak-
„tisch, aber von einer andern Art, und man kann mit demselben
„das Objektiv nur bis ins Zenit richten, so daß die nördlichen
„Sterne nicht beobachtet werden können; man wollte dann das
„ganze Stativ umdrehen, in welchem Falle es aber nicht mehr für
„parallaktisch betrachtet werden kann. An diesem Instrument
„hat *Reichenbach* auch eine Uhr ähnlicher Art angebracht; allein
„hier hat die Uhr selbst die Reibungen etc. zu überwinden. Aus
„diesem Grunde und der Unvollkommenheit der Balancierung
„wegen etc. gab es Anstände. Auch könnte die Uhr nicht in kurzer
„Zeit zum schnelleren oder langsameren Gang gebracht werden."

In welch anerkennenswerter Weise sich ein Beobachter ersten Ranges und umfassender Erfahrung, wie *Fr. W. Bessel*, über die Leistungen *Fraunhofer*s auf diesem Gebiete aussprach, mag mit seinen eigenen Worten (*5* II. 96 1) geschildert werden.

„... Indessen hat *Fraunhofer* bekanntlich die Ursache der
„Schwierigkeit weggeschafft dadurch, daß er die Fernrohre mit
„Uhrwerken versehen hat, welche dieselben der täglichen Be-
„wegung gemäß stetig fortbewegen, so daß die Sterne ihre Örter,
„beziehungsweise auf die Fäden des Mikrometers, nicht ändern
„und daher mit der erforderlichen Ruhe mit diesen verglichen
„werden können. Wie sehr ihm dieses gelungen ist, zeigen die
„vortrefflichen Messungen der Entfernungen und Positionswinkel
„von Doppelsternen, welche *Struve* mit seinem großen so ein-
„gerichteten Fernrohre erhalten und wovon er bereits einige
„Proben bekannt gemacht hat."

Man darf hier im Hinblick auf die Bemängelung der Leistung des Uhrwerks am Dorpater Refraktor (*24* 536/7) ebenfalls auf *Bessel* verweisen. Wenn das Uhrwerk auch von *Liebherr* ausgeführt worden sein wird, so hat *Fraunhofer* doch in seinem Briefe an *W. Struve* gewissermaßen die Verantwortung für seine Anlage übernommen. Bei dem Königsberger Heliometer wurde (*5* II. 97 r) die Art der Bewegung dem Dorpater Gerät gleich gewählt, und in der Regelmäßigkeit der Wirkung des Uhrwerks entsprach das neue Gerät nach *Bessels* Bericht seinem Muster durchaus. Die Ansprüche von ganz hervorragenden Beobachtern jener Zeit hat also die Anlage des Uhrwerks für Dorpat erfüllt; man wird schwerlich mehr verlangen können.

Auch bei den andern Geräten zur Sternforschung, die seit 1816 in dem optischen Institut damals zu Benediktbeurn hergestellt wurden (es waren in erster Linie Heliometer) hat *Fraunhofer* bestimmt die Anlage angegeben. Siehe auch bei *Repsold* (*31*) namentlich die Bilder 149 und 151.

Auf ein ganz besonderes Blatt gehören die Vorarbeiten zu *Fraunhofers* Experimenten. Er hat im Jahre 1823 selber darauf hingewiesen, daß nur er in der Lage sei, diese Geräte auszuführen. Das große Spektrometer und das Gerät zur Beobachtung der Beugungsspektren gehört bestimmt dahin, und einzelne Teile, namentlich die Gitter immer feinerer Art, sind gleichfalls hier aufzuführen.

Zu den Gittern stellte er zunächst ganz feine Schrauben her, indem er auf einen inneren, gut zylindrisch abgedrehten Dorn feinen Draht wickelte und die Windungen eng aneinander schob. Zwei solche Wickelschrauben brachte er in einem Abstande von einigen Zentimetern parallel ausgerichtet in eine feste Verbindung. Wenn er sie nun, ohne einen Schraubengang auszulassen, mit noch feinerem Drahte umwickelte, so erhielt er ein Doppelgitter von genügender Regelmäßigkeit. Er hat darauf die Umwicklung an den beiden Wickelschrauben festgelötet und eines der beiden Gitter weggeschnitten, so daß er das andere übrigbehielt; damit hat er dann seine ersten Versuche zur Beugung angestellt.

Er erwähnt (*22 67 γ*), daß seine Wickelschraube zuerst 169 Umgänge auf den Pariser Zoll hatte, was auf eine Steighöhe von 0,16 mm führt, und später (*22 69 γ*) hat er von einer noch etwa doppelt so feinen Schraube berichtet.

Das Muster eines Drahtgitters, wie es nach des Herrn *F. Fuchs* freundlicher Vermittlung bei der Verwaltung des Deutschen Museums hier untersucht werden konnte, stammt wohl von einer solchen gröberen Schraube von 169 Umgängen auf den Pariser Zoll. Seine Gitterkonstante wurde mit 0,164 mm auf einer von

A. Köhler stammenden Aufnahme[1]) (Abb. 29) ermittelt. Doch ist es wohl möglich, daß die Bestimmung der Vergrößerung nicht ganz scharf war und daß also die wahre Zahl 0,160 mm betrug. Die Regelmäßigkeit ist recht befriedigend.

Bald hat er ähnlich feine Schrauben geschnitten, und wir wissen, daß er am 19. September 1824 mit *J. Fr. W. Herschel* gerade über eine solche 5 Zoll [$13^1/_2$ cm] lange Schraube gesprochen und sie ihm vorgewiesen hat. Gelegentlich hat er die Schraubenspindel (wohl zur Prüfung von Muttern) in Glas geschnitten.

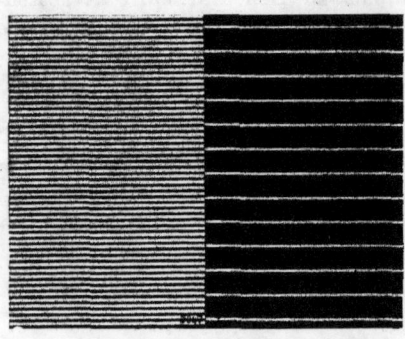

Abb. 29 links: Ein Stück eines Drahtgitters mit etwa 0,16 mm Gitterkonstante.
Abb. 30 rechts: Ein Stück eines groben Goldblattgitters mit etwa 0,66 mm Gitterkonstante.
Beide Aufnahmen von *A. Köhler* in etwa 5 facher Vergrößerung wiedergegeben.

Ebenfalls ganz feine Metallschrauben hat er zur Herstellung eines Reißerwerks verwandt, womit er seine Gitter zunächst in Goldgrund über Glas einriß. Auch von solchen Gittern lag ein ziemlich grobes Stück aus den Beständen des Deutschen Museums der Aufnahme (Abb. 30) zugrunde. Seine Gitterkonstante ergab sich etwa 4 mal so groß als die des Drahtgitters, nämlich zu 0,658 mm. Sehr anzuerkennen ist die Schärfe der Striche in dem Grunde von Blattgold. Als er bei weiterer Feinheit der Gitter den Goldgrund völlig entfernte, hat er gelegentlich seine Linienschar in eine feine Fettschicht gerissen, wie er sie auf dem tragenden Glas angebracht hatte, im allgemeinen die Striche aber in die Glasoberfläche gezogen.

Die Anforderungen an die Genauigkeit hat er ungemein hoch gespannt, wie man aus seinen Forderungen (*22* 124 Anm.) abnehmen kann.

---

[1]) Es ist mir bekannt, daß man durch die Beobachtung des Abstandes der Beugungsspektren einen genaueren Wert für die Gitterkonstante erhalten würde. Immerhin sind auch solche Ausmessungen nicht ohne Nutzen.

„1) Man kann mit dieser Maschine Parallellinien mit Zwischen-
„räumen, die so breit als sie selbst sind, in so kleinen Entfernungen
„von einander radieren, daß 32000 auf einen Pariser Zoll [1180 auf
„1 mm] gehen: allein ihnen so gleiche Abstände von einander
„zu geben, daß in ihrer Entfernung, welche 0,00003125 Zoll
„[846 mμ] betragen soll, nicht
„viele Fehler von einem Hun-
„dertel, d. i. von 0,00000031
„[8,4 mμ] vorkommen, ist
„mir bis jetzt nicht gelungen,
„und möchte vielleicht auch
„für Menschenhände, welcher
„Maschine man sich auch be-
„dienen mag, nicht wohl mög-
„lich sein. Da mit 100 oder
„200 Parallellinien nicht viel
„gedient ist, und man, bei so
„feinen Gittern, immer einige
„Tausend haben muß, um in-
„tensive vollkommene Spec-
„tra zu erhalten, so gehört
„schon bei $\varepsilon = 0,0001223$
„[3,31 μ] sehr viel Glück dazu,
„eine Diamantspitze zu fin-
„den, welche einige tausend
„so sehr feiner Linien radiert,
„ohne sich zu ändern. Es ist
„mir bis jetzt nur Ein so feines
„Gitter gelungen. Aendert
„sich während des Radierens
„die Spitze des Diamanten,
„so ist die vorhergegangene Arbeit verloren. Ohne daß man
„eine Veranlassung kennt, macht die Spitze oft mit einem Mal
„stärkere oder schwächere Linien. Mit dem stärksten Mikroskop
„kann man es nicht erkennen, ob die Spitze geeignet ist, die
„rechten Linien zu radieren. Ein Diamant, welcher weniger spitzig
„scheint als ein anderer, radiert manchmal feinere Linien als der
„andere; daher nur durch Versuche eine brauchbare Spitze ge-

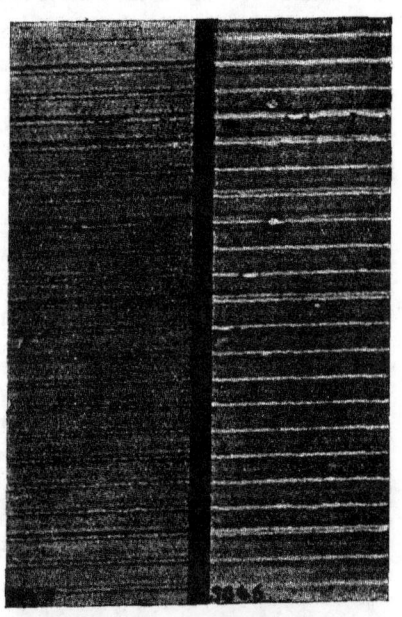

Abb. 31 links und Abb. 32 rechts. *Fraun-
hofer*sches Glasgitter mit etwa 4,5 μ
Gitterkonstante. Nach den Aufnahmen
*A. Köhler*s in 800 facher Vergrößerung.
Auf die gleiche Stelle ist verschieden
eingestellt worden.

„funden werden kann. Was die Sache noch mehr erschwert, ist,
„daß eine kleine Veränderung der Neigung oder der Stellung des
„Diamanten, in Bezug auf die Ebene des Planglases, die Stärke
„der Linie beträchtlich ändert. Da jede Linie einzeln und mit
„großer Sorgfalt gezogen werden muß, so kann man leicht be-
„urteilen, wie viel Zeit und Geduld erfordert wird, um ein paar
„tausend Linien mit der gehörigen Genauigkeit zu radieren."

Von den Glasgittern wurde uns ebenfalls aus dem Deutschen
Museum ein Stück zu einer mikrophotographischen Aufnahme dargeliehen, die *A. Köhler* bei 800facher Vergrößerung machte. Die
Ausmessung ergab $\varepsilon = 0{,}000166''$ [$= 4{,}5\,\mu$]; es handelt sich also
um ein etwas gröberes Gitter als das oben beschriebene, so besonders gut ausgefallene. Auf der Darstellung in Abb. 31/2 ist dieselbe Gitterstelle bei zwei verschiedenen Einstellungen wiedergegeben. Die Entfernung der Striche erscheint regelmäßig, die
Striche selbst sind aber nicht scharf begrenzt. Es verdient vielleicht hervorgehoben zu werden, daß die *Fraunhofer*schen Beugungsspektren, die man beim Blick durch das Gitter nach einer
schmalen Lichtquelle (einem Glühlampenfaden) sehr deutlich erkennt, in der Brennebene des Aufnahmeobjektivs nicht sichtbar
werden. Als Grund muß man angeben, daß die vielen katadioptrischen Bilder des Apochromats eine solche Menge falschen
Lichts in seine Austrittspupille warfen, daß sich die Beugungsspektren davon nicht genügend abhoben.

Schon hier mag man bemerken, daß *Fraunhofer* derartige Muster
von Draht- und Goldblattgittern wohl seit 1823 seinen Interferometern (*51* 56) beigab, wie wir ja ganz bestimmte Kenntnisse
von einer solchen Lieferung nach Bonn (*51* 58/9) haben.

Im Hinblick auf seine Versuche hat er eben zwei Geräte nicht
allein geplant, sondern sogar auch regelmäßig vertrieben; auch
diesen wollen wir einige Worte widmen.

Als nützliches Hilfsgerät empfahl er seinen **Heliostat**, den er
sicherlich erst bei seinen Versuchen entwickelt hat, wo er ohne
Sonnenlicht nicht auskam. Er bestand (*22* 158 β) aus einem
nach dem Sonnenstande einzustellenden Spiegel, der durch ein
Uhrwerk einmal in 24 Stunden der Erdbewegung entgegen um
eine der Erdachse parallel gerichtete Drehachse umgetrieben wurde.

Dadurch wurde das von der Sonne aufgefangene Strahlenbündel in der Richtung nach dem Nordpol geworfen und konnte mit einem zweiten Spiegel in jede beliebige Richtung gelenkt werden.

Durch Herrn *W. Villigers* freundliche Bemerkung mit Bezug auf (*75* 344) und unter Benutzung von (*28*) vermag ich darauf hinzuweisen, daß der von *Fraunhofer* beschrittene Weg schon vor ihm von G. A. *Borelli* (bekannt gemacht erst um 1691) und von G. D. *Fahrenheit* (um 1720 herum) gewiesen worden ist. *Fraunhofer*n ist das bestimmt unbekannt gewesen, und man wird ihm heute nur das Verdienst zuschreiben wollen, ein solches Gerät von guter Anlage und Ausführung in den Handel gebracht zu haben.

Er hat über diese Vorkehrung am 13. März 1824 vorgetragen und sie in der letzten von ihm vorbereiteten Preisliste (s. Nr. 67 auf S. 195) angeboten. Eine Gebrauchsanweisung dazu hat sich bis jetzt nicht gefunden.

Das zweite Gerät war ein Theodolit, der sowohl für Arbeiten zur Spektrometrie als auch zur Beobachtung und Messung der Interferenzerscheinungen dienen konnte. Er hat ihn in dieser Weise (s. Nr. 68 auf S. 195) angezeigt und auch unter dem Titel „Über den Gebrauch der Teile des Instrumentes zum Beobachten „verschiedenartiger Farbenspectra" eine Gebrauchsanweisung (*51* 55/8) verfaßt. Die Abfassung möchte man nach der Anmerkung am Schluß etwa auf das Ende des Julis 1823 legen.

Spektrometer sind wohl früher schon abgegeben worden. Das Interferometer wurde fraglos von *Th. Young* bestellt und eines sicherlich auch nach Bonn geliefert. Dies letztgenannte war wohl für *K. D. v. Münchow* (s. S. 26) bestimmt, der 1818 auf den Bonner Lehrstuhl für Astronomie berufen worden war.

Wie es mit dem auf eine Anregung von *C. F. Gauß* nach *Fraunhofer*s Plänen hergestellten Heliotrop stand (s. Nr. 69 auf S. 195), wissen wir nicht im einzelnen; es wird vermutlich auch die einander unter 90° durchdringenden Spiegelebenen gehabt haben, die sich bei (*31* Abb. 161) finden. Nach dem Preise von Nr. 69 zu schließen, mag aber die *Fraunhofer*sche Ausführung kostspieliger gewesen sein.

Ebensowenig ist über den in der gleichen Liste (s. Nr. 70 auf S. 195) angebotenen Licht-Polarisierungs-Apparat zu sagen; mir ist keine Beschreibung davon bekannt.

Aber alle diese Erinnerungen, wie man sie mühsam aus seinen Schriften und Briefen zusammensucht, müssen Stückwerk bleiben und lassen um so deutlicher den Verlust erkennen, wie er entstand, weil *Fraunhofer*, um *Reichenbachs* Empfindlichkeit zu schonen, die Geschichte des von ihm geleiteten Instituts zu schreiben ablehnte. Viel entscheidender scheint mir auch hier wieder das Erinnerungsbild, das sich einem Gelehrten wie *Bessel* von seinem ein Jahr zuvor verstorbenen Freunde einprägte, als er im Sommer 1827 (*5* II. 97β) in München die Stätte von *Fraunhofers* Wirksamkeit besuchte. Er hatte dort das Heliometerfernrohr mit seiner Verschiebungseinrichtung untersucht (70''' [= 15,8 cm] Durchmesser und 8' [= 2,6 m] Brennweite) und die Vollendung mit *Utzschneider* besprochen.

In einem späteren Briefe hat er dann über seinen Eindruck von dem verwaisten Werk berichtet, und man hat nicht den geringsten Zweifel, daß er auch in mechanischer Hinsicht den Dahingegangenen für einen unübertroffenen Meister ansah.

III. FRAUNHOFERS WISSENSCHAFTLICHE LEISTUNGEN

Es wird immer mehr oder minder erstaunlich bleiben, wie ein in allem Schulwissen so überaus mangelhaft vorgebildeter Techniker bei den großen Ansprüchen des laufenden Arbeitstages überhaupt an eine wissenschaftliche Betätigung denken konnte. Wenn man in seinem Nachlaß von Papieren nachsucht, so findet man gelegentlich Schriftstücke aus seiner Feder in einer unbeholfenen Hand und sehr mangelhaften Rechtschreibung. Da sie nicht selten den Tag der Abfassung enthalten, so vermag man sie mit ziemlicher Sicherheit zu ordnen, und erkennt, daß dem strebsamen Jüngling auch noch nach dem 1. September 1805 (S. 10) ein Unterricht in den grundlegenden Fächern gutgetan haben würde.

Daß er (*13*) unter solchen Umständen (s. Abb. 33) schon im März 1807 — er hatte das 20. Lebensjahr soeben zurückgelegt — an die Aufgabe der Berechnung eines aus zwei Spiegeln von endlichem Krümmungshalbmesser zusammengesetzten Spiegelrohrs gehen konnte, nimmt uns gewiß wunder. Der Gang der Überlegung ist oben auf S. 76/8 angedeutet worden, und man wird die Arbeit im ganzen als den Nachweis einer Befähigung ansehen, den ihm von den damaligen werktätigen Optikern niemand nachgemacht hätte.

Er selber hat in den jüngst aufgefundenen Papieren, in denen er auf seine Entwicklung eingeht, diesen Aufsatz nicht zu seinen wissenschaftlichen Leistungen gerechnet; vielleicht auch deswegen, weil er ja nicht an die Öffentlichkeit getreten war. Vielmehr scheint er seine Tätigkeit erst vom Jahre 1813 ab höher gewertet zu haben, ohne übrigens diese Ansicht näher zu begründen. Man wird nicht fehlgehen, wenn man hierfür seine erste ernsthafte Be-

128   III. Fraunhofers wissenschaftliche Leistungen

schäftigung mit der genauen Messung der Brechzahlen des Glases rechnet, die um so nötiger geworden war, je besser ihm die Schmelzen gelangen, denn nur nach genauer Kenntnis der mittleren Brechung und der Zerstreuung konnte er als leitender Optiker in

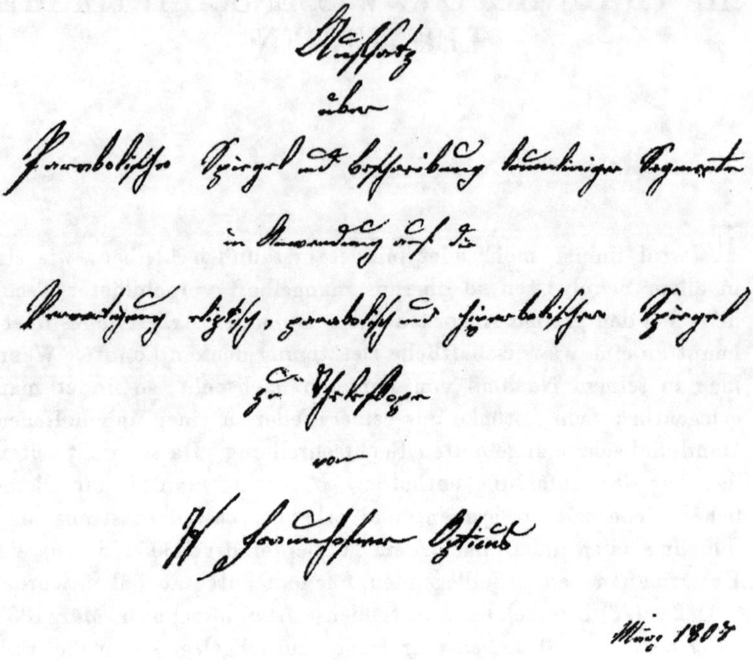

Abb. 33. Verkleinerung des Titels von *J. Fraunhofe*rs Spiegelarbeit: Aufsatz/ über/ Parabolische Spiegel und Beschreibung krumliniger Segmente/ in Anwendung auf die/ Ververtigung eliptisch, parabolisch und hiperbolischer Spiegel/ zu Theleskope/ von/ Jos. Fraunhofer Opticus/   März 1807

Der Zeitvermerk ist zur Raumersparnis etwas hinaufgerückt worden.

Benediktbeurn das Glas wirklich gut verwerten, das er als Glasschmelzer dem Betriebe zur Verfügung stellte.

Wird das zugegeben, so gehört an diese Stelle auch eine Auseinandersetzung der Hilfsmittel und der Verfahrungsweisen, von denen er seinen Zeitgenossen im Jahre 1817 die erste nähere Kunde gegeben hat. Auch die sorgfältigsten Gelehrten des 18. Jahrhunderts hatten sich bei der Betrachtung des Farbenbandes darauf beschränkt, die alte Einteilung in die 7 Tonwerte zu wiederholen, und hatten auch wohl die Ungenauigkeit eines solchen Vorgehens beklagt. *Fraunhofer* (*22 6a*) erkannte, als seine ersten ernsthafteren Versuche, mit Farbenfiltern ein genügend enges Farbgebiet herauszublenden, gescheitert waren, die Notwendigkeit, solche Gebiete durch die Anlage seines Geräts auszusondern, und erreichte das in dem Sechs-Lampen-Gerät durch Einführung großer Abstände. Die durch enge Spalte leuchtenden Lampen standen (Abb. 34) 4,2 m von dem Zuordnungsprisma ab, und die Entfernung zwischen diesem und dem zu untersuchenden Prisma betrug sogar 225 m. Er erhielt dadurch eine solche Einschränkung der in das Beobachtungs-Fernrohr eintretenden Strahlen, daß er im Okular um die bevorzugte Richtung nur ein schmales Bandstückchen erblickte, auf dessen Mitte er einstellen konnte. Die Natriumlinie, deren häufiges Vorkommen er schon früh erkannt hatte — diese Versuche gehen vielleicht auf das Jahr 1814 zurück —, diente ihm als Ausgangswert.

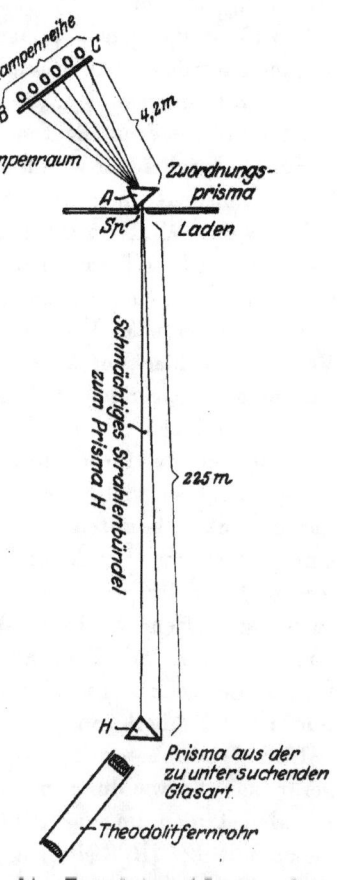

Abb. 34. *Fraunhofer*s 6-Lampen-Gerät zur Messung der Brechzahlen an 6 verschiedenen Stellen des Spektrums noch ohne Verwendung von Sonnenlicht. Übersichtsbild im Grundriß nach *Fraunhofer*s Zeichnung und für 43 277 entworfen.

Er war mit der Genauigkeit seines Lampengeräts so zufrieden, daß er die mit ihm erhaltenen Zahlen als eine Art Beweis auch noch in seine große Arbeit von 1817 (*22 28*, Tab. I) aufnahm. Und den einen Vorteil hatte sein Sechs-Lampen-Gerät, daß er die Meßrichtungen so gleichmäßig über das Farbenband verteilen konnte, wie er irgend wollte.

Gewiß ist die ganze Anlage nie in allgemeineren Gebrauch genommen worden, weil es ungemein schwierig gewesen sein würde, zwei Geräte herzustellen, die Messungen an genau gleichen Stellen des Spektrums ermöglichten. Sie wurde für die regelmäßige Verwendung durch seine wunderbare Verwertung der dunklen Linien im Sonnenspektrum in den Schatten gestellt. Aber der Gedanke, sich für den Winter zunächst, schließlich aber für jeden sonnenlosen Zeitraum freizumachen von der Abhängigkeit von der Sonne, verdient wohl eine uneingeschränkte Anerkennung. Man muß diese seine feine Meßeinrichtung nur vergleichen mit den groben Versuchen seiner Vorgänger auf diesem Gebiete, dann wird man zu einem richtigeren Urteile kommen. Man hat da zu denken an den sehr fähigen Jesuiten *R. J. Boscovich*, sowie an den für die Hebung der Restfarben begeisterten schottischen Arzt *R. Blair*, die — ungemein viel besser vorgeschult als unser Held — gar nicht daran denken konnten, sich in dem Farbenbande auch nur mit einiger Sicherheit zurechtzufinden. Gewiß wird man die höchste Achtung vor der geistigen Fähigkeit dieser Gelehrten hegen, trotz so mangelhaftem Werkzeug doch richtige Ansichten begründet zu haben, aber in der Planung eines Meßgeräts war ihnen von Anfang an der noch nicht 27jährige Benediktbeurner Optiker geradezu unermeßlich überlegen.

Und als er nun — wir wissen die Zeit nicht genau — sein Lampengerät zur Verwendung mit Sonnenlicht umbauen will und die dunklen Linien im Farbenbande findet, da bietet sich der Vergleich mit *W. H. Wollaston* ganz ohne Zwang dar. Gewiß hatte dieser unter den bedeutenden Gelehrten seines Vaterlandes hervorragende Forscher 7 schwarze Linien des Sonnenspektrums (*42* 540/1) schon 1802 gefunden, und er hatte auch bereits versucht, Licht anderer Herkunft — namentlich das des elektrischen Funkens — in spektraler Zerlegung zu prüfen, aber das Ganze blieb ihm ein Gelegenheitsfund, den er eigentlich nur benutzte, um — irrtümlich — eine Behauptung *R. Blairs* zu widerlegen. Auch wenn man annimmt, *Fraunhofern* sei die in *Gilberts* Annalen von 1809 veröffentlichte Arbeit *Wollastons* bekannt gewesen — und diese **Möglichkeit** läßt sich nicht ausschließen, man sehe aber S. 143 —, so ist eben seine Art, die vorliegende Aufgabe anzugreifen, grundsätzlich verschieden. Es ist der messende Physiker, der in *Fraunhofer* wach wird, und der seine ganze Erfindungsgabe aufbietet, die fein durchgebildeten Geräte in seinen Händen zu einem umfassenden Rüstzeug zusammenzubauen, das den höchsten Ansprüchen an Genauigkeit zu genügen vermag. Ihm selbst ist diese Seite seiner Tätigkeit durchaus bewußt gewesen, und er hat mehrfach auf die Notwendigkeit dieser von ihm geplanten und — zum Teil mit eigenen Händen — ausgeführten Meßgeräte hingewiesen. Man erkennt ohne weiteres, was es bedeutete, daß *Fraunhofer* seinen Meßtheodolit auf die dunklen Linien im Sonnenspektrum richtete und so nicht nur ein großes Vielfaches der von *Wollaston* vor ihm beobachteten Linien sah, sondern sie auch messend untersuchen und auf den von ihm selber mit hoher Kunstfertigkeit gestochenen Kupferplatten niederlegen konnte.

Er hatte eben den Vorzug erkannt, in diesen Linien gleichsam einen einzelnen (fehlenden) Farbenton gesättigten Lichts vor sich zu haben, so daß die Notwendigkeit fortfiel, auf die Mitte eines (wenn auch schmalen) Farbenstreifs einzustellen. Dem gegenüber mußte freilich der Nachteil in den Kauf genommen werden, daß man jetzt die Messung nicht mehr an ganz gleichmäßig verteilten Stellen des Farbenbandes durchführte.

Waren auf diese Weise die Grundmauern gezogen und konnte er nunmehr mit aller wünschenswerten Schärfe die Lage der verschiedenen dunklen Linien bestimmen, so ergaben sich sofort zwei verschiedene Möglichkeiten für die Fortsetzung seiner Arbeit.

Die für den von ihm geleiteten Betrieb weitaus wichtigste führte auf die zahlenmäßige Bestimmung der als sekundäres Spektrum bezeichneten Farbenreste. Darüber ist auf S. 114/5 gehandelt worden, immerhin ist es hier nötig, darauf hinzuweisen, daß zur völligen Lösung dieser Aufgabe die Helligkeiten verschiedener Farben festzustellen und die Farbenfehler des Auges zu messen waren.

Die heterochromen Helligkeiten hielt er dann für gleich, wenn die Grenze zwischen zwei verschiedenfarbigen Feldern undeutlich wurde. Und bei der Messung der Farbenfehler seines Auges suchte er die Akkommodation und ihren störenden Einfluß — im Jahre 1815 war er 28 Jahre alt und hatte also noch eine Akkommodationsbreite von etwa 8 dptr — dadurch auszuschalten, daß er mit dem nicht messenden Auge ein und dasselbe Sehzeichen in unveränderter Entfernung ins Auge faßte. Die Einstellverschiedenheit für die Linien im Rot und für die im Violett lieferte einen unmittelbaren Beweis für die Farbenfehler des Auges, und er hat darauf ausdrücklich bei seiner Gebrauchsanweisung für das Spektrometer und Interferometer (*51 56β*) hingewiesen.

Er hat die Messung der heterochromen Helligkeiten für alle Zeit gültig veröffentlicht und sich fernerhin noch eifrig mit der Aufgabe beschäftigt, verwendbare Glaspaare mit besser übereinstimmendem Gang der Teilzerstreuungen zu schmelzen. Einzelheiten sind mit ihm zu Grabe getragen worden, man weiß allein, daß er sich noch gegen den Ausgang des Jahres 1823, also mehr als 6 Jahre nach der Einreichung seiner ersten wissenschaftlichen Arbeit, befriedigt über die bis dahin erreichten Fortschritte auf diesem Gebiete (s. auch S. 152/3) geäußert hat. Man wird also bestimmt an weitere seiner Versuche, über die bislang allein bekannt gewordenen und beachteten Flint 13 und Crown Lit. M hinaus, glauben müssen.

An dieser Stelle ist auf den Meinungsaustausch zu verweisen, der 1923 gerade über diese Frage zwischen *R. Richter* (*33*) und *A. Sonnefeld* gespielt hat. Aus den in (*66* 125) angegebenen, auf *W. Villiger* und zwei Münchener[1]) Objektive der Berliner Sternwarte zurückgehenden zuverlässigen Messungen kann man kaum auf einen Unterschied in den (je durch eine Zusatzlinse aus altem Kron) auf $f'_C = f'_F$ gebrachten und dann auf $f'_{CF} = 1$ umgerechneten Beobachtungswerten schließen.

Wenn in (*66* 125 am Schluß) diese Ergebnisse bezeichnet werden als die eines verbesserten Achromats, so wird man über eine solche Anerkennung von *Fraunhofer*s Bestrebungen nicht hinausgehen wollen. Er hat sich aber sorgfältig davor gehütet, an seine Kundschaft Objektive mit wesentlich besserer Hebung der Restfarben zu liefern, sobald er gegen die Haltbarkeit der Glasarten Bedenken hegen mußte. Daß er Stücke derartigen Werkstoffs hätte schmelzen können, weiß man aus seiner großen Arbeit von 1817.

---

[1]) Das kleinere mit $f' = 2{,}59$ m und $2\,h = 16$ cm stammt noch von *Fraunhofer*, das größere mit $f' = 4{,}33$ m und $2\,h = 24^{1}/_{3}$ cm ist schon von *G. Merz* geliefert worden.

Die andere Möglichkeit, seine Arbeit fortzusetzen, bestand in der Untersuchung der Natur des von verschiedenen Quellen gelieferten Lichts. Da hat er nicht nur, wie seinerzeit *Wollaston* schon, das Spektrum des elektrischen Lichts untersucht, wie es ihm große Maschinen für Reibungselektrizität lieferten, sondern hat besonders das Spektrum des Sonnenlichts — auch wie es von den Planeten und dem Monde zurückgeworfen wurde — mit dem verschiedener Fixsterne verglichen und die große Verschiedenheit festgestellt. In der Gebrauchsanweisung zu seinem Spektrometer (*51* 58) gab er Vorschriften dafür, wie man mindestens die auffälligsten dieser Erscheinungen mit dem zugehörigen kleinen Fernrohr beobachten könne.

Im Juli 1823 hat er (*22* 140/3) von neuen Beobachtungen eben dieser Erscheinungen berichtet, und zwar hatte er dazu ein besonderes Werkzeug mit einem so großen Flintglasprisma hergestellt, daß das Objektiv seines Beobachtungsfernrohrs $10^3/_4$ cm freien Durchmesser hatte.

Bei dem großen Aufsehen, das die Arbeit vom Jahre 1817 sehr bald machte, haben sich in kurzer Frist (s. S. 25) Gelehrte eingestellt, die sich die neuen Erscheinungen an der Quelle zeigen lassen wollten. Von besonders wohl dafür vorgebildeten Fachleuten ist hier neben anderen besonders *K. D. v. Münchow* (S. 26) zu nennen, der bei seiner Stellung als Professor der Jenaer Hochschule wahrscheinlich die großen Ferien zu dem Ausflug in die Bayrischen Voralpen benutzt haben wird. Von dem Münchener Akademiker *S. Chr. Schweigger* wissen wir genau, daß er im Anfang August 1817 einen Besuch in Benediktbeurn plante, wobei nach (*57* 73 δ) von Spektrometerbeobachtungen die Rede war. Von späteren Besuchen hat *Fraunhofer* selber namentlich den von *H. Chr. Oersted* in der Zeit vom 24. XII. 22 bis zum 10. I. 23 erwähnt, dessen lebhafte Anteilnahme an seinen Ergebnissen ihm von besonders hohem Werte war.

Unter allen Umständen hat er regelmäßig schon in Benediktbeurn, namentlich aber in München, gelehrten Besuchern seine Beobachtungsweise mitgeteilt und nicht wenige Zeit in den mittleren Stunden des Tages — bei hohem Sonnenstande — dazu verwandt, seine spektrometrischen Verfahren und später auch seine Versuche zur Wellenlehre des Lichts solchen Fachleuten vorzuführen.

Als besonders wichtig kann man wohl die Vorführung vor *J. Fr. W. Herschel* bezeichnen, der sich bei seinem Zusammentreffen mit *Fraunhofer* am 19. Sept. 1824 eingehend über die Spektrometermessungen und die Beobachtungen der Linien im Fixsternspektrum unterrichten ließ. Er hat bei seiner Rückkehr nach England dafür gesorgt, seine Kenntnis an die Fachleute seines Heimatlandes weiterzugeben.

Fraunhofer hat selbst 1823 in seiner Bewerbung um den Posten als Konservator der Akademie angegeben, daß seiner im August 1821 vorgelegten ersten Arbeit über die Beugung vier Jahre vorhergegangen seien, die er der Anstellung der nötigen Experimente gewidmet hätte. Man kommt also auf 1817 als das Anfangsjahr. Ob tatsächlich, wie nach (*16* 23) anzunehmen ist, eine zufällige Beobachtung der Lichtflamme durch den Bart einer Feder der Anlaß gewesen ist, wird sich nicht mehr feststellen lassen. Es ist möglich, daß seine Erwähnung eines solchen Versuches in (*22* 105 γ) auf dieses Erlebnis zu beziehen ist; doch hat er es offenbar nicht als wichtig angesehen.

Von vornherein aber muß darauf hingewiesen werden, daß *Fraunhofer* in seinen Mitteilungen zu der Lehre von der Beugung nur darauf aus war, seine auf so genaue Ergebnisse führenden Versuche zu beschreiben. Eine Theorie hat er damals nicht geben wollen, vielmehr hat er (*22* 106/7) sich die Mitteilung einer solchen ausdrücklich für die Zukunft vorbehalten. Ja, noch in seiner letzten Mitteilung über die Ergebnisse seiner Versuche zur Beugung vom Juni 1823 hat er gelegentlich (*22* 136 u. 139 in den Anmerkungen) bemerkt, daß die Kürze des Berichts ihm gebiete, manche Erkenntnis unberührt zu lassen. Demnach wird auf den nachstehenden Seiten besonders auf die Ergebnisse hinzuweisen sein, wie sie aus seinen denkwürdigen Versuchen folgten.

Wenden wir uns nun zu der Besprechung dieser ungemein wichtigen Arbeit vom August 1821, so ist es ganz sicher und von ihm selber auch an verschiedenen Stellen hervorgehoben worden, daß er an die Behandlung der Beugungserscheinungen zunächst (s. S. 131) herangetreten ist als ein messender Physiker und versehen mit dem besten Rüstzeug, das seine Werkstätte ihm ohne Rücksicht auf die Kosten zur Verfügung stellen konnte. Er hat sich, wie auch *H. Boegehold* (*6* 528 1 β) betont hat, darauf beschränkt, die Beugungserscheinungen am Orte der Lichtquelle oder eines optischen Bildes von ihr zu beobachten, wobei allerdings im allgemeinen der am Heliostat angebrachte Spalt als Lichtquelle anzusehen ist. Man hebt so allgemein die *Fraunhofer*schen Beugungserscheinungen aus den allgemeineren, nach *Fresnel* benannten heraus. Unser Held hat gelegentlich (etwa *22* 54 α) etwas abschätzig von Beobachtungen des *Fresnel*schen Beugungsspektrums gesprochen, wo der Auffangschirm an einer beliebig gewählten Stelle stand. Daß er bei seiner Versuchsanordnung eine ungemein viel größere Genauigkeit erhalten hat, wird nicht bestritten werden können.

Hatte er bereits auf die messende Verfolgung der Beugungserscheinungen durch einzelne enge Öffnungen große Mühe verwandt, so erregten die Ergebnisse durch enge Gitter schon wegen ihrer Verschiedenheit von den vorhergehenden sein Erstaunen; aber sein Anteil wurde namentlich dadurch erregt, daß er bei Einstellung seines Fernrohrs auf den Spalt am Heliostat die ihm vom prismatischen Spektrum her wohlbekannten dunklen Linien und Streifen im Farbenbande sah. Ihm war das besonders wichtig (*22* 69 α), „weil es dadurch möglich wird, die Gesetze dieser, wie „man sehen wird, durch gegenseitige Einwirkung einer großen „Anzahl gebeugter Strahlen entstandene Modifikation des Lichtes „im hohen Grade genau kennenzulernen."

Vergegenwärtigt man sich, daß er bereits durch seine Verwertung dieser dunklen Linien (S. 130) die Messung der Brechung und Zerstreuung eines durchsichtigen Mittels auf eine vorher nicht einmal geahnte Genauigkeitsstufe gehoben hatte, so reizte es ihn ohne jede Frage besonders, eine ähnliche Leistung für die Förderung der Lehre von der Beugung zu vollbringen. Hatte er dort den unbestimmten Begriff der sieben Spektralfarben durch die Beziehung auf eine oder mehrere der dunklen Linien ersetzt, so konnte er hier die Beobachtungen von Helligkeitsgipfeln und -tälern durch die Messung des Winkelwerts einer bestimmt begrenzten Linie im Hinblick auf die Schärfe ganz entsprechend übertreffen.

Das erste von ihm angefertigte Gitter wurde (S. 121) von zwei parallel angebrachten Schraubenspindeln getragen, um deren Gänge er feinen Draht wand. Von den so entstehenden beiden Gitterwänden konnte er nur eine brauchen. Er lötete, wie schon bemerkt, die Drahtwindungen an die beiden Schraubenspindeln fest und schnitt das eine Gitter weg. Der feine Draht (bei dem ersten verwandte er solchen von etwa 55 μ Durchmesser) konnte, wovon er sich durch Versuche überzeugt hatte, ebensogut aus Gold wie aus Silber bestehen.

Die feinen Spindeln hatte er, wie man aus dem *Herschel*schen Reisebericht entnehmen kann, dadurch erhalten, daß er feinen Draht um einen genau zylindrischen Kern so wand, daß Windung an Windung grenzte. Aus jener Mitteilung weiß man, daß etwa 170 Umgänge auf den Pariser Zoll[1]) gingen. Das führt auf eine Steighöhe von fast genau 160 μ, mithin auf lichte Zwischenräume von etwa 105 μ.

Um die Erscheinungen möglichst abzuändern, verfertigte er Gitter von verschiedenen Ausmaßen und stellte (*22* 69 γ) auch eine etwa doppelt so feine Schraubenspindel her mit etwa 340 Umgängen auf den Zoll, also mit etwa 80 μ Steighöhe.

Er fand dabei, daß die mittleren Spektren bei den Drahtgittern nur von der Steighöhe abhingen, so daß es dafür gleichgültig blieb, ob er feineren Windedraht mit größeren Lücken verwandte oder gröberen, der schmälere Lücken ließ.

Da sich diese mittleren Spektra gegenseitig überdeckten und die Erkennung der dunklen Linien erschwerten, so brachte er gelegentlich (*22* 59 δ) am Okular ein Prisma an, dessen brechende Kante wagrecht stand und hinabgekehrt war. Dadurch wurden die übereinanderfallenden Spektren zum Teil getrennt und die Feststellung der in den einzelnen enthaltenen dunklen Linien erleichtert. Eine solche Vorrichtung findet sich auch in seiner Gebrauchsanweisung (*51* 56 ι).

Mit verschiedenen (10) Gittern — H. *Boegehold* (*6* 531 1 δ) hat schon hervorgehoben, daß jene Steighöhe zwischen 686,6 μ und 52,8 μ schwankte und daß sehr verschiedene Verhältnisse der Breite zwischen den hellen und den dunklen Gitterstreifen bestanden — hat er nun Beobachtungen gemacht (er hat dabei schon [*22* 73 α] für die Winkel die Sinusfunktion verwandt, obwohl das zunächst bei deren geringem Betrage nicht viel ausmachte) und bewunderungswürdig gut übereinstimmende Ergebnisse erhalten.

---

[1]) Nach den Zahlen auf (*22* 68) scheinen es 169,98 gewesen zu sein, während er (*22* 67 β) nur 169 angab.

Dabei mußte, wie bereits bemerkt, für die Beobachtung der dunklen Linien im Beugungsspektrum des Sonnenlichts das Fernrohr auf den $12^1/_2$ m entfernten Spalt am Heliometer eingestellt sein. Ihm kam es dabei darauf an, die Wellenlänge des Lichts für die *Fraunhofer*schen Linien B bis H zu bestimmen, und es sei hier die *Boegehold*sche Zusammenstellung wiederholt und durch die Abweichungsspalten erweitert.

	Fraunhofers Werte in P. Z.	in mμ	Heut. Werte in mμ	Abweichungen *Fr.* — heut. in mμ	in Tausendsteln
B	0,00002541	687,8	686,7	+ 1,1	+ 1,60
C	0,00002425	656,5	656,3	+ 0,2	+ 0,31
D	0,00002175	588,8	589,3	— 0,5	— 0,85
E	0,00001943	526,0	527,0	— 1,0	— 1,90
F	0,00001789	484,3	486,2	— 1,9	— 3,91
G	0,00001585	429,1	430,8	— 1,7	— 3,94
H	0,00001451	392,8	396,9	— 4,1	—10,31

Wenn man die Genauigkeiten beachtet, die nur in dem ungünstigsten Falle der ganz lichtschwachen Linie H eben auf 1% des heutigen Wertes steigen, bei den andern aber noch mehr oder weniger weit unter der Hälfte bleiben, so wird man mit seiner Bewunderung nicht zurückhalten wollen. Vergleicht man damit die von *H. Boegehold* (6 528 l α) angeführten, von *Fresnel* für die durchschnittliche Wellenlänge der durch ein rotes Filterglas durchgelassenen Strahlen bestimmten Zahlen, wobei jede genauere Bestimmung des Ortes im Spektrum fehlt, so wird man es verstehen, wenn *Fraunhofer* den eigenen, ungemein viel genaueren Messungen einen entsprechend größeren Wert beigelegt hat.

Brachte er nun seine Gitter in ein Gefäß mit einem flüssigen Mittel — er hat dafür Wasser, Terpentin- und Anisöl gewählt —, so erhielt er das allgemeine Gesetz, daß — nach unserer Ausdrucksweise — die Wellenlänge im flüssigen Mittel durch Division mit der zugehörigen Brechzahl aus der entsprechenden in Luft erhalten wird, also immer merklich kürzer ausfällt.

Auf seine Beschreibungen der durch eine geringe Anzahl von viereckigen oder runden Öffnungen erzeugten Spektren sei nur eben hingewiesen. Eine besondere Freude hat ihm das Beugungsspektrum gemacht, das durch eine große Anzahl viereckiger Öffnungen entsteht. Er brachte es durch zwei kreuzweis übereinandergelegte Gitter zustande und hat die Erscheinung, wie eine Reihe der früheren auch, durch eine von ihm selbst meisterhaft gezeichnete Tafel dargestellt.

Im Anhang (22 105 γ) erwähnt er die Beobachtung am Federbart, die, wie bereits oben bemerkt, vielleicht den Ausgang für seine Beobachtungen bildete. Wenn er (22 54 β) gleich im Anfang darauf hinwies, daß er seine Versuche in einer ganz anderen Reihenfolge beschreiben werde, als die war, in der er sie tatsächlich anstellte, so bezieht sich das vielleicht auch (s. S. 134) auf die Versuche am Federbart.

Davon abgesehen enthält der Anhang die Bemerkung, daß sich die von ihm versuchsmäßig gefundenen Gesetze auch aus der Undulationstheorie ableiten ließen, und die Ankündigung einer „Theorie der gegenseitigen Einwirkung und Beugung der Lichtstrahlen". Diese sollte auch solche Erscheinungen umfassen, die man mit seinen Versuchsanordnungen nicht behandeln könne.

Um diese Lehre weiter zu verbreiten, hat er selber seine Abhandlung in das Französische übertragen und 1823 als II. Heft von *Schumachers* Astronomischen Abhandlungen erscheinen lassen.

Ja, er ging so weit[1]), daß er dem französischen Physiker *F. Arago* im Herbst 1821 das Anerbieten machte, der Pariser Akademie sein Interferometer für einige Zeit zur Verfügung zu stellen, um seine eigenen Beobachtungen prüfen zu lassen. Soweit bekannt, ist darauf keine Antwort erfolgt; es mag sein, daß um diese Zeit *Fresnel*, auf den es doch in erster Linie dafür angekommen sein wird, seine Aufmerksamkeit andern Gebieten zugewandt hatte. Jedenfalls hat *Fraunhofer* seine weiteren Arbeiten nicht mehr in das Französische übertragen.

Bei der leidenschaftlichen Hingebung, die *Fraunhofer* für seine strengen Messungen hegte, wird man annehmen können, daß er keine Zeit verlor, in der Verfeinerung der Gitter weiterzukommen, und in der Tat läßt sich das auch nachweisen. Am 22. Juli 1822

---

[1]) Die Stelle Ann. Chim. Phys. 1821 (2) *18*. 396 verdanke ich einer freundlichen Mitteilung *H. Boegehold*s.

teilte er *Schumachern* mit, daß er Gitter auf eine neue Art gemacht habe, und daß nun zwei Zwischenräume nur um 7,72 μ voneinander abstünden; die damit erhaltenen Spektren seien so groß als die von Prismen entworfenen, und es sei nötig, für die Winkelabstände von der Achse die Sinus (s. S. 136) einzuführen, wie das *Th. Young* schon 1802 gefordert habe.

Ein weiteres Jahr mit angespanntester Arbeit an dem lieb gewordenen Gegenstande folgte, und dann las er am 14. Juni 1823 vor der Münchener Akademie seine zweite Abhandlung über die Beugung des Lichts. Er legte schon bei der Wahl des Titels Wert darauf, nur von den Ergebnissen seiner neueren Versuche auf diesem Gebiete zu sprechen. Bereits in dem ersten Vortrage hatte er Gitter erwähnt, die in eine dünne Goldschicht geritzt waren. Er war auf diesem Wege fortgeschritten, hatte aber, da er bei Gittern immer feineren Gefüges verhältnismäßig bald den Goldgrund vollständig entfernte, mit einer eigens dafür gebauten Maschine durch einen Diamanten feine Linien in ein Planglas gerissen. Dabei betrug der Abstand von der Mitte eines hellen Streifens zur Mitte des nächsten bloß $\varepsilon = 3{,}31\ \mu$. Nur ein einziges Gitter von der erforderlichen Genauigkeit war ihm damals gelungen, und er berichtet (*22 124 Anm.*), welche gewaltige Mühe es ihm gemacht habe, mehrere tausend ziemlich langer Striche in die Glasoberfläche einzureißen, von denen die meisten nicht um $\varepsilon/100 = 33{,}1$ mμ falsch standen. Wenn man etwa die sicherlich schönen Leistungen *Fr. A. Noberts* als einen Fortschritt anführen wollte, so darf man nicht vergessen, daß dessen wunderbar feine Gitter viel schmäler und viel kürzer waren.

Fraunhofers Maschine (*22 124 Anm.*) konnte auch Striche mit 0,85 μ Abstand liefern, aber im Juni 1823 war es ihm noch nicht gelungen, die für seine Versuche notwendige Gleichmäßigkeit bei einer so feinen Teilung zu erzielen. Gelegentlich erwähnt er auch noch eines gröberen Gitters von

$$\varepsilon = 0{,}0005919\ \text{P.Z.} = 16{,}02\ \mu,$$

das ihm merkwürdig verschieden helle Spektren auf jeder Seite der Achse lieferte. Da sein Mikroskop nicht ausreichte, ihn Besonderheiten an den Gitterstrichen erkennen zu lassen, so war er auf Vermutungen beschränkt; er schrieb die Ursache der Unschärfe jedes Strichrandes an einer Seite zu und ritzte entsprechend geformte Striche in den dünnen Fettbelag eines Planglases. Damit konnte er die Richtigkeit seiner Vermutung dartun.

Mit dem feineren Gitter von $\varepsilon = 3{,}31\ \mu$ konnte er nun die Wellenlängen ω genauer als vorher bestimmen, und er erhielt die schon von *H. Boegehold* (*6* 532 1) aufgeführte Zusammenstellung

	Fraunhofers Werte in P. Z.	Heut. Werte in mμ	Abweichungen *Fr.* — heut. in mμ	in Tausendsteln
C	0,00002422	656,6	656,3	+ 0,3	+ 0,46
D	0,00002175	588,8	589,3	— 0,5	— 0,85
E	0,00001945	526,5	527,0	— 0,5	— 0,95
F	0,00001794	485,6	486,2	— 0,6	— 1,23
G	0,00001587	429,6	430,8	— 1,2	— 2,79
H	0,00001464	396,3	396,9	— 0,6	— 1,51

Man erkennt ohne weiteres den sehr großen Zuwachs an Genauigkeit gegenüber den ersten, mit dem verhältnismäßig groben Gitter erhaltenen Zahlen. Wenn man ferner die helleren Linien, also C bis F, zusammenstellt und auf ihre Abweichungen in Tausendteilen des wahren Wertes achtet, so kann man dagegen *Fraunhofers* eigenes Urteil über die von ihm erreichte Genauigkeit halten. Es lautet (*22* 131 a): „Aus den Versuchen mit den Glasgittern „lernen wir diese Größe so genau kennen, daß für die helleren „Farben fast nicht der tausendste Teil von ω ungewiß sein kann."

Wer überhaupt nur ein Verständnis für die hier zu überwindenden Schwierigkeiten hat, dem wird das Herz weit werden, zu sehen, wie unser heimischer Vertreter, der so lange nach *Young* und *Fresnel* als Erforscher von Beugungserscheinungen in die Bahn eingetreten war, im Hinblick auf die Genauigkeit der erste wurde. Und das in der deutschen Gelehrtenwelt der zwanziger Jahre, wo die strenge Forschung in der Physik noch lange um Anerkennung zu ringen hatte. Wohl kann man es verstehen, daß die Akademiemitglieder, soweit sie *Fraunhofers* einzigen Wert erkannten, in seinem Preise nicht müde wurden.

Zum Schluß mag noch auf seine „regelmäßig-ungleichen" Gitter hingewiesen werden, wo sich Teile verschiedenen ε-Wertes regelmäßig wiederholen. Er hatte sie angefertigt, um weitentfernte Spektra zu beobachten. Bei einem derartigen Stück, wo die verschiedenen ε-Werte in dem Verhältnis von 25:33:42 zueinander standen, hatte er den Abstand der E-Linie noch im 24. Spektrum der Messung unterwerfen können.

Ganz ohne Nachfolger ist er wohl bei der Herstellung feiner Gitter geblieben, deren Einzelbestandteile konzentrische Kreise bildeten. Wenn deren Abstände die genügende Gleichmäßigkeit zeigten, so erschienen die dunklen Linien als Kreise. Man wird nach dem Vorhergehenden beurteilen können, was es heißt, wenn *Fraunhofer* sagt (*22* 139 β), er habe ein solches Gitter aus radierten Kreislinien mit einer Maschine verfertigt, die „über die nötige „Genauigkeit keinen Zweifel läßt".

Hiermit sind seine Mitteilungen über seine Versuche zu den Beugungserscheinungen abgeschlossen, und wir wissen nicht, wieweit er noch in dem Reste seiner ihm so kurz zugemessenen Wirkungszeit die Genauigkeit hat steigern können.

Gewiß ist die Nachwelt noch weiter gekommen, aber die Arbeiter auf diesem Gebiet haben sich nicht wie er ihrer sonstigen Berufsgeschäfte halber auf „nur wenige bestimmte Tage im Monat" für diese Forschungen beschränkt gesehen. Ein Mann, der nach *H. Kaysers* maßgebender Aussage selbst bei einer solchen Beschränkung erst nach 40 Jahren von späteren Forschern in der Genauigkeit übertroffen wurde, muß eben als ein ganz auserwähltes Rüstzeug angesehen werden.

Wendet man sich nun zu der letzten von *Fraunhofer* veröffentlichten Arbeit, so handelt es sich dabei um den Versuch, die Ergebnisse seiner Beobachtungen zur Beugung des Lichts auf optische Erscheinungen im Luftmeer anzuwenden. Da zu jener Zeit die Kenntnisse von der Zusammensetzung der Wolken (aus Wassertröpfchen und aus Eisnadeln) noch gering waren, und *Fraunhofer* mit dem damaligen Bestande des Wissens arbeiten mußte, so wird man dankbar hervorheben, daß er selbst unter so ungünstigen Bedingungen auch in dieser Anwendung der Lehre von der Beugung als ein Bahnbrecher angesehen wird.

Ich verweise hier auf *J. M. Pernter*s Darstellung (*25* 432 ff.), der *Fraunhofern* den Ruhm zuerkennt, zuerst eine richtige Erklärung der Kranzerscheinungen (in Wolken aus Wassertröpfchen) gegeben zu haben. Der Münchener Meister hatte (*22* 205) aus einer großen Menge zurechtgeschmolzener Glaskügelchen eine Anzahl gleich großer ausgewählt und durch Beobachtung mit dem Fernrohr festgestellt, daß er auf diese Weise Kränze von um so größerem Durchmesser erhielt, je kleiner die Durchmesser der Kügelchen waren. Diese beiden Größen entsprechen sich im umgekehrten Verhältnisse. Er wandte seine Theorie auf die von *G. W. Jordan* und *I. Newton* beobachteten Kränze (er nennt sie Höfe kleinerer Art) an und fand Tröpfchendurchmesser von

$$0{,}000578 \qquad 0{,}00194 \quad \text{und} \quad 0{,}00113 \text{ P. Z.}$$
$$15{,}6 \qquad\quad 52{,}6 \qquad\qquad 30{,}6 \quad \mu$$

Diese Zahlen werden durch die Messungen von *L. Fr. Kämtz* und die auf dem schottischen Berge Ben Nevis (*25* 466/8) bestätigt; doch scheint der mittlere einigermaßen an der Grenze zu liegen. Die vollständige Theorie dieser Kränze ist nach dem gleichen Gewährsmann (436 γ) später von *E. Verdet* und *C. Exner* abgeleitet worden.

Auch die Kränze (in Eiswolken) sind in entsprechender Weise zu erklären, da man mit *Fraunhofer* (*22* 219 β) annehmen kann, daß die Kristalle sehr unregelmäßig angeordnet sind.

Schließlich sei hier noch *Pernters* Zustimmung (*25* 472 γ) zu dem wesentlichen Inhalt der Erklärung erwähnt, die *Fraunhofer* von der *Bouguer*schen Glorie auf dem Berge Pambamarka (*22* 197 u. 209) gegeben hat und auf den hellen Schein ausdehnte, den man auf betautem Boden um den Schatten seines Kopfes sieht.

Es scheint, daß *Fraunhofer* zunächst darauf aus war, sich mit der Untersuchung von Polarisationserscheinungen zu beschäftigen, doch ist davon nichts auf uns gekommen. Daß er aber auch hier schon mit Versuchen begonnen haben mag, kann man vielleicht aus einem gesicherten Umstande erschließen; er hat für das Preisverzeichnis, das im Jahre seines Todes veröffentlicht wurde, einen Licht-Polarisierungs-Apparat (s. Nr. 70 auf S. 195) aufgenommen.

Von der Theorie der Beugung hat er die versprochene Darstellung nicht veröffentlicht. Im Zusammenhange ist diese Lehre erst 1835 von *Fr. M. Schwerd* vorgetragen worden, und man kann sich keine bessere Bestätigung der *Fresnel*schen Ableitungen denken, als sie eben die von ihm ganz unabhängigen *Fraunhofer*schen Versuche bieten.

Wie sich *Fraunhofer* anfänglich mit dem Stande der Wissenschaft vertraut gehalten hat, wissen wir nicht. Später hat er, wie eine Reihe Zettel in seinem Nachlasse zeigen, von den Arbeiten wichtiger Forscher auf seinem Gebiete Kenntnis genommen. Nicht allein, daß er sich auch von den späteren Arbeiten *A. Fresnels* nach Titel und Erscheinungsort sorgfältige Niederschriften machte, er hat auch wichtige Aufsätze aus fernerliegenden Wissensgebieten, wie z. B. die bedeutende, aber damals nicht sehr bekannte Arbeit von *W. Ch. Wells* über die Akkommodation und ihre Abnahme mit dem Alter durchgesehen, vermutlich für seine Vorlesungen in den Jahren 1824 und 25.

Nach der Übersiedlung mit dem optischen Institut nach München, also vom Spätherbst 1819 ab, haben ihm als Mitglied der Akademie die wissenschaftlichen Büchereien Münchens offen gestanden, und er scheint sich — man muß hier wieder nach undatierten Zetteln schließen — namentlich darum bemüht zu haben, die Vorgeschichte der *Wollaston*schen Beobachtung der 7 dunklen Linien kennenzulernen. Ich möchte es für wahrscheinlich halten, daß er seit seiner persönlichen Bekanntschaft mit *J. Fr. W. Herschel* — zunächst scheint er solche Äußerungen mit einer gewissen Empfindlichkeit aufgenommen zu haben — eingesehen hat, daß die Betonung dieser Vorgängerschaft durch englische Gelehrte durchaus nicht mit dem Bestreben verbunden zu sein brauchte, ihm an seinem wohlverdienten Ruhme abzubrechen.

Daß er hiernach zu urteilen also von der in *Gilbert*s Journal durch *Mollweide* 1809 eingerückten deutschen Übersetzung der *Wollaston*schen Arbeit zu früher Zeit keine Kenntnis hatte, ist uns anzunehmen erlaubt, denn es ist mit der Möglichkeit nicht irgendwie sicher zu rechnen, er habe vor 1817 (der Veröffentlichung seiner Arbeit über die Messung an Glasprismen) auch nur diese eine physikalische Zeitschrift Deutschlands ständig gelesen. Wenn man nach ($57\,70\beta$) die Schwierigkeiten regelmäßigen Verkehrs mit München berücksichtigt, so wird man geneigt sein, eine solche Möglichkeit sogar zu bestreiten. Von 1817 ab, wo er durch seine Ernennung zum auswärtigen Mitgliede der Akademie einen anerkannten Namen erhalten hatte und durch die Besuche auswärtiger Gelehrten wohl auch die Notwendigkeit erkannt haben wird, die gleichzeitige Forschung zu verfolgen, mag das besser geworden sein; ausreichend leichten Zugang zu den wissenschaftlichen Zeitschriften wird er wohl, wie oben gesagt, erst seit seiner Verpflanzung nach München, also dem November 1819, erhalten haben.

Als er nun mit dem Dezember 1823 — s. S. 35/6 — die Verpflichtung auf sich nahm, regelmäßige Vorlesungen als Mitglied der Akademie zu halten, da mag er das Bedürfnis noch deutlicher empfunden haben, sein Forschungsgebiet als Ganzes von den Teilen der Wissenschaft abzusondern, die durch andere bestellt worden waren. Daß er ausschließlich über die Natur des Lichts mit besonderer Berücksichtigung seiner Versuche zur Vorführung und messender Verfolgung der Beugungserscheinungen sprechen wollte, geht aus seinen Darlegungen (*51 63 γ*) über die für die Vorlesung erforderlichen Geräte hervor.

Glücklicherweise kennen wir die Niederschrift einer der Vorlesungen. Sie ist freilich ohne Angabe der näheren Umstände in einer *Merz*ischen Abschrift[1]) auf uns gekommen, doch darf man wohl die Vermutung hegen, daß sie auf den ihm wahrhaft ergebenen Astronomen *J. C. Soldner* zurückgeht. Eine kurze Inhaltsangabe gehört hierher.

Die Ablenkung eines Lichtstrahls durch die Brechung an einer Planfläche; das Sinusgesetz der Brechungen. Das Prisma und seine Verwendung zur Bestimmung der Brechzahl unter Voraussetzung des Minimums der Ablenkung. Ableitung der Formel und Anweisung für die Messung mit dem Spektrometer, Durchführung der Rechnung an einem Zifferbeispiel. — Der Weg von Strahlen geringer Neigung durch ein Himmels- und durch ein bildaufrichtendes Fernrohr. — Mitteilung von (allgemeinen) Formeln zur Bestimmung der Vergrößerung. Lange Himmelsfernrohre mit einfachen Linsen als Objektiven. —

Die Beugung des Lichts beim Durchtritt durch enge Öffnungen, vereinzelte und zahlreiche; durch die letztgenannten entstehen

---

[1]) Merziana 3 in der Handschriftenabteilung der Bayrischen Staatsbibliothek. Für den Hinweis darauf bin ich Herrn Geheimrat *Leidinger* zu aufrichtigem Danke verpflichtet.

Spektra zweiter Klasse vollkommnerer Art. Hinweis auf den Polarisationszustand und auf die meteorologischen Beugungserscheinungen. Rechnungen für einen sechsseitigen Eiskristall. — Die Schwingungen der Lichtwellen werden an dem Bilde der Wasserwellen erläutert, um die Vorstellung von der Interferenz einzuführen. Ableitung der Formel III in (*22* 130) und der Formel II (*22* 126) als Folgerung.

Natürlich hat es der Verbreitung seiner Anschauungen geschadet, daß München zu seinen Lebzeiten noch keine Universität besaß, und daß ihm ein wirklich zusagender Schüler wie *Fr. A. Pauli* (S. 36) erst wurde, als es zu spät war.

Er selber hat es gelegentlich, namentlich um den Ausgang des Jahres 1823, betont, daß er seit einer Reihe von Jahren den ihn aufsuchenden Gelehrten seine Versuche vorgeführt und den Zeitverlust dabei nicht gescheut habe, um eben die Kenntnis so wichtiger Entdeckungen zu verbreiten. Aus manchen Äußerungen wie (etwa *22* 140 Anm. 1) möchte man freilich schließen, daß *Fraunhofer* nicht selten die in dieser selbstübernommenen Pflicht liegende Last drückend empfunden habe. Indessen hat er solche Empfindungen nicht laut werden lassen.

Daß ihn aber die wissenschaftliche Arbeit an sich im höchsten Maße angezogen hat, ist nicht zu bezweifeln: er hat seine Bequemlichkeit und Muße ebensowenig geschont wie seine Ersparnisse und hat mit einer Hingebung den Dienst an der Wissenschaft geleistet, wofür es wenig Vergleichbares gibt. Die kurze Lebenszeit, die ihm bestimmt war, hat es nicht gestattet, daß er selbst die Früchte von dem Felde erntete, das er mit so erstaunlichem Fleiße bestellt hat. Aber vorgearbeitet hat er in der erfolgreichsten Weise sowohl der Aufstellung der Spektralanalyse als der Erklärung der Bildentstehung im Mikroskop und der wissenschaftlichen Behandlung der Kunst, optisches Glas zu schmelzen. Wie man erkennt, wäre keiner dieser Fortschritte möglich geworden ohne seine nimmer müde Beschäftigung mit dem, was wir mit Recht *Fraunhofer*sche Linien nennen.

In wissenschaftlicher Hinsicht war es ihm vor allem darum zu tun, die Natur des Lichts zu erforschen, und wohl können wir von ihm sagen, daß er mit der Auffindung, Ausmessung und vielfachen Verwendung der dunklen Linien einen Bau aufführte, der an Großartigkeit der Anlage, Gediegenheit der Ausführung, sowie Vollendung der fertiggestellten Einzelheiten seinesgleichen sucht und den Namen des Meisters der spätesten Nachwelt überliefern wird. Nach der Schilderung seiner vor keinem Opfer zurückscheuenden Liebe zu seinen wissenschaftlichen Untersuchungen wird verständlich sein, daß sein größter Schatz in den allmählich immer weiter vervollkommneten Geräten zu der Forschung lag, der er sein Herz hingegeben hatte. Und wenn man sich das vergegenwärtigt, so möchte man glauben, daß er — über seine Grabschrift befragt — nicht seine Tätigkeit als technischer Optiker und Hersteller großer Fernrohre, sondern vielmehr seine Bemühungen um die Erkenntnis der Natur des Lichts hervorgehoben hätte wissen wollen.

IV. DAS OPTISCHE INSTITUT IN BENEDIKTBEURN UND MÜNCHEN VOM GESCHÄFTSSTANDPUNKTE BETRACHTET

A. Die Glashütte und die Verwendung des Rohstoffs

Wendet man sich hier zu der Glashütte als der Abteilung, deren Einrichtung durch *Utzschneider* von besonders weitreichenden Folgen war, und die sich allein dauernd an dem Orte ihrer Begründung (s. S. 27/8) erhielt, so vermag man ihre Entwicklung und ihren weitreichenden Einfluß auf die Rohglasbeschaffung überhaupt recht leicht gesondert zu behandeln. Das bildet einen deutlichen Gegensatz zu der Abteilung, der die Herstellung und Prüfung der optischen Flächen anvertraut war. Diese steht, wie wir im zweiten Abschnitt dieses Kapitels sehen werden, in einem engen, aber in seinen Wandlungen durchaus nicht leicht zu schildernden Zusammenhange mit verschiedenen mechanischen Betrieben oder Abteilungen.

Wir wenden uns also nun zu der Glashütte selbst. Es wird kaum möglich sein, an dieser Stelle *Fraunhofers* Ansichten von denen *Utzschneiders* zu sondern, da er in dem *Utzschneider*schen Betriebe zum Geschäftsmann heranwachsend ganz im allgemeinen von den Auffassungen zunächst seines Fabrikherrn, später seines Partners mit überwiegender Einlage beeinflußt worden sein wird. In einem wichtigen Falle wird sich das sogar mit großer Wahrscheinlichkeit dartun lassen. Es wird mithin zweckmäßig sein, unter dieser Überschrift alles zusammenzutragen, was sich überhaupt von solchen Grundsätzen ermitteln läßt, gleichgültig ob es von *Utzschneider*, *Reichenbach* oder *Fraunhofer* stammt.

Die ursprüngliche Gemeinschaft von *Reichenbach*, *Utzschneider* und *Liebherr* hatte (s. S. 95) die Gründung einer Anstalt zur Herstellung von Feinmeßgeräten als Ziel gehabt, und es war selbstverständlich, daß der mechanische Teil unter *Reichenbachs* und *Liebherrs* engere Leitung fiel, während sich *Utzschneider* um den optischen Teil, Linsenbearbeitung und Glasersatz, kümmerte. Dies geht aus unserer obigen (S. 55) Besprechung seiner Reisen und ihrer Vorbereitung hervor. Obwohl kaum anzunehmen ist, daß er optische Fachkenntnisse von größerem Umfang besaß, wird er sich bei dem Besuch so vieler optischer Werkstätten ein gewisses Urteil erworben haben, und er ist bald zu der durchaus richtigen Meinung gekommen, daß es sich in erster Linie um die Herstellung von Flint- oder allgemeiner von optischem Glase überhaupt handle, wenn das neue Unternehmen gedeihen solle. Daß er den einzigen Fachmann der damaligen Zeit anwarb, gibt ein gutes Zeugnis von der Festigkeit seiner Überzeugung, und die im Verhältnis etwa zu *Fraunhofer* besonders freundliche Behandlung seines alten Schmelzmeisters kann wohl auch, wie manche seiner Äußerungen aus der späteren Zeit, zu einem Schluß auf den überwiegenden Wert verwandt werden, den der Fabrikherr auf den Besitz einer damals in der Welt einzig dastehenden Hütte für optisches Glas legte.

Da er 1806 und 1807 anscheinend diese Aufgabe als nahezu gelöst ansah, so entwickelte er damals seine Grundsätze für eine möglichst zweckmäßige Verwertung des so erzeugten Werkstoffs verständlicherweise in dem Sinne, daß die seiner Meinung nach erreichte Monopolstellung der Benediktbeurner Hütte unter allen Umständen aufrechtzuerhalten sei. *Guinand* wurde zu einer völligen Geheimhaltung verpflichtet, nur ein Vertrauensmann *Utzschneiders* durfte nach gehöriger Ermächtigung von ihm angelernt werden, er erhielt ein — für Benediktbeurner Verhältnisse — sehr ansehnliches Gehalt, nämlich 1600 fl [etwa 3100 S.-M.] neben Wohnung und Heizung; die Hälfte des Betrages wurde ihm als Ruhegehalt und Schweigegeld — ebenfalls mit Wohnung und Heizung, wenn er in Benediktbeurn leben wollte — zugesichert, und auch für seine junge, im Schmelzbetriebe erfahrene Frau *Rosalie* wurde ein (für Benediktbeurn gleichfalls mit freier Wohnung und Heizung verbundenes) Witwengehalt von 250 fl [etwa 500 S.-M.] ausgemacht.

Man wird annehmen können, *Utzschneider* habe die Kosten der Gründung einer Hütte für optisches Glas nach seinen eigenen Erfahrungen so hoch angeschlagen, daß er seinen Wettbewerbern die Zähigkeit nicht zutraute, ähnliche Opfer zu bringen. *Guinands* aber glaubte er sicher zu sein und sich ihn durch das für jene Zeit wohl ganz ungewöhnliche Ruhegehalt dauernd verpflichtet zu haben. Wenn in einigen Darstellungen aus dem französischen Sprachgebiet die geringe Höhe der 1807 dafür ausgeworfenen (und für 1814—16 gezahlten) Beträge bemängelt wird, so sei hier darauf hingewiesen, daß (*57* 99. 6) *Fraunhofer* im April 1826 seine Altersgehaltsansprüche für sich und seine Nichten auf die gleichen Beträge (s. auch S. 43) beschränkte. Dabei muß aber noch folgendes hervorgehoben werden: Nach dem 3. Punkte seines Vorschlages überließ er dem Staat einen schätzungsweise angenommenen Betrag von 13 000 fl [über 25 000 S.-M.] an Werkzeugen, Instrumenten und Utensilien aus seinem eigenen Besitz, der tatsächlich (S. 196) sogar fast 16 600 fl [= 32 000 S.-M.] betrug. Mithin würde der von ihm als Ruhegehalt beanspruchte Betrag von 800 fl nicht einmal 5% und der Hinterbliebenenanspruch von 500 fl für beide Nichten gar nur 3% der Zinsen jenes ihm gehörigen Kapitals ausgemacht haben. Gemessen also an *Fraunhofers* Ansprüchen, die er 19 Jahre später nach unvergleichlichen Leistungen für sich und seine Angehörigen stellte, ist *Utzschneider* für *Guinand* im Jahre 1807 sogar sehr großartig gewesen. Wahrscheinlich überschätzte er in jener frühen Zeit den bei gutem Geschäftsgange zu erwartenden Reingewinn, während *Fraunhofer* fast zwanzig Jahre später darüber wesentlich zutreffendere Ansichten hatte.

War der Glasersatz, wie *Utzschneider* und *Guinand* zuversichtlich hofften, gesichert, so beabsichtigte man eben, von der mit so vielen Mühen und Kosten erlangten Monopolstellung Vorteil zu ziehen. Hatte doch im 18. Jahrhundert der ungemeine Vorsprung der Londoner Optiker auf dem Gebiete der achromatischen Fernrohre zu einem großen Teil in der freien Verfügung über den dem Festland durch die Verkehrsschwierigkeiten mehr oder minder verschlossenen Glasmarkt bestanden. Ein so erfahrener Astronom wie *J. de Lalande* (*39* 782) konnte daher schon 1798 dem Schmelzmeister *Guinand* den Rat geben, sein als vorzüglich angepriesenes Flint- (und Kron)glas gleich selber zu Fernrohren zu verarbeiten, aber den Rohstoff als solchen gar nicht in den Handel zu bringen. Dieser Rat war auch gut, solange der Bedarf an optischem Glas nicht groß genug war, um erfindungsreiche Glastechniker die ziemlich beträchtlichen Versuchskosten an die Verbesserung des Glases wagen zu lassen, mit anderen Worten, solange Fernrohre nur in ziemlich kleinen Mengen gebraucht wurden.

Die Rechentätigkeit, die nach (72 169 β) noch ziemlich lange auf der Anwendung von Vorrechenformeln beruhte, wurde dabei allem Anscheine nach als weniger wichtig erachtet, wie ja auch *Guinand* früher Fernrohre in les Brenets zum Verkauf hergestellt hatte und sich vor der Bearbeitung dieser Aufgaben in keiner Weise scheute. So wurde offenbar noch im Februar 1807 mit der Möglichkeit gerechnet, die optische Abteilung unter *Guinand*s Leitung zu stellen, und nach *Guinand*s Brief vom Februar 1816 (57 55) wird niemand zweifeln, daß er sich selber der notwendigen Vorbereitung durch Rechenverfahren völlig gewachsen erachtete. Daß *Utzschneider* vor seiner engeren Beziehung zu *Fraunhofer* keine wesentlich abweichenden Ansichten über diese Dinge hatte, wird man als ziemlich sicher ansehen können, und eine solche Annahme erklärt seine große Opferwilligkeit für die Glashütte und für *Guinand* persönlich recht wohl.

Das Sicherheitsgefühl wurde vermutlich aber nach *Fraunhofer*s Eintritt, vielleicht sogar schon im Jahre 1807, durch die Ausstellungen erschüttert, die auch nach S. 20/1 *Fraunhofer* als leitender Optiker an dem Werkstoff erheben mußte und die seit dem 9. August 1809 zu seiner Einweihung in das Geheimnis führten. Die großen Erfolge, die er im Zusammenarbeiten mit *Guinand* schon von 1811 ab (72 168 γ) gelegentlich erzielte (andere Schmelzen mißlangen ihm wieder), scheinen von *Utzschneider* nur nach dem unmittelbaren, handgreiflichen Ertrage gewürdigt worden zu sein, wie er z. B. in dem für seinen großen Teilhaber in Eile geschriebenen Nachruf auch nicht mit einer Andeutung auf *Fraunhofer*s Bestrebungen zur Hebung des sekundären Spektrums eingegangen ist.

An dieser Stelle kann man zu den Verhältnissen des inneren Betriebes der Hütte eine Bemerkung machen, die für die Zeit vom 24. April bis zum 20. Mai (1820) gültig ist; sie fand sich in einem Taschenbüchlein *Fraunhofer*s und ließ sich, etwas zusammengezogen, in die Form einer Tafel bringen.

Ausgaben für den Schmelzbetrieb vom Jahre 1820

Name	Beschäftigungs-dauer		Bezahlung			
			im ganzen		auf den Tag	
	Tage	Std.	fl	Xr	Xr	S.-M.
Riesch	23	(+ 1 Feiert.)	24	—	60	1,95
Würmseer ..	22	8 ,,	23	44	60	1,95
Mirnseer ...	22	5 ,,	23	27	60	1,95
Rieger	24	3	15	22	38	1,23
Linderl	23	1	16	10	42	1,36
A. Graf	4		3	20	50	1,62
					auf den Monat	
					fl.	S.-M.
Jungwirth ..	für Mai				22	42,80
					auf die Std. Zuschlag	
	23 Std. des Nachts geschürt usw.		2	5	5½	0,18

Auf der Gegenseite sind vermerkt
    Auslagen an *Jungwirth* für das Institut
    ,, ,, ,, ,, Kohlen
    ,, ,, ,, ,, *Fraunhofer* privat.

Man kann hieraus entnehmen, daß Benediktbeurn den Vorzug bot, Glasarbeiter tageweise (für den 11 stündigen Arbeitstag) zu erhalten; Lohnabstufungen sind mit 1,23, 1,36, 1,62, 1,95 S.-M. aufgeführt. Fest angestellt im Monatsgehalt war anscheinend allein *Jungwirth* mit einem Gehalt von 514 S.-M. im Jahre und wahrscheinlich freier Wohnung und Heizung; für Nachtarbeit erhielt er einen Stundenzuschlag von 5½ Xr = 0,18 S.-M., was bei 11 Stunden den Tageslohn der höchsten Arbeiterklasse ausmachte.

Als weiterer Arbeiter ist mir noch — nicht an dieser Stelle — *Jakob Kostanzer* aufgefallen.

Mindestens die höher bezahlten Arbeiter sind für Feiertagsarbeit — im Jahre 1820 fiel das Himmelfahrtsfest auf den 11. Mai — besonders (durch Verdopplung der Bezahlung) entlohnt worden.

Den Bemerkungen der Gegenseite kann man entnehmen, daß *Fraunhofer* seinen Hüttenvorarbeiter *Jungwirth* auch für Privatarbeiten entschädigte; das führt zur Bestätigung seiner Aussage,

daß er derartige Versuchsarbeiten in der Hütte aus eigener
Tasche bezahlt hat. Und das stimmt ausgezeichnet zu dem von
ihm erhobenen Anspruch, das Schmelzgeheimnis für das optische
Glas komme ihm gleichsam als privater Besitz (S. 154) zu.
Von einem so rechtlich gesinnten Mann wie *Fraunhofer* werden
derartige Ansprüche nicht ohne guten Grund erhoben worden
sein.

Daß *Fraunhofer* nicht nur in dem allgemeinen Schmelzverfahren
auf *Guinands* Schultern stand, sondern auch bei der Anstellung
kleiner Probeschmelzen (s. S. 96), ist sicher. Er gibt (etwa *22* 36 ζ
u. später) die in dem Tiegelchen enthaltene Glasmenge auf 4 Pfund
an, was auf etwa $2^{1}/_{4}$ kg führt, wenn man bayrische Pfund von
560 g annimmt. Handelte es sich hier zunächst um ziemlich grobe
Versuche in betreff des Anlaufens der Glasfläche, so gilt das nicht
für Kron Lit. M, das *Fraunhofer* (*22* 17 α) auch als einen der Versuche im kleinen bezeichnet. An dem daraus geschliffenen Prisma
hat er die Linien B bis H durchmessen können. Hierzu sollte man
das wohl 1879 ausgesprochene Urteil eines Fachmannes wie *Ernst
Abbe* (*36* 1002 r) hinzuziehen: „*Feil* (in Paris), der doch ein be-
„rühmter, erfahrener Glasschmelzer ist, hat mir noch keine der-
„artige Schmelzprobe geliefert, die auch nur eine annähernde Be-
„stimmung der mittleren Dispersion gestattet hätte, geschweige
„denn eine zuverlässige Feststellung der partiellen Dispersion, wie
„ich sie bei der einen Ihrer Proben erhalten habe und von den
„anderen auch noch zu erhalten hoffe."

Nun ist es aber nach (*22* 17 β) sicher, daß *Fraunhofer* mit seinem
Kron Lit. M sogar zwei Fernrohrobjektive hergestellt hat, um die
Verbesserung der Wirkung festzustellen, die auf eine vollständigere
Vernichtung der Farbenreste folgte. Man wird also um so zu-
versichtlicher die Vermutung aussprechen können, daß er jeden-
falls den Inhalt der Tiegelchen durchgerührt hat.

Seine Versuche dieser Art fielen übrigens den Heizern in Benediktbeurn auf, und aus ihrem Munde hat vermutlich *Rockinger*
davon erfahren. Dessen Schilderung (*57* 96 γ) kann man mit
Bestimmtheit entnehmen, daß seit 1820 derartige Probehäfen regelmäßig bei einer jeden großen Schmelze eingesetzt wurden. Mithin
ist es auch möglich, daß sich *Fraunhofer* (*51* 64 γ) im Dezember
1823 auf solche Probehäfen bezieht, wo er von erfolgreichen Ver-

suchen zu der Erfindung neuer Glasarten spricht, und daß er dort die im großen verwandten Glasschmelzen (s. S. 132) gar nicht meint. Einzelheiten werden sich schwerlich mehr ermitteln lassen, und *Utzschneider* hat nach dem Sommer von 1826 diese Versuche nicht weitergeführt.

Es sieht so aus, als habe *Utzschneider* im Februar 1814, da er den zweiten Vertrag mit *Fraunhofer* schloß und ihm die Summe von etwa 10000 fl als einen dem Geschäft nicht zu entziehenden Besitzanteil stiftete, besonders an dessen große Verdienste um die Glasherstellung gedacht. Mindestens würde der heutige Beurteiler auf Grund unserer Kenntnis der Entwicklung des optischen Instituts zu einer solchen Schlußfolgerung geneigt sein. Merkwürdigerweise aber (s. S. 24) enthält der am 20. Februar zwischen den beiden Leitern abgeschlossene Vertrag keinerlei Abmachung über die Glashütte, deren Leitung wie von selber *Fraunhofern* anfiel. Er allein leitete die Schmelzen und versuchte, wie oben gesagt, auch im Hinblick auf das sekundäre Spektrum seinen Forderungen mehr und mehr zu genügen sowie mit immer geringerem Ausfall auszukommen.

Von einer jeden Schmelze schrieb er den Verlauf und das Ergebnis nieder und war im Jahre 1825 bei der Beantwortung der englischen Anfrage seiner Sache so sicher, daß er (S. 111) als Grenze für den ihm erreichbaren Durchmesser die für jene Zeit ganz ungewöhnliche Angabe von $18''$ [$= 49$ cm] machte. Es handelte sich also um Scheiben einer Größe, die von einem so ausgezeichneten Fachmann wie *Th. Daguet* 1851 auf der Londoner Industrieausstellung nicht übertroffen wurde, da der größte Durchmesser seiner damals mit Recht gerühmten Scheiben bei *Poggendorff* nur mit $14'' \ 4'''$ [$= 39$ cm] angegeben wird.

Man darf nun nicht vergessen, daß die für die Glashütte aufzubringenden Kosten durch dieses vertraglich nicht gesicherte Verhältnis ganz ungemein herabgedrückt wurden. Denn da *Guinand* 1814 bei seinem Ausscheiden 2 Jahre Ruhegehalt = 1 Jahresvollgehalt (in barem Betrage) mit sich genommen hatte und der Vertrag mit ihm 1816 aufgelöst wurde, so wurde tatsächlich schon von dem Vorjahre 1815 ab für die Leitung der Glashütte nur ein Teilbetrag von den Zinsen für *Fraunhofers* Besitzanteil und von seiner Hälfte des Reingewinnes aufgebracht.

154   IV. A. Die Glashütte und die Verwendung des Rohstoffs

Ob *Utzschneider*[1]) sich je über dieses schreiende Mißverhältnis zwischen Leistung und Entgelt beunruhigt hat, wissen wir nicht. *Fraunhofer* hat wahrscheinlich schon 1823, jedenfalls aber im April 1826, klar und bestimmt auf dem Standpunkt gestanden, daß er diese so gut wie unvergütete Leistung aus gutem Willen ausübe, und daß die so erworbenen Kenntnisse, das Geheimnis der Flint- und Kronerzeugung, sein persönliches Eigentum sei; mithin könne er darüber in seinen Verhandlungen mit der Krone selbständig verfügen. Besonders mag ihm ein Angebot aus England die Augen über den Wert seiner Leistungen geöffnet haben. Möglicherweise ist hierauf seine ganz allgemeine Angabe in seinem Gesuch vom 8. Juli 1823 (*51* 61a) zu beziehen, wo er nur von einem günstigen Angebot aus dem Auslande spricht. In diesem Falle würde man heute die ihm so eröffnete Aussicht sogar als ungewöhnlich vorteilhaft bezeichnen. Denn wie Graf *Armansperg* dem König *Ludwig* am 2. März 1826 berichtete, hatte er aus einer vertraulichen Äußerung des *Fraunhofer*schen Bevollmächtigten *G. J. von Leprieur* erfahren, *Fraunhofer*n seien von England aus für die Mitteilung seines Geheimnisses 25 000 £, also nach der damals üblichen Umrechnung 285 000 fl, angeboten worden. Diese Summe braucht durchaus nicht bei dem Bericht über die Wahrheit hinausgewachsen zu sein, denn wir wissen, daß man eben um diese Zeit in dem Kreise der Londoner Fachgelehrten sehr ernsthafte Anstrengungen machte, brauchbares optisches Glas zu bereiten. Für die Versuche, von denen *M. Faraday* (*39* 792r) 1830 berichtete, hat man doch, soweit wir wissen, $^1/_4$ des genannten großen Betrages aufgewendet, obwohl sie dem optischen Gewerbe den ersehnten Werkstoff nicht lieferten. Man wird dort vorher gewiß bereit gewesen sein, dem anerkannten Meister ein großes Angebot zu machen, wie man ja

---

[1]) Ich möchte schon an dieser Stelle ausdrücklich darauf hinweisen, daß ich keine Kenntnis davon habe, wie in den Jahren von 1814 bis 1819 (also in der Zeit, da *Fraunhofer* allein mit *Utzschneider* im Besitz des optischen Instituts zu Benediktbeurn stand) die Geschäftstätigkeit zwischen beiden Besitzern bestimmt wurde. Vom Spätherbst 1819 ab, also mit der Verlegung des optischen Instituts nach München, scheint *Fraunhofer* nach allgemein gehaltenen Bemerkungen *Utzschneider*s die Leitung in der Regel allein ausgeübt zu haben. Freilich ist es gelegentlich dabei zu Meinungsverschiedenheiten (S. 40) gekommen, die *Fraunhofer*n außerordentlich verstimmten.

auch (*39* 792 1 *a*) mit *P. L. Guinand* in dessen letzten Lebensjahren anscheinend wegen seiner Übersiedlung nach England verhandelt hat.

Auch wenn man, um *Utzschneider*n kein Unrecht zu tun, die sehr großen Opfer in Rücksicht zieht, die er jedenfalls in der ersten Zeit für die Glashütte gebracht hat, wird man seine Entlohnung des Schmelzmeisters *Fraunhofer* nicht verteidigen mögen. Wenn er, um auf die Einzelheiten einzugehen, nach (*70* 29) 80000 fl für die Glashütte[1]) ausgegeben hat, so wird ein ziemlicher Teil auf verunglückte Versuche zu schieben sein, denn *Fraunhofer*s planmäßige Arbeit mit *Guinand* (der *Guinand-Fraunhofer*sche Abschnitt der Kunst, optisches Glas zu schmelzen, nach meiner Bezeichnung) begann erst im August 1809, während *Guinand* allein (und nicht besonders erfolgreich) schon seit dem Mai 1805 für *Utzschneider* gearbeitet hat. Nach *Fraunhofer*s Aussage hat sein Partner wirklich im Anfang sehr beträchtliche Opfer für die Glashütte gebracht, doch ist daraus nicht zu ersehen, mit welchem Jahre *Fraunhofer* diesen Anfang abschließt. Die Einzelheiten wird man heute schwerlich mehr klarstellen können, namentlich da die Kosten für den Betrieb der Glashütte und die dabei mißlungenen Schmelzen seit dem Februar 1814 beiden Teilhabern am optischen Institut mit dem gleichen Betrage zur Last gefallen sein werden. Doch beachte man da auch S. 151/2.

Noch eine von *Utzschneider* persönlich bearbeitete Angelegenheit der Hütte ist schließlich zu erwähnen, daß er nämlich das Gesuch *Guinand*s vom Februar 1816 um Wiedereinstellung (s. auch S. 100) mit schweigender Verachtung behandelte. Gewiß mochte er die

---

[1]) Es ist möglich, daß diese Zahl einer ‚Nachträglichen Erklärung' *Utzschneiders* vom 11. September 1826 entnommen wurde, wo es in der mir vor Augen gelegten Abschrift wie folgt lautet:

„... Als ich das Optische Institut in Bayern begründete, auf meine Kosten „mit vielem Verdruß und großem Aufwande alle Elemente zu demselben hervor- „suchte und heranzog, da kümmerte sich niemand darum, wie ich das Werk „zustande brächte, nun da ich mit einem Aufwande von beinahe 80/m f die Sache „in Gang gebracht habe, nun soll ich mir selbst eine Beschränkung meines Eigen- „tums auflegen..."

Es scheint also, daß sich diese Ausgabensumme auf die Vorbereitungen zu dem optischen Institut überhaupt bezogen hat. Freilich wird der Hauptteil auf die Glashütte entfallen sein.

Handlungsweise seines alten Mitarbeiters mißbilligen, aber es war kaum seine Aufgabe, hier den strafenden Richter zu spielen, sondern für sein Unternehmen wäre es zweifellos unendlich zweckmäßiger gewesen, den zur Rückkehr bereiten alten Schmelzmeister mit seiner gut unterrichteten Frau wieder aufzunehmen: *Utzschneider* war ja stets mit seinem alten Glasfachmann gut ausgekommen, und dieser hätte wegen der unerfüllbaren Bedingung, Angestellte wie *Fraunhofer* und *Blochmann* um seinetwillen zu entlassen, ja wohl mit sich reden lassen.

Was die Aufhebung des Wettbewerbs durch die beiden tüchtigsten ausländischen Fachleute, den alten *Guinand* und seine Frau, sowie das Abschneiden der Möglichkeit, *Guinands* tatkräftigeren Sohn *Henri* im Glasfach zu unterrichten, für die Benediktbeurner Anstalt namentlich nach *Fraunhofers* allzufrühem Tode bedeutet hätte, kann gar nicht ermessen werden. Wenn man an das Mißlingen des in allem Ernst, mit großen Mitteln und unter jahrelanger Leitung durch einen Gelehrten wie *Michael Faraday* in London durchgeführten Versuchs denkt, so würde man glauben, *Utzschneider* sei der Erreichung seines Zieles, die Herstellung alles optisch brauchbaren Glases in seiner Hand zu vereinigen, nie so nahe gewesen wie im Februar 1816, wo er *Guinands* letztes Anerbieten erhielt und ablehnte.

Wie sich *Fraunhofer* zu *Guinand* gestellt habe, war lange Zeit nicht klar, was im einzelnen (*43 286 β*) auseinandergesetzt wurde; denn öffentlich hat er sich ebensowenig über *Guinand* geäußert, wie dieser über ihn. Daß er von der unverhehlten Abneigung des alten Schmelzmeisters im Februar 1816 nicht eben erbaut gewesen sein wird, ist wohl zu glauben, aber an die Öffentlichkeit gelangte bei dem heimlichen Wesen nichts, das bei allen Glashütten der damaligen Zeit die Regel war, wenn man über Wettbewerber sprach.

In der Zwischenzeit ist aber eine persönliche Äußerung *Fraunhofers*[1] aus dem Jahre 1824 bekannt geworden, die uns von einer

---

[1] Ich habe sie der Freundlichkeit von Miß *Francisca Herschel* und Lady *Lubbock* zu verdanken, die mir bei meinem Besuche am 25. Mai 1928 zu Slough eine hierher gehörige Mitteilung aus den Papieren ihres Vaters *Sir John Frederick William Herschel* übergaben, wofür ich ihnen zu größtem Danke verpflichtet bin. Es handelt sich um eine Abschrift der Seiten von dessen Reisetagebuch aus dem September 1824, soweit es sich auf das schon oben erwähnte Zusammentreffen *Herschels* mit

ganz besonderen Bedeutung ist. Es geht aus dem angegebenen Satz mit Sicherheit hervor, daß auch *Fraunhofer* den alten Schmelzmeister unterschätzte, und es ist wahrscheinlich, daß man damals in München nicht genau unterrichtet war, wie glänzend sich um diese Zeit das Geschäft in großen Fernrohrobjektiven nach England für *R. A. Cauchoix* schon anließ.

Aber selbst wenn man annimmt, daß (s. S. 111) bei der Bestellung eines großen Objektivs *Fraunhofers* Kunst jeden Wettbewerber geschlagen hätte, so würde auch er eben den Lauf der Zeit nicht haben aufhalten können: wie bereits auf S. 102 hervorgehoben, nahte der Abschnitt der Massenerzeugung von doppelten Theatergläsern und photographischen Objektiven. Und dieser Lage war der *Utzschneider*sche alte Plan für die Benediktbeurner Hütte gerade nicht angepaßt.

Daß *Utzschneider Fraunhofers* Standpunkt der Nichtachtung teilte, geht zwar nicht aus dem Nachrufe auf *Fraunhofer* hervor — dort ist *Guinands* Tätigkeit in der alten Heimat nicht erwähnt —, aber man kann es schon aus seiner Einsendung (*57* 101 ε) an die Augsb. Allg. Ztg. vom August 1826 schließen, wo er die Meinung ausspricht, Kron- und Flintglas werde allein in Bayern geschmolzen, besonders aber mit seiner Erwiderung vom Januar 1829 (*39* 787 r β) belegen, worin er die Überzeugung von seiner Überlegenheit in einer uns heute schmerzlich berührenden Weise ausspricht.

Und so ist es zu erklären, daß auch zu einer Zeit, da in *Th. Daguet*, in *H. Guinand* und in *G. Bontemps* ungemein fähige Wettbewerber auf dem Glasmarkt erwachsen waren, die Benediktbeurner Hütte an dem längst undurchführbar gewordenen Plan festhielt, nur für den eigenen Bedarf Glas zu schmelzen. Sie ist dieser Unfähigkeit, von der alten Vorstellung loszukommen, erlegen und in den 80er Jahren des vorigen Jahrhunderts langsam vertrocknet.

Immerhin darf nicht unerwähnt bleiben, was für *Utzschneiders* Tatkraft ein glänzendes Zeugnis ablegt, daß er in seinem 64. Lebensjahre imstande war, auf Grund der *Fraunhofer*schen Glasprotokolle,

---

Fraunhofer bezieht. Hier sei ein Abschnitt unter dem 19. September erwähnt, der für uns von besonderer Bedeutung ist.

„*Guinand did* work with *Fraunhofer*, he *did* see *Fr.*'s processes, *but* it was many „years ago and when *F.* was not sure of success i. e. when his processes were not „perfect." Genaueres ist in (*50* 2/5) zu finden.

deren von ihm selbst herzustellende Abschrift er sich von den Behörden des Hausarchivs erstritten hatte, und mit Hilfe der bei der Benediktbeurner Belegschaft wirksamen Überlieferung über den Arbeitsgang brauchbares Glas zu schmelzen. Man hat später sogar (*70* 33 δ) noch gewisse Fortschritte über die *Fraunhofer*schen Schmelzen hinaus feststellen wollen; wie mir scheint, nicht mit Recht, da solche Durchmesser, wie sie *Fraunhofer* schon 1825 anbot, erst viel später (*34* 419 r) — nicht vor 1859 und auch dann höchstens in zwei Fällen — dem Nachfolger an der Glashütte in Benediktbeurn gelungen sind. Indessen wird man über die Ergebnisse bald nach *Fraunhofers* Abscheiden aber auch nicht abschätzig urteilen mögen. Sie bilden vielmehr wohl die grünsten Blätter in dem *Utzschneider*n als ausübendem Techniker gebührenden Ruhmeskranze.

B. Die Herstellung von Fernrohren und Mikroskopen in Benediktbeurn und München

Bevor wir zur Schilderung des Betriebes in der optischen Werkstätte fortschreiten, müssen wir uns einen Überblick über die Geschichte der älteren Anstalt verschaffen, von der die optische Werkstätte zunächst nur einen ziemlich bescheidenen Teil bildete. Auf diese eingehendere Darstellung ist bereits früher (S. 13) hingewiesen worden.

Schon im Jahre 1802 (*71* 330; *30* 41) vereinigte sich *G. Reichenbach* mit dem geschickten Uhrmachergesellen *Joseph Liebherr* zur Begründung einer mathematischen Werkstätte, wobei es allerdings an Betriebsmitteln mangelte. Mit aus dem Grunde, diesem Mangel abzuhelfen, wurde am 20. August 1804 der Staatswirt und Fabrikherr *J. Utzschneider* hinzugezogen, wovon an der soeben angeführten Stelle schon die Rede gewesen war. Die neue Anstalt erhielt nach *Reichenbach* (*30* 43 Anm.) den geänderten Namen des mechanischen Instituts von *Reichenbach, Utzschneider* und *Liebherr*. Doch scheint man daran nicht allzu peinlich festgehalten zu haben, mindestens bezeichnete am 10. Mai 1806 *Utzschneider* die Anstalt als „*l'institut pour la fabrication des instruments d'astronomie à Munic*", am 20. Februar 1807 als „*L'Institut mathématique*".

Im inneren Betriebe wird das anders gewesen sein, da hat man wohl stets von dem mechanischen Institut gesprochen im Gegensatz zu dem 1806 in München begründeten kleinen optischen Institut, in dem zunächst *J. Niggl* bestimmt unter der Oberleitung von *G. Reichenbach* arbeitete, während die Glashütte in Benediktbeurn in einer loseren Verbindung dazu stand. Darüber wird sogleich Näheres beizubringen sein. Es ist anzunehmen, daß man dafür die Geschäftsbezeichnung Optisches Institut von *Utzschneider* und *Reichenbach* wählte, denn getrennt zu halten war unter allen Umständen die Verwaltung, weil der Besitz vornehmlich *Utzschneidern* zukam, der durch die Anwerbung von *P. L. Guinand* ja auch sehr merkliche Opfer (s. S. 96) gebracht hatte. Die näheren Bedingungen zwischen *Reichenbach* und *Utzschneider* kennen wir nicht, wir können — abgesehen von der sogleich zu besprechenden Brille — nur rückwärts aus den Aktenstücken von 1809 ab auf die Zeit von 1806 Schlüsse ziehen. Von 1809 ab aber hat ein optisches Institut in Benediktbeurn von *Utzschneider, Reichenbach* und *Fraunhofer* bestanden.

In dem alten mechanischen Institut in München waren inzwischen Änderungen eingetreten, die wir mit einigen Worten berühren müssen. Unter den Angestellten hatte ein besonders geschickter Mechaniker *Tr. L. Ertel* (*70* 28) *Reichenbachs* Auge auf sich gezogen, und infolge inneren Zwistes schied *J. Liebherr* (*21*) 1813 aus und machte sich selbständig. Ob er sich wirklich schon damals in Kempten niedergelassen hat, wie die gleiche Quelle (*70* 28) angibt, bleibe dahingestellt; jedenfalls blieb er nicht lange allein, sondern suchte an *J. Utzschneider* Anschluß, worauf gleich noch näher einzugehen sein wird.

Die Zeit der inneren Änderungen war noch nicht vorüber, vielmehr trennte sich am 17. Februar 1814 *Reichenbach* von *Utzschneider* und *Fraunhofer*, und übernahm die alte mechanische Werkstätte — nunmehr mit *Tr. L. Ertel* arbeitend — allein. Auf die für *Fraunhofer* in Benediktbeurn daraus erwachsenden Folgen wird unten noch näher einzugehen sein, jetzt kommt es uns auf die Abteilungen an, die die mechanischen Arbeiten leisteten.

Es läßt sich denken, daß nach *Reichenbachs* Ausscheiden in Benediktbeurn unter der Leitung des schon 1809 in hervorragender Stellung dort beschäftigten Mechanikers *R. S. Blochmann* ein mechanischer Nebenbetrieb aufgetan wurde, der *Fraunhofern* unmittelbar zur Hand zu gehen hatte.

Es scheint ferner (*21*), und *Poggendorff* hat diese Angabe aufgenommen, daß schon 1814 *Utzschneider* mit *J. Liebherr* und *C. I. Werner* eine mechanische Werkstätte in München begründete.

Aktenmäßige Belege für das Bestehen dieser beiden mechanischen Werkstätten finden sich zunächst in der ausführlichen Preisliste vom 1. September 1816; auch *H. Zschokke* gab 1817 (*77* 204) eine ganz ähnliche Darstellung und unterschied sogar deutlich in München zwischen einem alten mechanischen Institut von *Reichenbach* und *Ertel* und einem neuen von *Utzschneider, Liebherr* und *Werner*. Beide bezogen ihre Linsen von der Benediktbeurner optischen Anstalt. Bei den ganz nahen Beziehungen zwischen *Zschokke* und *Utzschneider* wird man diesen Angaben wohl Zutrauen schenken können. Wenn *Reichenbach* nach (*31* 98) am 4. 1. 1817 nur davon spricht, daß *Utzschneider* mit *Liebherr* eine solche Anstalt errichten wolle, so widerspricht das der oben erwähnten ausführlichen Preisliste vom 1. September 1816 und wird wohl auf einer Ungenauigkeit des Ausdrucks beruhen.

Schon das nächste Jahr brachte wichtige Veränderungen. Im Jahre 1818 — wohl im Anfang — folgte *R. Blochmann* einem Ruf nach Dresden, was man dem Zusatz zu der *Gilbert*schen Wiedergabe von (*77* 203 Anm.) entnehmen kann, und er wurde, da offenbar *Fraunhofer* einen zuverlässigen Leiter des mechanischen Nebenbetriebes in Benediktbeurn nicht zu entbehren vermochte, nach (*70* 28 Anm.) durch *J. Liebherr* ersetzt. In (*21*) steht davon nichts, doch ist dort die Zeit des Zusammenarbeitens mit *Utzschneider* und *Werner* nur ganz flüchtig behandelt. Man mag annehmen, daß diese Auskunftsmaßregel den Entschluß gefördert hat, das optische Institut ebenfalls nach München zu verlegen.

Was die ältere Anstalt angeht, so hatte am 4. Oktober 1818 nach (*71* 329) *Reichenbach* einen Vertrag mit dem Wiener polytechnischen Institut abgeschlossen, wonach er dieser Anstalt eine mechanische Werkstätte einrichten mußte. Nach (*70* 21/2) schickte er *Tr. L. Ertel*n dorthin, der 1819 daselbst auch mit einem Gehalt von 2000 fl [= etwa 3900 S.-M.] angestellt wurde. Man muß auf die für ein Beamtenverhältnis sehr hohe Gehaltssumme achten, wenn man richtig beurteilen will, welchen Wert man in Wien auf diese Kraft legte.

Indessen hat *Reichenbach* den ihm gut bekannten und wohl auch unentbehrlichen Mechaniker *Ertel* noch 1819 nach Bayern zurückgeholt. Nach Wien ging — ich weiß nicht ob an Stelle von *Ertel* — um diese Zeit *H. R. Starke*, ein nach (*67* 39 α) besonders geschickter Arbeiter, der *Fraunhofer*n bei der Ausrichtung des Objektivs zum Dorpater Fernrohr zur Hand gegangen war. *Rockinger* (*57* 96 α) nennt ihn „den damaligen Werkführer" an jener Anstalt, doch mag das auf einem Irrtum beruhen, da *Stampfer* (*67* 39 α) mindestens 1828 an diesem Posten einen Angestellten *Jaworsky* erwähnt. Nach *Rockingers* Angabe ist es wenigstens möglich, daß *Starke* im Einvernehmen mit *Fraunhofer* seine Wiener Stellung erhalten hat.

Ganz ohne Reibungen sind übrigens die ältere und die jüngere mechanische Werkstätte in München miteinander nicht ausgekommen. Man kann dafür auf (*71* u. *30*) verweisen, wonach um 1820/21 ein sehr heftiger Streit zwischen *Reichenbach* auf der einen und *Liebherr* (und wohl auch *Utzschneider*) auf der andern Seite[1]) ausgefochten wurde.

Daß *Utzschneider* und *Reichenbach* nicht miteinander auskamen, weiß man aus einem sehr wichtigen Schreiben *Fraunhofers* (*51* 67 γ) an *Struve* vom 28. Februar 1825. Es scheint auch danach, daß die jüngere mechanische Werkstätte damals schon aufgegeben worden war. Nach (*21*) möchte man annehmen, das sei um 1823 geschehen, wo *Liebherr* — er hatte noch an Arbeiten zur Ausstellung des Dorpater Refraktors teilgenommen — nach Kempten übersiedelte, um sich der Schriftgießerei und den damit zusammen-

---

[1]) *Reichenbach* nahm (*30* 47) selber an, daß *Liebherr* zu seinem Angriff von anderer Seite angeregt worden sei. Daß sich *Utzschneider* und *Liebherr* 1818 durch *Reichenbach* geschädigt glaubten, folgt aus einer Eingabe *Utzschneiders* an die Kgl. Bayrische Regierung des Isarkreises unter dem 9. August 1826, wo es lautet:

„... Es ist traurig, wenn man bei aller Anstrengung und bei großem Aufwande, „Künste und Wissenschaften im Vaterlande zu befördern, am Ende noch rück„sichtslose Beschädigung zu besorgen hat. Bei dem Verkaufe der *Reichenbach*-„*Liebherr*schen Teilmaschine nach Wien habe ich eine ähnliche Erfahrung gemacht; „während *Liebherr* und ich damals durch diesen Verkauf mehrere tausend Gulden „verloren haben, haben dadurch zugleich viele inländische Arbeiter in unseren „Werkstätten augenblicklich ihren Arbeitsverdienst eingebüßt..."

hängenden Arbeiten zu widmen. Daß diese Trennung von *Utzschneider* ohne nachhaltige Verstimmung vor sich gegangen war, kann man aus der Berufung auf einen Lehrstuhl für Mechanik an der Münchener polytechnischen Hochschule abnehmen, die *Utzschneider* nach (*21*) kurze Zeit danach — 1828 — für *Liebherr* erwirkte. An dieser Stelle mag auch noch aus (*21*) angeführt werden, daß *Liebherr* mit wichtigen Angestellten des optischen Instituts durch verwandtschaftliche Beziehungen verbunden war: sowohl *G. Merz* als auch *J. Mahler*, die späteren Besitzer dieser Anstalt, waren seine Schwiegersöhne.

Die ältere mechanische Werkstätte ging allmählich (*31* 98/9) immer mehr auch im Hinblick auf die Leitung an *Tr. L. Ertel* über. Das hat — wohl infolge der schweren Erkrankung *Reichenbach*s seit dem Frühjahr von 1824 — nach einer Anzeige in den Astr. Nachr. im Dezember 1824 dahin geführt, daß man dort das mathematisch-mechanische Institut von *Reichenbach* und *Ertel* in München erwähnte. Diese Bezeichnung paßt gut zu dem *Fraunhofer*schen Briefe vom 17. II. 1825 (*31* 110/1), wonach kurz vorher eine Änderung in dem Besitzverhältnis vorgegangen war. Nach späteren Mitteilungen hat *Tr. L. Ertel* (*70* 22) die Anstalt gegen eine Auszahlung von 30000 fl [= 58000 S.-M.] nach *Reichenbach*s Tode erworben. Die neuere erlitt 1823 durch das Ausscheiden von *J. Liebherr* (er übernahm, wie soeben gesagt, nach *Poggendorff* in jenem Jahre eine Schriftgießerei in Kempten) einen schweren Verlust. Ob sie als besonderes Unternehmen noch weiter bestand, ist augenblicklich nicht zu sagen, und es ist denkbar, daß sie nach *Liebherr*s Austritt zu einem bloßen Teil des optischen Instituts zusammenschwand, ähnlich der seinerzeit in Benediktbeurn im wesentlichen von *R. Blochmann* geleiteten Abteilung.

Wir kommen nunmehr zu dem Schicksal des eigentlichen optischen Instituts zurück.

Als sich *Utzschneider* 1804 an dem seit 1802 bestehenden Unternehmen von *Reichenbach* und *Liebherr* beteiligte und er es auf sich nahm, das bitter nötige optische Glas bereitzustellen, wird man an eine Regelung der Beziehungen zu diesem neuen Unternehmen nicht recht gedacht haben, da zunächst der Erfolg mit *Guinand* als Schmelzer abgewartet werden mußte. Daß *Guinand* auch als Schleifer verwandt werden sollte, geht, wie schon auf S. 96 gesagt, aus dem ersten Vertrage mit *Guinand* vom 10. Mai 1806 hervor; man berechnete damals den Bedarf des Münchener Instituts, in dem *J. Niggl* beschäftigt war und das in ganz kurzer Zeit auch *Fraunhofern* Anstellung geben sollte, nach S. 14 nur auf 50 Scheibenpaare von Kron- und Flintglas im Jahre.

Es scheint indessen, daß *Guinand* auch diese Anforderungen nicht erfüllen konnte, denn im nächsten Vertrage vom 20. Februar 1807 ist von einer besonderen Anstalt in Benediktbeurn für die Herstellung von Fernrohren nicht mehr die Rede, sondern jetzt handelt es sich nur noch um *die Münchener alte Werkstätte, an der Guinand auch als Optiker arbeiten sollte.*

Obwohl (57 21 I) also noch im Februar 1807 geplant worden war, eben *Guinand* als Optiker in München zu beschäftigen, änderten sich die Anschauungen rasch, und man verlegte gegen das Ende jenes Jahres im Gegenteil die optische Abteilung nach Benediktbeurn als optisches Institut im Gegensatz zu dem alten mechanischen Institut in München. Mindestens waren diese Bezeichnungen im Januar 1809 für *Fraunhofer* die gegebenen. Man wird annehmen müssen, und zwar gerade nach dessen Briefe (57 34/6), daß *Reichenbach* der tatsächliche Leiter war — das wird sich aus dem allgemeinen Vertrage vom 20. August 1804 entwickelt haben, wonach *Reichenbach* das Technische leitete und den wissenschaftlichen Teil beaufsichtigte —, während *Utzschneider* ganz ohne Zweifel im Besitze stand. Dieser Benediktbeurner Betrieb wird, wie oben auf S. 159 bereits gesagt, nach außen hin vermutlich als optisches Institut von *Utzschneider* und *Reichenbach* zu Benediktbeurn in Bayern bekannt gewesen sein. Nach dem hierfür ganz unschätzbaren *Fraunhofer*schen Schreiben scheint diese Zweiganstalt bis in das Jahr 1808 hinein mindestens einigermaßen größere Objektive weder pünktlich noch immer von erster Güte geliefert zu haben, während man dazu betrüblicherweise noch mit einem merkbaren Verlust abschloß.

Ob es in unserer Zeit gelingen wird, einen noch tieferen Einblick in den optischen Betrieb zu erhalten, muß der Zukunft überlassen bleiben, jedenfalls erkennt man *Fraunhofers* Streben, den Geschäftsgewinn zu erhöhen. Als notwendig dafür erscheinen ihm ein straff von dem Betriebsleiter durchzuführender Arbeitsplan, eine gute Ausnutzung der vorhandenen Maschinen, die Vermeidung unnötiger

Sonderausführungen, die Einführung von Akkordarbeit. Man wird in dem bereits erreichten Erfolg des vorläufig noch unter *Reichenbach* gestellten Meisters den Hauptgrund dafür sehen, daß *Utzschneider* so bald dem Verlangen seines Untergebenen nach einer Beteiligung am Reingewinn entsprach: im Februar 1809 wurde *Fraunhofer* in die Leitung der optischen Anstalt aufgenommen, die nunmehr als optisches Institut *Utzschneider, Reichenbach* und *Fraunhofer* zu Benediktbeurn auch in der Öffentlichkeit auftrat. In dem uns aus späterer Zeit (Dezember 1813) bekannten Abkommen zwischen *Guinand* und dem Benediktbeurner optischen Institut zeichnete *Utzschneider* denn auch im Namen der drei Teilhaber und nicht mehr allein.

Ganz sicher belegt ist die Herstellung von Brillen in dem zunächst unter *Reichenbachs* und *Utzschneiders* Leitung stehenden optischen Betriebe; denn im Juli 1812 (*57* 57) fragt *Fraunhofers* alter Bekannter J. *Grünberger* aus Straubing an, ob er eine (Schläfen- oder Ohren-) Brille für einen alterssichtig gewordenen Rechtsichtigen beziehen könne. Er wird ganz bestimmt über die Beschäftigung seines früheren Mündels Bescheid gewußt haben. Auch *Rockinger* (*57* 94 δ) berichtet etwa vier Jahre danach von *Fraunhofers* Eingreifen in seiner Brillenangelegenheit, und zwar in einer solchen Weise, daß man auf eine ziemliche Erfahrung wird schließen wollen. Ich möchte annehmen, daß dieser Erwerbszweig durch *P. L. Guinand* nach Benediktbeurn gebracht worden sei. Denn wie dieser von les Brenets aus sein nicht völlig gelungenes Flintglas vermutlich an Brillenschleifer abgesetzt hat (*41* 189 γ), so wird sich ihm eine ähnliche Verwendungsart auch für Benediktbeurn empfohlen haben; J. *Niggl* wird ebenfalls für solche Brillenarbeiten wohl verwendbar gewesen sein.

Kann man also sicher sein, daß damals auf Bestellung vollständige Brillen von Benediktbeurn geliefert wurden, so ist es möglich, auf Grund des eingeprägten Stempels U. & R. = *Utzschneider & Reichenbach* das daneben (Abb. 35/6) abgebildete messingne Brillengestell eben der München-Benediktbeurner optischen Anstalt zuzuschreiben. Eine größere Sicherheit als die im vorhergehenden gegebene Begründung kann man nicht geben, da bisher keinerlei gedruckte Anzeigen der dort zu liefernden Brillen bekannt geworden sind. Mindestens in dem Deutschen Reichsanzeiger und seiner Fortsetzung, dem Allgemeinen Anzeiger der Deutschen, habe ich bis jetzt kein Angebot finden können, womit das optische Institut von *Utzschneider* und *Reichenbach* seine Brillen angezeigt hätte.

Im einzelnen handelt es sich um ein messingnes Gestell einer Schläfenbrille (Abb. 35) mit kleinen kreisrunden Gläsern (von etwa 30 mm Durchmesser). Der Steg war so breit, daß die Glasmitten den vernünftigen Abstand von 63 mm hatten. Was das Glas angeht — nur eines, das linke, ist erhalten —, so hat es eine Brechkraft von etwa $1^{1}/_{4}$ dptr; hält man das mit der am Rande ein-

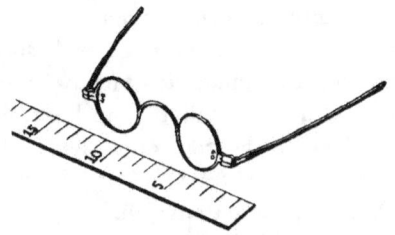

Abb. 35. Eine Schläfenbrille aus Messing mit einem Zentimeter-Maßstab.

Abb. 36. Das Schild am linken Bügel in stärkerer Vergrößerung.

geritzten Zahl 40 zusammen, so wird man schließen können, daß damit die Zahl der Lebensjahre des alterssichtigen Trägers gemeint ist, für den dieses Stück bestimmt war. Näheres über diesen sehr alten, schon von *Maurolycus* um 1554 beschriebenen Brauch kann man bei *A. Pichler* (*26*) finden. Hier liegt offenbar eine Conservationsbrille vor, wie sie eben *J. Grünberger* (*57* 57) im Juli 1812 von *Fraunhofer* verlangte, und auch seine Beschreibung des Gestells paßt vortrefflich zu dem vorliegenden Stück.

Sobald *Fraunhofer* nach *Reichenbachs* Ausscheiden eine wirkliche Selbständigkeit erreichte, hat er (*57* 73) die Brillen aus der dortigen Herstellung ebenso verschwinden lassen wie die Theatergläser. Er hat eben, mit *Petzval* zu reden, zwischen unedeln und edeln Erzeugnissen der Optik unterschieden, und die Brillen der letzten Klasse nicht zugerechnet. Man wird ihm heute darin durchaus recht geben: Brillengestelle an den Eigenbenutzer auf briefliche Bestellung zu liefern ist und bleibt eine mehr als mißliche Sache; eine wissenschaftliche Durcharbeitung des einzelnen Brillenglases lag aber vollständig außerhalb des *Fraunhofer*schen Gesichtskreises; denn *J. Müller* hat erst zu einer Zeit auf den Augendrehpunkt hingewiesen, als *Fraunhofer* schon auf sein letztes Lager gestreckt war. Wenn gelegentlich unter *Fraunhofers* Leitung, wie (*57* 77 Nr. 29), Brillengläser geliefert wurden, so geschah es zu einem so hohen Preise (das Paar zusätzlicher Augengläser zu 13,70 S.-M.), daß sich an einen Wettbewerb mit Brillenhändlern nicht denken ließ.

Einen besseren Einblick in die Leitung des Benediktbeurner Betriebes erhalten wir jetzt erst wieder durch den *Fraunhofer*schen Brief vom Januar 1809, woraus wir einen Arbeitsplan für die optische Anstalt zu entwerfen unternehmen können.

Danach ist zu scheiden zwischen der Befriedigung der Ansprüche der mechanischen Werkstätte, wie sie namentlich von *Reichenbach* erhoben worden sein werden, und der Herstellung von Fernrohren, wie sie bald danach von dem Benediktbeurner optischen Institut, das unter der Leitung von *Utzschneider*, *Reichenbach* und *Fraunhofer* stand, in einer Sonderpreisliste angeboten wurden.

An erster Stelle steht dabei (*57* 34) das mechanische Institut, das offenbar wegen unbefriedigender Lieferung Klage geführt hat. Hier soll die Verpflichtung übernommen werden, die größeren Objektive in 3 bis 4, die kleineren in 2 Monaten zu liefern, sobald nur erst die Rückstände an größeren aufgearbeitet seien. Zu diesen gehörig werden 8 oder 9 größere Objektive als fertig oder nahezu fertig und 12 kleinere als vollendet erwähnt; es ist also möglich, daß damals der früher mit 50 Objektiven angenommene Jahresbedarf der Münchener Anstalt schon merklich übertroffen wurde. Alle diese Objektive müssen von höchster Güte sein, und mangelhafte würde die Benediktbeurner Anstalt zurücknehmen, um die Leitung des mechanischen Instituts zu befriedigen, die anscheinend ziemliche Schwierigkeiten gemacht hat.

Was die optische Anstalt angeht, so bestand damals (*57* 35) die Absicht, auch größere Fernrohre ohne Stative herauszubringen, doch lag die Verwirklichung dieses Planes offenbar noch in der Ferne.

Kleinere Fernrohre sollten mit Stativ, in (silber-)plattierten und in gemeinen Messingrohren geliefert werden, und zwar plante *Fraunhofer* damals, je ein Fernrohr mit Fassung am Tage fertigzustellen. Da man nicht entscheiden kann, ob der Werktag oder

der Kalendertag gemeint ist, so besteht nur die Möglichkeit, daß 1809 schon 360 Fernrohre im Jahre geliefert werden konnten; vielleicht sind es aber nur etwa 300 (s. S. 7) gewesen. Der Leiter schlägt vor, die Stativrohre und die plattierten vorläufig noch zurückzustellen, bis die gemeinen Rohre einen genügenden Überschuß abwürfen. Für die Brennweitenlängen von 32, 43 und 51 cm sind englische Muster maßgebend. Bei jeder Gattung der messingnen Rohre waren zwei Grade der Güte vorgesehen, was sich aus den Preislisten mit einer ziemlichen Sicherheit nachweisen läßt. Zwar wäre es an sich möglich gewesen, daß man weniger gute Objektive auf einen geringeren Durchmesser abzentrierte, worauf die starke Preisverschiedenheit schließen lassen könnte, mit der entsprechende Rohre aufgeführt worden sind; aller Wahrscheinlichkeit nach ist aber hier auf S. 81 zurückzuverweisen, wo ein viel bequemer herzustellendes Objektiv mit etwas weniger vollkommener Strahlenvereinigung mitgeteilt worden ist. Möglicherweise hat man einem solchen keine größere Leistung zugetraut und es zu einem wesentlich niedrigeren Preise geliefert. Daß aber kleine Fernrohre bis zu 18''' [= 4,1 cm] Durchmesser von *Fraunhofer* regelmäßig in dieser Anlage geliefert wurden, folgt aus (*68* 75/6). Übrigens scheint sich *Stampfers* Tadel mehr auf die Abweichungen am Rande des Bildfeldes zu beziehen als auf die Kugelabweichung im engern Sinne. Eine ganz einwandfreie Aufklärung erscheint sehr schwierig, weil die eingehenden Auskünfte fehlen.

Schon damals war es (*57* 35 β) *Fraunhofer*n klar, daß die achromatischen Objektive noch vieler Verbesserungen fähig seien, und man wird hier einen Ausdruck seiner Unzufriedenheit mit seiner noch unvollkommenen Kenntnis der das Glas angehenden Zahlen sehen müssen. Davon hat er 1817 ja (*22* 3 α) genauer gesprochen; man darf eben nicht vergessen, daß zu Beginn des Jahres 1809 sowohl die mittlere Brechzahl als auch die mittlere Zerstreuung eines vorliegenden Glasstücks in keiner Weise scharf bestimmte Werte waren, obwohl man sie doch als solche in der Rechnung verwandte. Hier hat er offenbar erst nach dem Jahre 1814 einen wirklichen Wandel zum Bessern schaffen können.

In bezug auf die Herstellung der Objektive, hat er schon damals die äußerste Ausnutzung aller der vorhandenen (Radien-)Schleifmaschinen verlangt und ist bei dem guten Geschäftsgange gewillt gewesen, mehr solcher Maschinen zu bauen und Leute dazu anzulernen. Man besitzt über die schon damals weit durchgeführte Arbeitsteilung in Benediktbeurn glücklicherweise einen auf eben das Jahr 1809 zu setzenden Bericht von *Fraunhofer* selbst. Er beschrieb 7 Jahre danach (*57* 53) seine in diese Zeit fallenden Erfahrungen mit dem bei *J. H. Tiedemann* angelernten, aber untüchtigen Opticus und Mechanicus *W. Strahl* aus Stuttgart mit den folgenden Worten: „Ich hoffte nun, daß er nach der alten Art „Glas zu schleifen verstehen werde und gab ihm deswegen solche „Arbeiten, die nach dieser Art gemacht werden konnten, allein „ob er schon hierin mehr gearbeitet zu haben schien als in der „Mechanik, so brachte er es doch selbst nach längerer Zeit nicht „zu der Vollkommenheit, die nötig ist. Nachdem ich ihn vergebens noch auf mehrere Arten probiert hatte, mußte ich ihn an „eine Maschine stellen, an der kleine Gläser nur bis auf einen gewissen Grad vollendet werden und dann wieder in eine zweite „und dritte Hand kommen; an dieser Maschine brachte er beinahe „die ganze Zeit zu, die er hier war, ohne merkbar an Geschicklich„keit zugenommen zu haben."

Da (*57* 36 δ) auch noch in den Jahren 1810/11 nur ein einziger gelernter Opticus in Benediktbeurn beschäftigt war, während die Hauptzahl der optischen Arbeiter unter dem Sammelbegriff der Glasschleifer erscheint, so wird man wohl annehmen können, daß der Meister willige und geschickte Leute an immer schwierigere Arbeiten setzte — man weiß, daß er *H. R. Starke* und *G. Merz* in optischen Vorrechnungen schulte — und sich somit einen Stamm von Arbeitern heranzog, die überhaupt nicht nach den alten, mangelhaften Verfahren ausgebildet waren. An oberster Stelle auch bei der Bewältigung der schwierigsten Schleifarbeiten stand der Meister selbst (*57* 35), so daß sein Ansehen bei den eigenen Arbeitern auf seiner Überlegenheit auch als optischer Schleifer begründet gewesen sein wird. Die zahlreichen, jedem technischen Zwecke wohl angepaßten Maschinen in *Fraunhofers* Betriebe vermißte noch um 1824 ein von dem Meister ausgebildeter dänischer Fachmann (*76* 341/2), als er kurze Zeit danach bei einer Pariser optischen Werkstätte beschäftigt wurde.

Wie man aus (*57* 73 β) erkennen kann, war sich *Fraunhofer* des Abstandes zwischen seinem Betriebe und fremden Werkstätten klar bewußt und betonte, daß durch solche Teilarbeit die Erzeugnisse sowohl vollkommener als auch billiger herzustellen seien. Er ist von dieser Ansicht bestimmt nicht abgegangen, sondern hat sie noch auf seinem letzten Lager vertreten. Bei seiner Verhandlung mit dem Ministerialrat *von Wirschinger* (57 99 α) machte „er sich „anheischig, demselben Individuum" [er hat bestimmt an *Fr. A. Pauli* gedacht] „noch andere Geschäftsgeheimnisse, welche für „die praktische Ausführung sehr vorteilhafte Aufklärungen geben, „schriftlich und mündlich zu eröffnen".

Doch wendet man sich nunmehr von diesen mehr den eigentlich optischen Teil der Arbeit betreffenden Mitteilungen zu dem mechanischen, so sieht es so aus, als habe man sich bei den englischen Musterfernrohren nicht nur die bestimmten Brennweitenlängen vorgeschrieben, sondern namentlich die messingnen Auszüge grundsätzlich übernommen. Diese Neuerung ist in London seit 1783 nachzuweisen, ist aber von *J. H. Tiedemann* in Stuttgart gelegentlich schon im Jahre 1785 angeboten worden. Daneben scheinen sich auf dem Festlande aber vielfach noch die älteren, durchaus nicht unbrauchbaren pappenen Züge gehalten zu haben, die wir beispielsweise bei *Fr. Körner* noch um 1826 finden. In Benediktbeurn hat man offenbar gleich von vornherein allein die haltbarere und schönere Form der Messingzüge geführt.

Um 1811 und 1812 ist das äußere, das Objektiv tragende Rohr aus Messing, 1816 und später wird dieses Rohr ganz nach englischem Muster aus Holz hergestellt und in den Listen angeboten. In der Tat kann man solche frühen Stücke aus der Zeit der dreifachen Leitung — also zwischen 1809 und 1814 — nachweisen. Es ist aber recht wahrscheinlich, daß schon früh Formen herausgebracht wurden, wo auch das Außenrohr aus Messing war mit einer Decke etwa aus besonders haltbarem Lack. So sieht das Fernrohr aus, das *Fraunhofer* dem Polizeidirektor *von Baumgartner* mit einer dankerfüllten Widmung (vermutlich doch auch in früher Zeit) gestiftet hat. Später scheint man den Lacküberzug häufig durch eine Belegung mit einem dünnen Mahagonispan (Furnier) ersetzt zu haben. Unter allen Umständen wird man auch hier an eine ständige Überwachung durch unsern Helden denken müssen.

Wahrscheinlich sind den uns erhaltenen gedruckten Listen Einzelbeschreibungen mit Abbildungen vorausgegangen, für die sich einige offenbar alte, etwas unbeholfen abgefaßte Vorlagen erhalten haben. Sie sind von Schreiberhand angefertigt, so daß ich nicht sagen kann, ob der Text von Fraunhofer stammt; auch die Abbildungen fehlen.

Abgesehen von achromatischen Rohren, die man in der Liste von 1812 wiederfinden möchte, ist da ein Nachtfernrohr auffällig mit einfachem Objektiv von $f' = 24''$ und einem Linsendurchmesser von $32'''$, also einem Öffnungsverhältnis von 1 : 9. Das aus zwei Linsen zusammengesetzte astronomische Okular läßt umgekehrte Bilder entstehen. Es ist eben alles der Lichtstärke geopfert. Man kennt solche Nachtgläser aus englischen Schriften vom Anfang des 18. Jahrhunderts und wird jedenfalls auch hier einen englischen Einfluß anzunehmen haben.

Zusammenstellung
der beiden ersten Preislisten von 1811 und 1812 mit neuer durchlaufender Zählung
Längen und Brennweiten in ganzen Zentimetern
Linsendurchmesser in ganzen Millimetern.
($1''$ Par. M. = 27,07 mm
$1''$ Bayr. M. = 24,33 mm)
Preise nach dem 24 fl-Fuß in ganze S.-M. [von 5 g Feinsilber] umgerechnet; bei Theater-Perspektiven und Lupen sind auch zehntel S.-M. angegeben worden.
1 fl = [233,84 : 24 × 5 = 1,949] S.-M.

Neue durchl. Nr.	Länge in cm	Brennweite in cm	Durchmesser in mm	terrestr.	astronom.	Feine Bewegung	Preis in S.-M.
				Okulare			
1811							
Tuben mit Stativ, Sonnenglas, im Kasten							
1.	141	114	[77][1])	2	3	1	682
2.	73	54	[49]	1	2	—	214
Zugfernrohre mit 4 Messingzügen, im Futteral							
3.	60	44		1	—	—	60
4.	49	32		1	—	—	44
Seefernrohre mit 2 Messingzügen, im Futteral							
5.	73	54	[43]	1	—	—	72
6.	60	43	[34]	1	—	—	56

[1]) Die Öffnungsdurchmesser in [ ] für die Nummern
                   1 2 5 6
sind je denen von   8 10 15 16
gleichgesetzt worden, da sie ihnen nach Länge und Preis genau entsprechen.

Fortsetzung der Listenzusammenstellung

Neue durchl. Nr.	Länge in cm	Brennweite in cm	Durchmesser in mm	terrestr. Okulare	astronom. Okulare	Feine Bewegung	Preis in S.-M.

1812
Tuben mit Stativ, Sonnenglas, im Kasten

7.	141	117[1])	83	2	4	1	779
8.	141	117[1])	77	2	3	1	682
9.	102	83	65	1	2	—	390
10.	73	54	49	1	2	—	214

Fernrohre mit 2 Messingzügen, im Futteral

11.	141	117	73	1	2	—	312
12.	141	117	67	1	2	—	183
13.	102	83	61	1	—	—	205
14.	102	83	57	1	—	—	144
15.	73	54	43	1	—	—	72
16.	60	44	34	1	—	—	56

Zugfernrohre mit 4 Messingzügen, im Futteral

17.	73	54		1	—	—	84
18.	60	44		1	—	—	60
19.	49	34		1	—	—	44

20. 1811 Theater-Perspektive von Messing mit Doppelobjektiven . 9,7 bis 12,7
21. 1812 Theater-Perspektive von Messing mit doppeltem Objektiv . 12,7
    Theater-Perspektive von Messing mit einfachem Objektiv . 9,7
    Theater-Perspektive von Messing mit einfachem Objektiv . 7,8
22. 1811 Ein zusammengesetztes Mikroskop mit 4 achromatischen
    Linsen, 2 Okularen, Apparat und Kästchen . . . . 150,—
23. Ein gleiches mit 4 einfachen Linsen, 1 Okular, Apparat und
    Kästchen . . . . 113,—
24. 1812 Zusammengesetztes Mikroskop mit 4 achromatischen Objektiven, 2 Okularen, Apparaten und Kästchen . . . . 150.—
25. Zusammengesetztes Mikroskop mit 3 Objektiven, 1 Okular, Apparaten und Kästchen . . . . 113,—
26. Lupen in Messingröhrchen 2,7 S.-M., größere 2,9 S.-M., große in Ringe gefaßt 3,5 S.-M.

---

[1]) Die abweichende Brennweitenlänge im Vergleich mit Nr. 1 ist wohl durch einen Fehler bei der Umrechnung auf bayrische Zolle zu erklären.

IV. B. Die Herstellung von Fernrohren und Mikroskopen

Die beiden Listen von 1811 und 1812 sind hier, was die Erdfernrohre angeht, in kurzem Auszug auf Metermaß und S.-M. umgerechnet angegeben. Bei der ersten handelte es sich um den Pariser Zoll zu 27,07 mm, bei der zweiten merkwürdigerweise um den bayrischen Zoll mit 24,33 mm. Der Gulden wurde beidemal im 24 fl-Fuß mit 1,95 S.-M. angesetzt. Bei beiden Listen war *Reichenbach* noch am Ruder. Man erkennt sehr deutlich, wie in der kurzen Frist unter zwei Jahren die Leistungsfähigkeit namentlich in den Nummern zu höherem Preise gestiegen ist.

Von plattierten Rohren, die damals in England nicht eben selten geliefert worden zu sein scheinen, verlautet in diesen Preislisten nichts, während die 1809 (s. S. 167) nur aufgeschobenen Stativrohre sehr deutlich namentlich um 1812 auftreten; vielleicht daß *Fraunhofer* die Herstellung der ziemliche Umstände machenden plattierten Rohre für die Dauer zu hintertreiben gewußt hat.

Man mag an dieser Stelle einen kleinen Bericht aus dem Ende des Jahres 1811 einschalten, der sich in der ersten Beschreibung von *Fraunhofers* Leben (*57* 44 γ) erhalten hat und also aus der Zeit unmittelbar nach der Ausgabe der ersten Preisliste stammen wird. Danach hatte *Fraunhofer* mit einem nicht geringen Vorurteil zu kämpfen, das eine Reihe seiner Käufer zugunsten der englischen Rohre hatte, obwohl er selber der Vorzüge seiner eigenen Erzeugnisse sicher war. Da gegen Ende von 1811, wo die Kontinentalsperre schon 5 Jahre bestanden hatte, neue englische Erzeugnisse nicht wohl nach München gelangen konnten, so wird man aus dieser Äußerung einen ziemlich gesicherten Schluß auf eine größere Anzahl schon vor 1807 in München verbreiteter englischer Fernrohre [„Dollonds"] ziehen können.

Was die Theaterperspektive angeht, so hat offenbar *Reichenbach* diese Geräte namentlich im Hinblick auf die Ausführungen billigster Art mit einfachem Objektiv noch ausbauen lassen. Die Preise auch der mit Doppelobjektiven sind erschrecklich niedrig, etwa ein Drittel der damals in England geforderten. Wir wissen (aus *57* 73γ) genau, daß *Fraunhofer* mindestens im August 1817 die Herstellung von Theaterperspektiven hatte eingehen lassen, weil er von den ihm unterstellten Drehern keine ziervollen Fassungen erhalten konnte.

Um seine Ansichten in zweifelsfreier Weise zu rechtfertigen, ist in Abb. 37/8 nebeneinander ein einigermaßen entsprechendes *Dollond*sches Stück und ein spätes *Fraunhofer*sches Handröhrchen — er hat es zum Weihnachtsfest von 1825 seinem Freunde *Soldner* verehrt — dargestellt worden. Die Vergrößerungen betragen in der gleichen Reihenfolge 2,5 und 3,3.

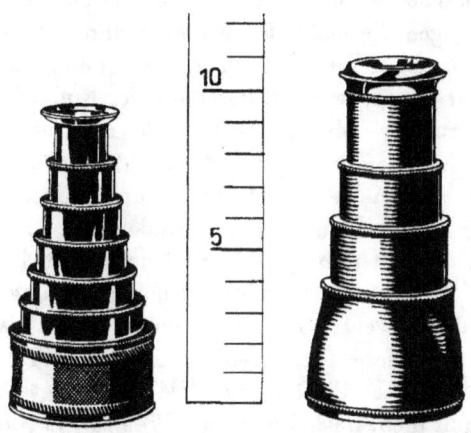

Abb. 37, links: *Dollond*sches Handröhrchen mit 6 Auszügen.
Abb. 38, rechts: *Fraunhofer*sches Handröhrchen von 1825 mit 3 Auszügen.
Der Maßstab gibt die Zentimeter der Einstellebene an.

Die optische Leistung wurde schon auf S. 90/1 besprochen, so daß jetzt darauf verwiesen werden kann.

Bei dem besonders zierlichen *Dollond*schen Rohr sind die zahlreichen Auszüge offensichtlich nach dem Patent von *W. Worris* (1804) hergestellt worden. Solche Stücke werden bestimmt um 1825 auf dem Markt gewesen sein, da nach einer Preisliste vom Dezember 1829 (*10* 45 oben) derartige Röhrchen noch angezeigt wurden. Ich gebe eine sinngemäße Übersetzung:

‚Operngläser mit achromatischen Objektiven
‚mit 6 vergoldeten Auszügen, um sie mit größter Bequemlichkeit
‚in der Tasche zu tragen‘   zu 58 S.-M.

174   IV. B. Die Herstellung von Fernrohren und Mikroskopen

Der englische Preis von 2 £ 12 s 6 d ist dabei nach dem *Fraunhofer*schen[1]) Umrechnungssatz von 1 £ = 11,4 fl und im 24 fl-Fuß nach ganzen S.-M. wiedergegeben worden.

An dieser Stelle muß auf eine sehr eigenartige Angabe (*16* 22) hingewiesen werden, wonach *Fraunhofer* „das doppelte Theaterperspektiv" erfunden habe; eine Zeitangabe dafür findet sich dort nicht. Ist es schon nach *Fraunhofer*s im vorstehenden geschilderter Abneigung gegen die holländischen Fernrohre sehr unwahrscheinlich, daß er an ihrer Verbesserung für den großen Markt gearbeitet habe, so zeigt eine genauere Darstellung der Entwicklung des beidäugigen Opernglases (sie war freilich 1859 noch nicht gegeben) die Unhaltbarkeit dieser Behauptung. Denn das holländische Doppelfernrohr mit achromatischen Objektiven und einfacher Anpassungsvorrichtung an den Augenabstand findet sich (*35* 39) schon in *Fraunhofer*s Geburtsjahre in einer Druckschrift beschrieben. — Was aber *J. Fr. Voigtländer*s folgenreiche Einführung dieser Anlage im Jahre 1823 angeht, so sieht es nicht so aus, als habe er mit *Fraunhofer* um dieses Verdienst zu kämpfen. Denn frühe Bemerkungen zu dieser Einführung (*35* 41) weisen wohl nach Wien, doch bestimmt nicht nach München. *Fraunhofer*s Name aber hätte sich in den zwanziger Jahren vermutlich irgendwo in Verbindung mit dieser Neueinführung erhalten.

Was die Mikroskope angeht, so sind schon 1811 achromatische Objektive — offenbar farbenlose Doppellinsen — in der Liste aufgeführt worden, daneben aber auch Einzellinsen derart, wie sie in jener Zeit von andern Optikern — man denke nur für die neunziger Jahre des 18. Jahrhunderts an die Geistlichen *Fr. A. Junker* und *A. Duncker* — ziemlich viel angeboten worden sind. Es sieht so

---

[1]) Diese Umrechnung läßt sich wie folgt rechtfertigen. Berücksichtigt man, daß nach (*38* 122 a) 1872 beim Übergange zur Goldwährung gesetzt wurde (wo 16,7 einen guten Mittelwert des Silbergehalts in dem alten Taler nach dem 14-Taler-Fuß und dem neuen von 30 Talern auf das halbe Kilo darstellt)

$$1 \text{ G.-M.} = (16{,}7 : 15{,}0 = 1{,}113) \text{ S.-M.},$$

so erhält man, da nach der gesetzlichen Ausprägung

$$1 \, £ = 20{,}428 \text{ G.-M.}$$

gilt, nach dem hier benutzten 24 fl-Fuß mit 1 fl = 1,949 S.-M.

$$1 \, £ = (20{,}428 \times 1{,}113 : 1{,}949) \text{ fl} = 11{,}67 \text{ fl} = 16 \text{ fl } 40 \text{ Kr.},$$

wovon der oben angegebene Satz kaum abweicht und vielleicht auch durch den damals etwas höheren Wert des Silbers zu erklären ist.

aus, als wenn hier die Preise auch für diese einfachere Anlage merklich über den gewohnten gestanden hätten, doch ist unsere Kenntnis auf diesem Gebiete nicht besonders eingehend. Daß soeben ein großes Mikroskop mit achromatischen Objektiven fertig geworden sei, wird am 18. November 1812 noch besonders hervorgehoben.

Aber wenn schon bis 1811 und 12 unserm Helden solche Erfolge gelangen, so bedurfte es zu erfolgreichem Wirken nach außen offenbar noch einer längeren Vorbereitungszeit. Man wird nicht irre gehen, wenn man zur Begründung in erster Linie die Schwierigkeiten heranzieht, das Glas zu verfeinern und die Ausbeute zu steigern. Wir wissen nach S. 97, daß *Fraunhofer* vom 9. August 1809 ab in die Verfahren der Erzeugung optischen Glases eingeweiht wurde. Aber auch noch andere Einrichtungen, namentlich nach der mechanischen Seite, waren zu schaffen oder zu erproben, denn gleich in den ersten Preislisten finden sich die Fernrohre mit mehr oder minder weit durchgebildeten Ständern, die in den höheren Preislagen eine feine Höhenverstellung zeigen. *Fraunhofer* wird eben ohne einen geschulten Mechaniker in Benediktbeurn nicht haben auskommen können. In der dritten Liste von 1816 hat das optische Institut in Benediktbeurn schon eine besondere mechanische Werkstätte, die der Mechanicus *Rudolph Blochmann* leitete. Es sieht indessen so aus, als ob mit *Blochmanns* Ausscheiden — er wurde 1818 an den Mathematischen Salon in Dresden berufen — und vielleicht nach der kurzen Zwischentätigkeit *J. Liebherrs* in Benediktbeurn (s. S. 160) die mechanischen Arbeiten für das optische Institut in der mechanischen Werkstätte von *Utzschneider, Liebherr & Werner* in München hergestellt worden seien; um so leichter, als *Fraunhofer* mit dem optischen Institut ja 1819 nach München übersiedelte.

Man wird also die beiden Preislisten unter *Reichenbachscher* Oberherrschaft auffassen müssen als wertvolle Belege für eine wichtige Vorbereitungszeit. Als nun im Februar 1814 *Fraunhofer* mit dem Austritt *Reichenbachs* viel freiere Verfügung erhielt, da ist es erfreulich zu sehen, in welcher Weise er an dem Ausbau der Preisliste gearbeitet hat. In dem Wortlaut hat er *Rudolph Blochmanns* ausdrücklich gedacht, dagegen von seiner eigenen Mitwirkung nur in der Titelbezeichnung des optischen Instituts zu Benediktbeurn gesprochen.

IV. B. Die Herstellung von Fernrohren und Mikroskopen

Zusammenstellung der letzten Preislisten von 1816,
Längen und Brennweiten in ganzen Zentimetern. — Linsendurchmesser in ganzen [von 5 g Feinsilber] umgerechnet, bei Summen über Der Wortlaut der Listen in neuer Schreibung und möglichst gekürzt; ein ... im führung ersetzt worden ist. Unter den Vergrößerungsziffern stehen in eckigen Klam-

27. Heliometer mit messingener Säule und drei Füßen, parallaktisch montiert, mit zwei Libellen, und Stunden- und Deklinationskreis von $12^1/_2$ cm Durchmesser, beide mit silbernem Limbus, durch die Verniers von 20 zu 20 Sekunden geteilt ... Zwei Sonnengläser. Dieses Heliometer ist in allen Stücken sehr wesentlich und vorteilhaft von allen bisherigen verschieden, es repetiert die damit gemessenen Durchmesser der Sonne und der Planeten, Distanzen, Aszensions- und Deklinations-Unterschiede, ist in jeder Lage vollkommen balanciert, und gibt vermittels der Mikrometer-Schraube eine halbe Sekunde ohne Repetition an
28. Kometensucher mit hölzernem Rohre, messingener Säule und drei Füßen, parallaktisch montiert, mit Stunden- und Deklinationskreis von $9^3/_4$ cm Durchmesser, beide von 5 zu 5 Minuten unmittelbar geteilt ... Das Feld hat 6 Grade
29. Kometensucher mit hölzernem Rohre, ohne Stativ ... Das Feld hat 6 Grade
30. Großer achromatischer Refraktor, parallaktisch montiert, mit eingeteiltem Stunden-Kreis und Deklinations-Quadranten. Das Rohr hat einen astronomischen Sucher, alle nötigen feinen und groben Bewegungen, ist in jeder Lage balanciert, folgt durch eine Uhr mit einem Zentrifugalpendel der Bewegung der Sterne ... Dabei ein repetierendes Lampen-Mikrometer mit drei besonderen Okularen etc. . . . .

Außer diesen 9-füßigen [3 m] Refraktoren sind noch einige von 14 Fuß [$4^1/_2$ m] in Arbeit. Bei Bestellungen solcher größerer Instrumente wird man sich über den Preis vereinigen . . . .
31. Tubus mit Pyramidalstativ, unmittelbar am Boden stehend, Füße und Rohr von Mahagoniholz, mit Horizontalkreis und Höhengradbogen durch die Verniers von Minute zu Minute geteilt, mit feiner Bewegung ... Ein Kreis-Mikrometer, zwei Sonnengläser und einen achromatischen Sucher . . . .
32. Tubus wie vorstehend, aber ohne Horizontal-Kreis und Höhen-Gradbogen, aber mit zwei gezähnten schiefen Stangen zur sanften Bewegung des Rohrs
33. Tubus wie vorstehend . . . .

34. Tubus wie vorstehend . . . .

35. Tubus von 5 Fuß 4 Zoll Länge, mit messingener Röhre und Stativ, feiner Vertikal- und Horizontalbewegung ... Mit zwei Sonnengläsern. Der ganze Tubus in einem polierten Kasten. . . , ...

Die Zusammenstellung der späteren Listen

1820 und 1826 mit neuer durchlaufender Zählung Millimetern. — 1″ Par. M. = 27,07 mm. — Preise nach dem 24 fl-Fuß in S.-M. 1000 S.-M. auf Zehner abgerundet [1 fl = 1,949 S.-M.] Text deutet an, daß die ursprünglichen Angaben hier durch die listenmäßige Auf- mern die Durchmesser der Austrittspupillen bis auf 0,1 mm oder 0,01 mm genau

Lauf. Nummern in den Preislisten v.			Länge, Brennweite in cm	Linsendurchmesser in mm	Terrestr. Okulare		Astronomische Okulare Vergrößerungen [Pupillendurchmesser]					Preise in S.-M.		
1816	1820	1826										1816	1820	1826
1	1	1	114	77			41 [1,9]	52 1,5	81 0,95	131 0,6]		2790	3600	3600
2	2	2	65	77			10 [7,7	15 5,1]				912	955	955
3	3	3	65	77			10 [7,7]					171	171	171
4	4	4	298	176			62 [2,8	93 1,9	140 1,25	210 0,84	320 0,55	470 0,37]		
			456	230										
		5	195	117	82 [1,4	120 1,0	64 1,8	96 1,2	144 0,8	216 0,54	324 0,36]			2920
	5	6	195	117	82 [1,4	120 1,0	64 1,8	96 1,2	144 0,8	216 0,54	324 0,36]		2500	2500
	6	7	162	108	66 [1,6		54 2,0	80 1,35	120 0,9	180 0,6	270 0,4]		2030	2030
	7	8	162	97	66 [1,5		54 1,8	80 1,2	120 0,8	180 0,54	270 0,36]		1700	1700
5		9	173 146	97	60 [1,6	90 1,1	48 2,0	72 1,35	108 0,9	162 0,6	243 0,4]	1350		1350

Zusammenstellung der letzten Preislisten

36. Tubus von 4 Fuß 10 Zoll Länge wie oben, aber mit einem Sonnenglas . . .
37. Tubus von 4 Fuß 4 Zoll Länge, wie oben[1]) . . . .
38. Tubus von 3 Fuß 4 Zoll Länge, wie oben [1]) . . . .
39. Tubus wie oben, aber ohne feine Vertikal-Bewegung[1]) . . . .
40. Tubus von 2 Fuß 6 Zoll Länge, sonst wie das vorhergehende . . . .
41. Fernrohr von 4 Fuß 1 Zoll Länge mit hölzernem Rohr ohne Stativ . . . Mit einem Sonnenglas im Kasten . . . .
42. Fernrohr von 3 Fuß 1 Zoll Länge, sonst wie vorstehend . . . .
43. Seefernrohr von 4 Fuß 1 Zoll Länge, mit hölzernem Rohr . . . Nebst Kasten
44. Seefernrohr von 3 Fuß 1 Zoll Länge . . . .
45. Seefernrohr von 2 Fuß 3 Zoll Länge . . . .
46. Seefernrohr von 1 Fuß 10 Zoll Länge . . . .
47. Marinefernrohr von 2 Fuß 6 Zoll Länge mit hölzernem Rohre . . . .
48. Dasselbe mit verstellbarem Okular, um die Vergrößerung zu verändern . . .
49. Zugfernrohr von 2 Fuß 2 Zoll Länge . . . mit einem hölzernen Rohre und drei Auszugsröhren von Messing und Futteral von Maroquin . . . .
50. Zugfernrohr von 1 Fuß 10 Zoll Länge . . . .
51. Zugfernrohr von 1 Fuß 6 Zoll Länge . . . .

Daß die schon bei den beiden ersten Listen zu bemerken de Neuerung, Preislisten in wissenschaftlichen Zeitschriften abdrucken zu lassen, auch jetzt wieder weitergeführt wurde, sei noch besonders hervorgehoben. Die alten Londoner Werkstätten versandten entweder Preislisten oder sie hängten sie, was im ausgehenden 18. Jahrhundert sehr üblich war, technischen oder wissen-

---

[1]) Nr. 37 u. 38 sind in den Listen 1816 und 1820 ohne die feine Höhenverstellung geführt worden. Bei 39 hat man auch in der Liste von 1826 noch diese einfachere Form angeboten.

von 1816, 1820 und 1826 usw. (Fortsetzung)

Lauf. Nummern in den Preislisten v.			Länge, Brennweite in cm		Linsendurchmesser in mm	Terrestr. Okulare		Astronomische Okulare Vergrößerungen [Pupillendurchmesser]				Preise in S.-M.		
1816	1820	1826										1816	1820	1826
6	8	10	157	130	83	57 [1,5	80 1,0	64 1,3	96 0,87	144 0,58	216 0,39]	822	822	822
7	9	11	141	114	77	50 [1,5	70 1,1	54 1,4	84 0,91	126 0,6]		642	642	642
8	10	12	108	81	65	42 [1,6		60 1,1	90 0,73]			370	370	429
		13												370
9	11	14	81	54	47	28 [1,7		40 1,2	60 0,8]			228	228	228
10	12	15	133	114	73	55 [1,3		84 0,87	126 0,58]			312	312	312
11	13	16	100	81	61	40 [1,5		60 1,0	90 0,68]			183	183	183
12	14	17	133	114	67	55 [1,2]						189	189	189
13	15	18	100	81	58	40 [1,4]						132	132	132
14	16	19	73	54	43	1						74	74	74
15	17	20	60	43	35	1						60	60	60
		21	81	43	35	1								105
		22												111
16	18	23	70	54	43							88	88	88
17	19	24	60	43	35							66	66	66
18	20	25	49	32	29							51	51	51

schaftlichen Büchern an, die in ihrem Betriebe erschienen, aber dem Herausgeber ist es nicht bekannt, daß man in jenem wichtigen Lande vor *Fraunhofer* schon Optikerlisten in wissenschaftlichen Zeitschriften fände.

Die drei bereits oben erwähnten, auf unsern Helden allein zurückzuführenden Listen habe ich zunächst für die Himmels- und Erdfernrohre (S. 176/9) zusammengearbeitet. Dabei sind auf der rechten Seite angegeben

1. die alten laufenden Nummern·

2. Fernrohrlänge und Objektivbrennweite in Zentimetern, Objektivdurchmesser in Millimetern (beides in ganzen Zahlen nach der Umrechnung aus Zollen und Linien);
3. die Vergrößerungszahlen der Okulare und danach berechnet in [ ] die Durchmesser der Austrittspupillen in Millimetern (hier sind auch Bruchteile von Millimetern aufgenommen) und schließlich
4. die in S.-M. nach dem 24 fl-Fuß umgerechneten Preise. Sollte ein Leser für spätere Zeit etwa den $24^1/_2$ fl-Fuß vorziehen, so erhält man diese Angaben aus den unsern durch Vervielfältigung mit $24 : 24^1/_2 = 0{,}98$, oder durch Abziehen von $2^0/_0$.

Man verschafft sich auf diese Weise einen leichten Überblick über die verschiedenen Abweichungen, namentlich auch die Preisänderungen. Der Bequemlichkeit der Anführung wegen habe ich die Bezifferung der laufenden Nummern von S. 171 weitergeführt.

Wenden wir uns nun zu der Besprechung der am 1. September 1816 neu angebotenen Fernrohre, so steht an erster Stelle das schön ausgestattete Heliometer Nr. 27 im Preise von etwa 2800 S.-M. Bei der Folge der Vergrößerungen war *Fraunhofer* so vorgegangen, daß die Austrittspupille beim schwächsten Okular etwa 1,9 mm betrug, die zu weiterer Abstufung immer mit etwa $^2/_3$ vervielfacht wurde, bis man schließlich auf einem Durchmesser von 0,6 mm anlangte, dem man gelegentlich, bei andern Fernrohren, noch eine weitere Stufe von etwa 0,4 mm folgen ließ. Er ist bei diesen winzigen Durchmessern für die Austrittspupillen — möglicherweise durch die Wünsche seiner Abnehmer veranlaßt — dem Beispiel gefolgt, das von berühmten Londoner Optikern, beispielsweise von *J. Short*, schon 50 Jahre zuvor gegeben worden war.

Es folgten zwei Kometensucher, ein teurer mit Ständer, Nr. 28, und ein billiger ohne Ständer, Nr. 29. Die Brennweite war $^2/_3$ m, das Öffnungsverhältnis mit 1 : 8,5 besonders groß und die Vergrößerungen so gering bemessen, daß die größte Austrittspupille noch $7^3/_4$ mm im Durchmesser betrug.

Daran schließt sich das Angebot Nr. 30 auf große 9- und 14 füßige Refraktoren, vermutlich um die *Herschel*schen Spiegelfernrohre *Newton*scher Anlage (sie hatten Brennweiten von 2,1 und 3 m Länge und Öffnungsdurchmesser von je $16^1/_2$ und $22^1/_4$ cm) zu bekämpfen.

Ihnen stellte *Fraunhofer* Linsenrohre von den Brennweiten 3 und $4^1/_4$ m und den Öffnungsdurchmessern von $17^1/_2$ und 23 cm entgegen, was dem Öffnungsverhältnis von 1 : 17 und 1 : 18,5 entspricht. Daß *Fraunhofer* mit Recht den bei weitem geringeren Lichtverlust seiner Linsenrohre stets hervorgehoben hat, sei hier von S. 78/9 her in Erinnerung gebracht. Ein Preis war für diese gewaltigen Rohre nicht angesetzt worden, auch wissen wir von dem Schicksal wirklich ausgeführter Stücke (s. S. 25) nichts Genaues. Mitteilungen aus dem Leserkreise über das eine oder das andere Stück würden mit besonderem Danke begrüßt werden.

Ihnen folgt die Gruppe der Tuben mit messingener Röhre und Stativ, feiner Höhen- und Seitenbewegung, mit Sonnenglas, in einem polierten Kasten, Nr. 35 bis 38 und Nr. 40. Es handelt sich offenbar um die erste der älteren Gruppen, nur daß die Seitenbewegung hinzugekommen ist. Das erste Stück, Nr. 35, ist neu aufgenommen mit etwa $1^1/_2$ m Brennweite und fast 10 cm Durchmesser, hat also ein Öffnungsverhältnis von 1 : 15. Bei den bildaufrichtenden Okularen waren die Vergrößerungen so gewählt, daß die Austrittspupillen über 1 mm blieben, bei den astronomischen Okularen lagen sie zwischen 2,0 und 0,4 mm. Der Preis war mit 1350 S.-M. angegeben. Die darauffolgenden 4 Nummern sind die alten Vertreter dieser Klasse mit Festhaltung der früheren Öffnungsdurchmesser, dagegen hat das erste Stück eine längere Brennweite erhalten, so daß das ursprüngliche Öffnungsverhältnis von 1 : 14 auf 1 : 15,6 hinabgegangen ist. Die Preise für diese vier Stücke sind wenig verändert: kleinen Erhöhungen hier entsprechen kleine Ermäßigungen dort, so daß die Gesamtsumme der vier Preise bemerkenswert ungeändert geblieben ist.

Die weitere alte Gruppe ist als Fernrohre mit hölzernem Rohr und als Seefernrohre, Nr. 41 bis 46, fast ohne Preisänderung übernommen worden, doch überwiegen die Ermäßigungen. Der zweite Vertreter, Nr. 42, hat bei gleichem Preise ein viel größeres Öffnungsverhältnis erhalten, so daß seine ganze Länge gegen Nr. 12 um 40 cm verringert wurde.

Die letzte Gruppe bilden die Zugfernrohre mit hölzernem Außenrohr und drei Messingzügen, Nr. 49 bis 51 (s. auch S. 178). Sie haben jetzt die 1809 von *Fraunhofer* erwähnten Brennweitenlängen von etwa 54, 43 und 32 cm. Die Preise sind, gegen die entsprechenden Stücke der vorhergehenden Liste gehalten, etwas erhöht worden.

Wohl konnte die Öffentlichkeit mit einem derartigen Aufschwung in so kurzer Zeit zufrieden sein; die Anzahl der Fernrohrnummern war von 12 auf 18 gestiegen, und der Zuwachs betrug namentlich hervorragende Prunkstücke optischer Kunst.

Eine ganz besonders wichtige Neuerung bot diese Warenliste mit der Aufführung von Mechaniker-Objektiven. Sie wurden mit den folgenden Worten angezeigt: „Achromatische Objektive. Zur Be-„quemlichkeit für die Künstler, welche sich mit Verfertigung astro-„nomischer Instrumente beschäftigen, hat sich das optische Institut „entschlossen, einzelne Objektive bloß in einen Ring gefaßt, zu „verkaufen. Die Öffnungen sind in Linien des zwölfteiligen „Pariser Maßes angegeben, und die Breite des Fassungsringes nicht „mitgerechnet; der ganze Durchmesser der Objektive wird also um „einige Linien größer als der hier bezeichnete sein."

Die nachstehende Tafel gibt den Zusammenhang zwischen Objektivdurchmesser und Preis, je umgerechnet auf ganze Millimeter und auf Silbermark.

mm	S.-M.	mm	S.-M.	mm	S.-M.
27	25	61	123	102	571
32	29	68	170	108	694[1]
36	35	74	226	115	832
41	41	81	292[2]	122	986
47	55	88	372	135	1350
54	86	95	464		

Es handelt sich hier um einen Zusammenhang zwischen Durchmesser und Preis, der sich für die größeren Durchmesser, etwa über 47 mm hinaus, einfach als der dritten Potenz des Durchmessers entsprechend ergibt. Dieses Rechenverfahren ist für den Hersteller

---

[1], [2]) Nach dem *Fraunhofer*schen Auskunftszettel von S. 41/2 hat das optische Institut im März 1826 einen Zuschlag für die Objektivfassung erhoben, und zwar von 9,7 S.-M. für [1]) und von 7,8 S.-M. für [2]).

In der Liste vom Dezember 1826 (57 107) sind diese Zuschläge nicht erwähnt. Ebensowenig sind dort die Preise für die astronomischen und die irdischen Okulare angegeben, die *Fraunhofer* nach jener Auskunft je mit 15,6 und mit 31,2 S.-M. bewertet hat.

sehr günstig, da allein der Werkstoff der Linsen in diesem Verhältnis wächst, die Schleifkosten aber nur quadratisch zum Durchmesser zunehmen.

Bei diesem ganzen, in der damaligen Zeit neuen Angebot hat man an eine Bezugserleichterung für werktätige Abnehmer gedacht, denen man ja den Rohstoff vorenthielt. Man erkennt also, wie *Fraunhofer* sich den *Utzschneider*schen Grundsätzen zur Glaslieferung (S. 149/50) anpaßte.

An und für sich waren gelegentliche Bezüge fertiger Objektive gerade nichts Unerhörtes. So scheinen schon in früher Zeit — um 1733 — manche Londoner Optiker ihre Linsen von bestimmten Schleifern bezogen zu haben, wenn man den etwas unsichern Berichten über die *Hall*sche Erfindung in der Form trauen darf, wie sie mindestens um 1790 weitergegeben wurde. Zu jener Zeit hat ferner, wie die neuere Londoner Ortsforschung bestimmt erwiesen hat, gelegentlich auch ein werktätiger und leistungsfähiger Optiker wie *J. Ramsden* seine Linsen fertig von dem *Dollond*schen Hause bezogen. Hier wurde aber als neu empfunden die Aufnahme solcher Mechaniker-Objektive in die regelmäßige Preisliste.

Daß eine Reihe mechanischer Unternehmungen, so *Tr. L. Ertel* in München, *Baumann* in Stuttgart und das k. k. polytechnische Institut zu Wien von diesem *Fraunhofer*schen Angebot Gebrauch gemacht haben, ist ganz sicher. Später (*40 444*) hat auch das von *S. Stampfer* beratene Haus *J. Fr. Voigtländer*s gleichartige Mechanikerobjektive angeboten, obwohl ein jeder Optiker damals versuchen konnte, aus der Schweiz oder aus Frankreich Rohstoff zu beziehen. Übrigens handelte es sich dabei nur um Stücke unter 8 cm Durchmesser; man hatte in Wien für diese nackten Objektive 1841 also erst etwa die Durchmessergröße erreicht, die von Benediktbeurn in der ersten Preisliste (s. S. 170) angezeigt wurde.

An dieser Stelle muß auch noch der in Benediktbeurn hergestellten Objektive gedacht werden, die von der Münchener mechanischen Werkstätte mit ihren rein astronomischen Instrumenten angeboten wurden. Sie zeigten die folgenden Durchmesser:

in Linien P. M.	in Millimetern
34	77
52	117
66	149

184   IV. B. Die Herstellung von Fernrohren und Mikroskopen

werden also nur zum Teil von den fertigen Mechanikerobjektiven haben geliefert werden können. Sie hatten zum Teil eine sehr anerkennenswerte Größe, woraus man ebenfalls auf eine recht bemerkenswerte Sicherheit beim Glasschmelzen schließen mag.

Die holländischen Fernrohre ließ, wie bereits auf S. 165 angegeben, *Fraunhofer* schon in dem ersten von ihm allein zusammengestellten Preisverzeichnis verschwinden.

Die Mikroskoplisten sind in ganz entsprechender Weise zusammengearbeitet worden, nur daß hier noch der bestimmt auf *G. Merzens* Tätigkeit zurückzuführende Nachtrag von 1831 zu berücksichtigen war.

Zusammenstellung
der vier letzten Preislisten über Mikroskope, Lupen und Zeichenhülfen

	Nummern der Preislisten von				Preise in S.-M.			
	1816	1820	1826	1831	1816	1820	1826	1831
52. Großes zusammengesetztes Mikroskop mit vollständigem Apparat, um die Durchmesser der Gegenstände in irgendeinem bestimmten Maß bis auf 0,00027 mm genau angeben zu können, und mit Apparat zur Beleuchtung, sechs achromatischen Objektiven, einem doppelten und einem einfachen Okular zu verschiedenem Gesichtsfeld und Vergrößerung. Die Vergrößerungen [linear] sind beim einfachen Okular 16, 21, 32, 53, 74, 100 und beim doppelten Okular 24, 31,5, 48, 79,5, 111, 150. Das ganze Mikroskop ist in einem polierten Kasten	19	21	26		1010	1010	1090	
53. Großes zusammengesetztes Mikroskop mit vollständigem Apparat, um die Durchmesser der Gegenstände in irgendeinem bestimmten Maß auf 0,00027 mm genau angeben zu können, und mit Apparat zur Beleuchtung, sechs achromatischen Objektiven, einem doppelten und einem								

Zusammenstellung der vier letzten Preislisten (Fortsetzung)

	Nummern der Preislisten von				Preise in S.-M.			
	1816	1820	1826	1831	1816	1820	1826	1831
einfachen Okular zu verschiedenem Gesichtsfeld und Vergrößerung. Die schwächste Linear-Vergrößerung ist 19, die stärkste aber 380. Das ganze Mikroskop ist in einem polierten Kasten[1]			26a				1110	
54. Zusammengesetztes prismatisches Mikroskop mit vollständigem Apparat, fünf achromatischen Objektiven, drei verschiedenen Okularen zum gewöhnlichen Gebrauch, und einem Okulare mit dem *Sömmering*schen Spiegel zum Zeichnen. Der Tubus kann mit und ohne Prisma, also in vertikaler und horizontaler Richtung des Rohrs angewendet werden. Die Stellung des Rohres geschieht vermittelst einer gröbern Bewegung, die feinere Stellung aber durch eine Mikrometerschraube am Objektentisch. Mit dem schwächsten Okular und Objektiv erhält man eine 12 malige Linear-Vergrößerung, mit dem stärksten Okular und kombinierten Objektiven aber eine 1000 malige Linearvergrößerung. Das ganze Mikroskop ist in einem polierten Kasten			26b				730	
55. Zusammengesetztes Mikroskop, mit vollständigem Apparat, vier achromatischen Objektiven und zwei Okularen, nebst Kästchen. Die Linear-Vergrößerungen betragen 20, 30, 50, 75 und 110	20	22	27			253	253	253

[1] Bei obigen drei Mikroskopen Nr. 53, 56 und 59, deren Linsen alle aplanatisch sind, können durch die verschiedenen Kombinationen der Objektive alle jene Vergrößerungen hervorgebracht werden, welche zwischen der angegebenen schwächsten und stärksten Vergrößerung inne liegen. — Auch können diese Vergrößerungen noch durch Zugabe eines schärferen Okulars, welches 21,50 S.-M. kostet, vermehrt werden.

Zusammenstellung der vier letzten Preislisten (Fortsetzung)

	Nummern der Preislisten von				Preise in S.-M.			
	1816	1820	1826	1831	1816	1820	1826	1831
56. Zusammengesetztes Mikroskop, mit vollständigem Apparat, vier achromatischen Objektiven und zwei Okularen, nebst Kästchen. Die schwächste Linear-Vergrößerung ist 20, die stärkste aber 225[1])			27					265
57. Zusammengesetztes Mikroskop, mit vollständigem Apparat, drei achromatischen Objektiven und einem Okular, nebst Kästchen. Die Linear-Vergrößerungen betragen 20, 30, 50 und 75	21				119			
58. Zusammengesetztes Mikroskop, mit vollständigem Apparat, drei achromatischen Objektiven und einem Okular, nebst Kästchen. Die Linear-Vergrößerungen betragen 20, 30 u. 50		23	28				119	119
59. Zusammengesetztes Mikroskop, mit vollständigem Apparat, drei achromatischen Objektiven und einem Okular, nebst Kästchen. Die schwächste Linear-Vergrößerung ist 20, die stärkste 115[1])			28					129
60. Reise-Mikroskop, mit zwei achromatischen Objektiven, Spiegel, Stiel-Lupe, Schieber, Zängelchen usw. Alles in einer messingenen Hülse. .	22	24	29	29	86	101	101	101
61. Lupe in einen messingenen Ring gefaßt	23	25	31		4,9	4,9	4,9	
62. Lupe in ein messingenes Röhrchen gefaßt	23	26	32		2,95	2,95	2,95	

[1]) Bei obigen drei Mikroskopen Nr. 53, 56 und 59, deren Linsen alle aplanatisch sind, können durch die verschiedenen Kombinationen der Objekte alle jene Vergrößerungen hervorgebracht werden, welche zwischen der angegebenen schwächsten und stärksten Vergrößerung inne liegen. — Auch können diese Vergrößerungen noch durch Zugabe eines schärferen Okulars, welches 21,50 S.-M. kostet, vermehrt werden.

Zusammenstellung der vier letzten Preislisten (Fortsetzung)

	Nummern der Preislisten von				Preise in S.-M.			
	1816	1820	1826	1831	1816	1820	1826	1831
63. Lupe in ein messingenes Röhrchen gefaßt und etwas kleiner	23	27	33			2,75	2,75	2,75
64. Zusammengesetzte Lupen von 5-, 12- und 17facher Linearvergrößerung in messingener Röhre gefaßt			30	30			9,7	9,7
65. Camera Lucida mit Fassung zum Anschrauben an einen Tisch nebst Augengläsern für Kurz- und Weitsichtige	24	28	35			64	64	64
66. Camera Lucida mit Fassung zum Anschrauben an einen Tisch, nebst vier Augengläsern für Kurz- und Weitsichtige		29	34				78	78

Aus der Jenaer geschichtlichen Sammlung konnte noch der — mir leider nur in einer Maschinenabschrift zugängliche — Text der alten Gebrauchsanweisung hier (S. 189/90) abgedruckt werden.

Den Entwurf in *Fraunhofer*s Handschrift habe ich in den von ihm stammenden Papieren gesehen. Daß die Beschreibung von *Utzschneider* unterschrieben wurde, stimmt ausgezeichnet mit dem Wortlaut des Vertrages von 1814 (*51* 51/5 unter Nr. IV) überein. Ich halte es nicht für ausgeschlossen, daß eine aufmerksame Durchforschung alter Geräte des Optischen Instituts aus der Benediktbeurner Zeit zwischen 1814 und 1819 noch ähnliche Schriftstücke zutage fördert. Sie würden uns ein deutlicheres Bild von der Geschäftsführung jener Zeit geben.

Von den Mikroskopen wurden nunmehr ganz andere Nummern angeboten. Als Objektive dienten immer nur farbenlose Doppellinsen. Sechs solcher stellte er mit einem einfachen und mit einem Doppelokular zusammen und bot die ganze, auch eine seitliche Feinverstellung des Tisches und eine Beleuchtungsvorrichtung enthaltende, in einem Kasten eingeschlossene Zusammenstellung den Käufern für 1020 S.-M. an. Die Linearvergrößerungen bewegten sich zwischen 16 und 150. Man wird annehmen können, daß es

188 IV. B. Die Herstellung von Fernrohren und Mikroskopen

sich hier um das im November 1812 versprochene große Mikroskop handelt.

Zu der seitlichen Feinverschiebung des Tisches mit Hilfe einer ganz feinen Schraube ist noch auf ($50a\,52\gamma$) hinzuweisen, wo dieser Gedanke schon 1807 von *Fraunhofer* für seine

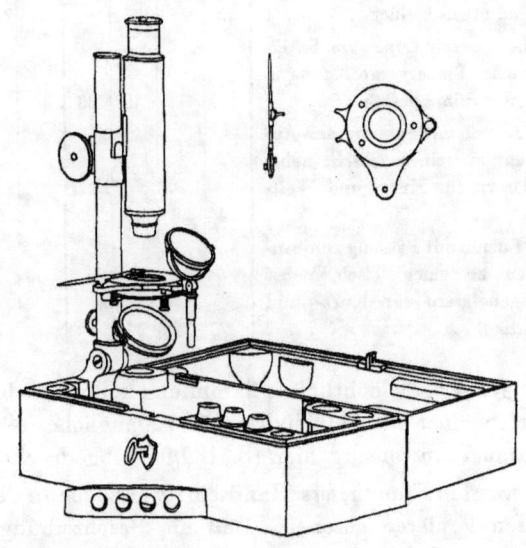

Abb. 39. Zeichnung nach dem in der Jenaer Sammlung vorhandenen Mikroskop unserer Nr. 55. Die Nadel und die Klemme sind ebenso wie der einfache Objekttisch rechts oben wiederholt worden. Das Verständnis der alten Beschreibung auf S. 189/90 wird erleichtert werden.

Messungen ausgesprochen wurde. Es läßt sich denken, daß er schon damals ein achromatisches Mikroskopobjektiv mit einer so feinen Schraube verbinden wollte, was seine Ausführung derartiger Anlagen von 1811 aus gerechnet 4 Jahre weiter zurückverlegen könnte.

Die beiden alten Zusammenstellungen, Nr. 23 und 25, sind anscheinend durch zwei andere, nur achromatische Objektive enthaltende Verbindungen je von höherem Preise ersetzt worden.

Nr. 55 gestattete Vergrößerungen zwischen 20 und 110, Nr. 57 zwischen 20 und 75. — Nunmehr folge der alte Text:

„Einige Bemerkungen über den Gebrauch des Mikroskops!
„Die Gegenstände werden gewöhnlich vor man sie unter das
„Mikroskop bringt, mit einer Lupe untersucht, ob sie etwas in-
„teressantes enthalten und welcher Teil der wichtigste ist. — Von
„den beiden beigelegten Lupen gibt die kleinere eine 9- die
„größere eine 6 malige Vergrößerung. Nachdem man sich einen
„Teil des Gegenstandes gewählt hat, bringt man denselben nach
„seiner Beschaffenheit an die Nadel A oder Klemme C, und steckt
„selbe in B, wonach der Gegenstand bis in D vorgeschoben wird.
„Ist der Gegenstand nicht von der Beschaffenheit, daß man ihn
„an die Nadel oder Klemme bringen kann, so wird das Glas E
„in D gelegt, auf welches alsdann der Gegenstand gebracht wird.
„Man nimmt vorher die schwächere Vergrößerung des Mikroskops,
„welche dadurch erhalten wird, daß man das Okular a in F, und
„das Objektiv Nro: 1: in G schraubt; bei der Schraube H wird
„auf- oder abgeschraubt, bis der Gegenstand gesehen wird; ist der
„Gegenstand durchscheinend, so wendet man den Spiegel K L
„und das ganze Kästchen so nach dem Licht, daß der Gegenstand
„durch das Mikroskop ganz hell gesehen wird, es kann aber nur
„durch verschiedene Wendungen des Spiegels und Kästchens
„während des Durchsehens erraten werden. Wenn die Oberfläche
„eines Gegenstandes beobachtet werden soll, so läßt man das
„Sonnenlicht auf denselben fallen, ist dieses nicht stark genug, so
„wird die Beleuchtungslinse bei M aus- und eingeschoben; zuletzt
„nach verschiedenen Richtungen gewendet, daß der Gegenstand
„hinlänglich erleuchtet ist, welches ebenfalls nur durch Versuche
„erraten werden kann. Es muß besonders in acht genommen
„werden; weil bei zu geringer Erleuchtung, der Gegenstand nicht
„hell genug gesehen wird, bei zu starker, verbrannt werden
„kann.

„Um den beleuchteten Gegenstand vollkommen deutlich zu
„sehen, wird bei der Schraube H sehr langsam geschraubt, nachdem
„man einen tiefer oder höher liegenden Teil beobachten will. Soll
„der Gegenstand mehr oder minder vergrößert sein, so wählt man
„eine der nachstehenden Vergrößerungen:

IV. B. Die Herstellung von Fernrohren und Mikroskopen

„Das Objektiv Nr. 1 mit dem Okular a vergrößert die Fläche 400 und den Durchmesser 20 mal
————————— „ 1 ——————— b ——————————— 900 und den Durchmesser 30 mal
————————— „ 2 ——————— b ——————————— 2500 und den Durchmesser 50 mal
————————— „ 3 ——————— b ——————————— 5625 und den Durchmesser 75 mal
————————— „ 4 ——————— b ——————————— 12100 und den Durchmesser 110 mal

„Den Gebrauch der einzelnen Teile des Mikroskops wird eine „kleine Erfahrung zeigen: so dient z. B. das Glas E zur Beob„achtung verschiedener Flüssigkeiten, zu Kristallisationen etc.

„Es wird nicht nötig sein zu bemerken, daß die Gläser des Mikro„skops von Zeit zu Zeit mit einem leinenen Tuch gereinigt werden „müssen, weil sich sonst der geringste Staub mit vergrößert: be„sonders müssen die Gläser der Okulare öfters gereinigt werden.

„gez. *J. Utzschneider.*"

Soweit der Wortlaut der Gebrauchsanweisung. Der letzte Absatz wird sich besonders auf die Okularlinsen beziehen, da bei den starken Okularvergrößerungen und winzigen Austrittspupillen der Staub dort gestört haben wird.

Dieses Mikroskop fällt nach den Vergrößerungszahlen mit unserer Nr. 55 auf S. 185 (der Nr. 20 der Liste von 1816) zusammen und ist damals für 253 S.-M. geliefert worden. Auch 1820 und 1826 erscheint es in den Listen noch mit den gleichen Einzelheiten. Erst im Februar 1830 wird es so verändert, daß die Objektivlinsen hintereinander geschaltet werden können. Dadurch reicht der Spielraum der Vergrößerungen bis 225, und der Preis steigt auf 265 S.-M.

Außer diesen erscheint noch ein vereinfachtes Reise-Mikroskop mit zwei achromatischen Objektiven. Es sieht also so aus, als ob ein jedes dieser nur ein einfaches Mikroskop, also ohne Okulare, gewesen sei. Damit hat also *Fraunhofer* die Mikroskope mit einfachen Objektiven endgültig seinen Wettbewerbern überlassen, unter denen beispielsweise *E. Duncker* noch 1844 solche Waren, einfache und zusammengesetzte, von 10 S.-M. das Stück an, geführt hat.

An der Leistung der Lupen wurde anscheinend nichts geändert, doch wurde der Preis der größten merklich erhöht.

Auf Nebeneinrichtungen wie Prismen und die Zeichenhilfe (*camera lucida* nach *Wollaston*) sei eben nur hingewiesen. Bei den Prismen wird es sich um Lehrgeräte nach Art der *Dollond*schen handeln, von denen *H. Boegehold* (7 b) in allerjüngster Zeit eine so anschauliche Beschreibung gegeben hat.

Man ist in Benediktbeurn und in der ersten Münchener Zeit mit diesem Verzeichnis ausgekommen und hat es erst am 1. November 1820 durch ein neues ersetzt. Unsere große Zusammenstellung erlaubt die Vergleichung der Preise — an der Zusammenstellung der optischen und mechanischen Teile sind damals offenbar keine Änderungen vorgenommen worden — auf eine besonders bequeme Weise. Man wird solchen Preisänderungen besonders sorgfältig nachgehen müssen, denn darüber sind offenbar gelegentlich Meinungsverschiedenheiten zwischen *Utzschneider* und *Fraunhofer* vorgekommen, und man könnte hier vielleicht einen Fingerzeig auf verfehlte Ansätze durch *Fraunhofer* erhalten. Bei dem Heliometer finden wir nun tatsächlich (aber schon 1820, also sicher zu *Fraunhofers* Zeit) eine Preiserhöhung um 29%, der gegenüber die an dem Kometensucher mit Ständer um 5% verschwindet. Auch das Reisemikroskop wird mit 18% Zuschlag angeboten; alle übrigen Preise sind beibehalten, so daß man im allgemeinen *J. Utzschneider* als zufrieden mit der Preisbestimmung durch *Fraunhofer* wird ansehen können.

Es wird sich empfehlen, gerade auf diesen Punkt noch ein wenig näher einzugehen, da gelegentlich (*31* 112) Andeutungen auftreten, als habe es *Fraunhofer* mit der Preisfestsetzung nicht genügend genau genommen.

Daß eine solche Auffassung nach den vorliegenden Listen nicht haltbar ist, wird aus dem soeben Gesagten gefolgert werden können, doch mag es sein, daß dabei besonders an den Preis für den Dorpater Refraktor gedacht worden ist.

Tatsächlich hat *Fraunhofer* dieses Gerät (*63* 89 r) mit 10 500 fl berechnet, mithin viel billiger, als er ein gleiches mit 15 000 fl (also mit 43% Aufschlag) nach (*51* 65) im Jahre 1825 in Edinburg anbot.

Man darf aber nicht vergessen, daß er sich für Dorpat durch eine noch niedrigere Zusage gebunden erachtete, und daß er wohl an diesem großen Gerät mit der wahren parallaktischen Aufstellung und dem neuen Uhrwerk einen ersten Versuch im großen hat machen wollen. Der Erfolg und seine Verkündigung durch *Struve* wird wohl reichlich die geringeren Einnahmen wettgemacht haben, denn wir wissen wohl (S. 197), daß man bald danach eine Betriebserweiterung im optischen Institut vornahm und ein noch weiteres Aufblühen erwartete. Bei der Preisberechnung nach Schottland fiel, da es sich um eine erprobte Anlage handelte, jeder Grund weg, im wesentlichen nur die Herstellkosten anzugeben.

Die Berechnung des Preises nach dem Kubus der Öffnung bei den nackten Fernrohrobjektiven war für den Hersteller so vorteilhaft, daß *G. Merz* (*63* 89r) im nächsten Jahrzehnt diese Angaben um etwa $1/6$ erniedrigte. Auch das spricht gegen ein leichtherziges Geschäftsgebaren unseres Helden.

Bei diesen Auseinandersetzungen über Preisbestimmung ist nur von den dafür maßgebenden Persönlichkeiten in dem optischen Institut selbst die Rede gewesen; doch mag wenigstens ein Blick auf die Preisfestsetzung im englischen Gewerbe geworfen werden.

Glücklicherweise ist uns eine, schon auf S. 173 benutzte *Dollond*sche Liste (*10*) aus dem Jahre 1829 erhalten. Vergleichungen damit sind zwar nicht ganz einfach, weil die verschiedenen Geräte nicht gleichmäßig beschrieben sind, immerhin kann man für die Nummern 41 und 42 eine solche Zusammenstellung wagen. In beiden Fällen handelt es sich um Rohre mittlerer Länge im Kasten. *Dollond* liefert noch einen einfachen messingnen Ständer damit, *Fraunhofer* ein Sonnenglas.

	f' cm	d mm	terr. Okul.	astron. Okul.	Preis in S.-M.
Dollond	76	51	1	1	280
Nr. 42	81	61	1	2	183
Dollond	107	70	1	2	467
Nr. 41	114	73	1	2	312

Die *Fraunhofer*schen Preise betragen je also nur etwa 0,66 und 0,67 der englischen. Auch wenn man sich gegenwärtig hält, daß eine strenge Vergleichung nicht vorliegt, wird man die Möglichkeit zulassen wollen, daß das optische Institut gelegentlich in der Preisunterbietung zu weit gegangen ist, und daß sich daher also kein genügender Reingewinn ergab.

Die Neuheiten von 1820 und 1826

Wendet man sich zu den sachlichen Änderungen der neuen Liste von 1820, so findet man eine neue Klasse kostspieligerer Geräte, nämlich die Tuben mit Pyramidalstativen und feiner Verstellung des Rohrs. Dafür wurde aber der längste Tubus mit messingner Röhre auf kleinem Stativ aufgegeben.

An Mechanikerobjektiven waren hinzugekommen

Öffnungsdurchmesser in mm	Preis in S.-M.	Öffnungsdurchmesser in mm	Preis in S.-M.
129	1160	149	1800
142	1570	162	2340

Man erkennt also, daß *Fraunhofer* am 1. November 1820 den Mechanikern schon Objektive mit sehr beträchtlichem Durchmesser anbot.

An dem schwächsten der zusammengesetzten Mikroskope Nr. 57 ließ man die stärkste Vergrößerung von 75 fallen, so daß bei Nr. 58 nunmehr 50 diese Stelle einnahm.

Immerhin erkennt man die Leitung durch den Meister, wobei er eine ganz neue Gruppe von Fernrohren seinem Preisverzeichnis hinzugefügt hat.

Die nächste Liste erschien 1826, im Todesjahre *Fraunhofers*, ein halbes Jahr nach seinem Abscheiden; es ist aber wahrscheinlich, daß diese Veränderungen so gut wie alle noch auf den Meister zurückgehen.

Die Preise sind unverändert geblieben bis auf den 108 cm langen Tubus Nr. 38 auf Messingständer, dessen Preis um 16% oder um 59 S.-M. erhöht wurde. Da er als Nr. 39 zu dem alten Preise ohne die feine Höhenbewegung geliefert wurde, so kann man den Unterschied von 59 S.-M. für die Angabe des Preises ansehen, den die Münchener Werkstätte damals für die Feinverstellung der Höhe berechnete.

Auch bei dem großen zusammengesetzten Mikroskop der Nr. 52 auf S. 184 findet sich eine Preissteigerung um etwa 8%.

Wendet man sich zu den Neuerungen, so wurde in Nr. 31 ein neuer Tubus mit Pyramidalstativ angeboten, der sich aber nur durch feinere mechanische Ausführung von der früher teuersten

Nummer unterschied. Der teuerste Tubus auf Messingständer, Nr. 35, erscheint jetzt wieder mit der gleichen Beschreibung und zu gleichem Preise wie 1816. Ganz neu ist ein Marinefernrohr, Nr. 47, das sich anscheinend nur durch größere Länge und höheren Preis von dem kleinsten Seefernrohr unterschied. Es konnte auch als Nr. 48 gegen den geringen Aufschlag von 6 S.-M. mit einem Okular geliefert werden, das eine Änderung der Vergrößerung erlaubte. Aus einer handschriftlichen Bemerkung in *Fraunhofer*s Papieren (s. S. 86) weiß man, daß die Anlage noch zu seinen Lebzeiten ausgeführt wurde. Diese Liste ist im Mai 1829 (*57* 102 Anm.) noch gültig gewesen.

In dem alsdann — im Februar 1830 — angehängten Nachtrag findet man Änderungen, die bestimmt auf den neuen Inhaber zurückzuführen sind. Sie beziehen sich ausschließlich auf Mikroskope und räumen grundsätzlich mit der *Fraunhofer*schen Übung auf, nur immer eine farbenlose Doppellinse als Mikroskopobjektiv zu verwenden. Hier werden — jedenfalls unter dem Einfluß *Plössl-Chevalier*scher Vorgängerschaften — ausdrücklich Verbindungen von Objektivlinsen in einer Anmerkung zu Nr. 53, 56 und 59 empfohlen. Ein neues Mikroskop, Nr. 54, mit durchbohrtem Zeichenspiegel, fein einstellbarem Objekttisch und je nach Bedarf mit wagrechtem oder senkrechtem Einblick wird für 730 S.-M. angeboten. Die alten, hinsichtlich des Objektivgebrauchs veränderten Zusammenstellungen werden etwas teurer. Das gilt besonders von den Lupen, die einen Einheitspreis von der doppelten Höhe des höchsten alten bekommen.

Erweiterungen aus der Liste vom Dezember 1826 siehe Tabelle auf Seite 195.

Man erkennt, daß es sich nach den Seiten 118, 119 und 125 um die seit 1820 von *Fraunhofer* meist in den Akademieberichten beschriebenen Erfindungen handelt.

Zu dem Preise von Nr. 68 kann man vielleicht bemerken, daß die Einzelanfertigung im Jahre 1826 durch *F. Körner*, wie sie auch bei (*9* 126) erwähnt ist, nach (*45* 54 β) einen Kostenaufwand von 400 Thlr = 1330 S.-M. erforderte. Für wenig mehr als das halbe Geld wäre damals ein solches Gerät in München fertig zu erstehen gewesen.

Nr. 69 war nach (*57* 101 δ) von *C. F. Gauß* angegeben, von *Fraunhofer* bei der Ausführung abgeändert worden.

Auf Nr. 70 habe ich auf S. 126 hingewiesen; eine weitere Angabe kann ich vorläufig nicht machen.

Folgende Erweiterungen aus der Liste vom Dezember 1826 sind schließlich noch anzuführen:

		Nummer von 1826	Preis in S.-M.
67.	Heliostat mit Uhrwerk, Stunden- und Deklinationsbogen etc.	36	876
68.	Apparat zur Beobachtung der neuen physisch-optischen Experimente in bezug auf die neuen Entdeckungen *Fraunhofer*s über Brechung, Farbenzerstreuung, Beugung des Lichts, Hervorbringung der Farbenspektra etc.	37	682
69.	Heliotrop zum Behuf geodätischer Messungen. . .	38	876
70.	Licht-Polarisierungs-Apparat	39	150
71.	Repetierende Filar-Mikrometer mit und ohne Lampen und Positionskreisen .... Der Preis wird nach Verhältnis der Größe bestimmt	40	
72.	Kreismikrometer mit doppeltem Stahlringe. . . .	41	72
73.	Kreismikrometer mit einfachem Stahlringe	42	45

Faßt man schließlich noch einmal zusammen, was über *Fraunhofer*s Stellung in dem optischen Institut bekannt geworden ist, so muß man zwar zunächst die Dürftigkeit der Mitteilungen beklagen, aber um so mehr die Notwendigkeit hervorheben, das Wenige zu einem einheitlichen Bilde zu verarbeiten.

Im ersten Vertrage vom 7. Februar 1809 wurde er zwar einer der Leiter, doch scheint dadurch seine Stellung nur den Untergebenen gegenüber befestigt worden zu sein. Mindestens war er außerstande, *Reichenbach* gegenüber durchzusetzen, daß geschäftliche Maßnahmen, die er (wie die Herstellung holländischer Einzelrohre und die von Brillen) für abwegig hielt, unterlassen wurden. Vielleicht durfte er (S. 20) auch nicht allein mit Außenstehenden verhandeln. Über sein Gehalt erfahren wir nicht einmal eine Andeutung.

Im zweiten Vertrage vom 20. Februar 1814 ist mit *Reichenbach*s Ausscheiden seine Stellung auch für die Ziele des Betriebes (S. 165) viel freier geworden, ferner wurden (S. 23) vermutlich seine Erfolge in der Schmelzung optischen Glases durch die Bewilligung eines Geschäftsanteils von 10000 fl [= 19500 S.-M.] anerkannt. Sein festes Gehalt betrug 1500 fl [= 2900 S.-M.], und der Überschuß nach Verzinsung der Geschäftsanteile wurde je zur Hälfte ihm und *Utzschneidern* zugeschrieben.

Nach der Übersiedlung nach München bleibt dieser Vertrag[1]) bestehen, aber das Gehalt wurde — vielleicht mit auf Grund der Auszeichnung (S. 28) auf der Gewerbeausstellung — erhöht. Möglicherweise kann man sein Gehalt von 1800 fl [= 3510 S.-M.], das für den 24. April 1826 belegt ist, schon hier beginnen lassen. Hinzuzurechnen ist noch die Verzinsung des Geschäftsanteils. Aus einer auf *C. I. Werner* zurückgehenden Aufstellung vom 24. April 1826 ersieht man, daß seit dem Jahre 1821 *Fraunhofers* Geschäftsanteil stets um den Betrag wuchs, den die mit 5% angegebene Verzinsung ergab. *Fraunhofer* hat in dieser Zeit nie etwas von diesen Summen abgehoben, die allmählich von unter 700 bis auf nahezu 800 fl anwuchsen. In den Jahren zwischen 1814 bis 1821 mag das anders gewesen sein, da sich sein Anteil etwas langsamer vermehrt, als man es nach der Zinseszinsrechnung erwarten würde. Am letzten März 1826 betrug sein Geschäftsanteil fast genau 16600 fl, eine Summe, von der nach dem Vertrag vom 20. Februar 1814 der Grundstock von 10000 fl dem Unternehmen nicht entzogen werden konnte.

Rechnet man noch — was allerdings nicht aus der Kasse des optischen Instituts floß — das Konservatorgehalt mit 800 fl [= 1560 S.-M.] hinzu, so kommt man auf folgende bare Bezüge unseres Helden zwischen 1821 und 1826:

	fl	S.-M.
Festes Gehalt	1800	3510
Durchschnittl. Geschäftsanteil über	700	1360
Konservatorgehalt	800	1560
Im ganzen über	3300	6430

---

[1]) Wenn in (3 17/8) ein Vertrag vom 20. Februar 1820 erwähnt ist, so wird es sich um eine Verwechslung mit 1814 handeln, wozu es auch stimmt, daß bei der gleichen Gelegenheit von der Überlassung des 10 000 fl betragenden Geschäftsanteils die Rede ist.

Hierzu ist noch der Geschäftsreingewinn (oder -verlust) in der Hälfte des gesamten Betrages hinzuzuzählen.

Wendet man sich nun zu den letzten Nachrichten über das optische Institut, so ist sein Umfang wohl 1824/5 erweitert worden, denn in (72 173β) ist von 50 Arbeitern die Rede, während *Fraunhofer* 1823 ihrer nur 40 anführte. Bestimmt hat er auch noch auf seinem letzten Lager (57 99/100) mit einer Zunahme der Bestellungen gerechnet, wenn er wieder imstande sein würde, sich der Anstalt zu widmen. Der Minister *Armansperg* hat — beraten von den für die Unterhandlung mit *Fraunhofer* (S. 42) abgeordneten Beamten — an ein solches Aufblühen der Anstalt unter der neuen Leitung durchaus geglaubt, und das wird damals die allgemeine Meinung gewesen sein.

Als nun *Fraunhofer* verschieden war, hat sich *Utzschneider* zunächst um eine wissenschaftliche Beihilfe umgesehen, wozu *E. Voit* (73 275/6) verdienstlicherweise die einzigen, mir bekannten vollständigen Angaben gerettet hat. Mit *Fr. A. Pauli* scheint danach keine Verhandlung geführt worden zu sein: so hoch hat *Utzschneider* den richtigen Blick seines Partners nicht eingeschätzt, und der an den besonders gut vorgebildeten jungen Mann (S. 36) von *Fraunhofer* selbst ein halbes Jahr lang erteilte Unterricht wurde überlegen in den Wind geschlagen.

Er verhandelte zunächst mit dem damals noch nicht ganz 25 jährigen *C. A. Steinheil*, bot aber derartige Bedingungen, daß man zu keinem Abschluß kam. Nach (63 56η) ist es auch möglich, daß noch andere Verschiedenheiten in der Auffassung der Stellung nicht ausgeglichen werden konnten. Günstiger verliefen die Unterhandlungen mit dem $^3/_4$ Jahre älteren Astronomen *Thomas Clausen*. Dieser hat, wie man seiner eigenen Bemerkung in *Poggendorffs* Wörterbuche entnehmen kann, von 1827 bis 1840 (also ungefähr so lange als *Utzschneider* noch lebte) die Stellung eines „Gehülfen" „im Optischen Institute von *Utzschneider* in München" bekleidet.

Wie man aus der Tatsache entnehmen kann, daß *Clausen* nebenbei Astronom von Fach blieb, war bei ihm nur an die Ausführung von theoretischen Arbeiten gedacht, während als Leiter der technischen Arbeiten optischer Natur *G. Merz* am 16/7. Juli (57 100/1 und 63 72/3) eingesetzt war. Dieser erhielt 1200 fl [= 2340 S.-M.] Gehalt, Wohnungsgeld eingeschlossen, und sollte nach jedem Jahresabschluß eine in *Utzschneiders* Ermessen gestellte Sonderentlohnung empfangen. Nach (73 276) hat er sich zu einem Leiterposten selbst angeboten.

Man möchte nach den Verhandlungen annehmen, daß bald auch *J. Mahler* an die mechanische Abteilung des optischen Instituts gerufen wurde; jedenfalls ist er im Sommer 1827 in einer solchen Stellung gewesen, wie wir aus einem *Bessel*schen Briefe vom 12. Oktober 1828 wissen. Dieser findet sich in einer getreuen Nachbildung im dritten Bande der Gesammelten Werke *Bessels* und kann dort leicht eingesehen werden. Nach diesem Schriftstück hat *J. Mahler* damals auf einen Fachmann von dem Range *Bessels* sogar einen ganz besonders günstigen Eindruck gemacht.

Die beiden Schwäger erscheinen in einem Preisverzeichnis vom 1. März 1839 als Eigentümer des alten optischen Instituts von *Utzschneider* u. *Fraunhofer*, wonach sich also *J. Utzschneider* nach 33 Jahren aus diesem seinem Besitz zurückgezogen hatte.

Ich sehe davon ab, die Geschicke des optischen Instituts in den Jahren nach 1826 eingehender zu schildern, da sie nicht mehr zu dem Gegenstande meiner Darstellung gehören, verweise aber auf *A. Seitzens (63)* Darstellung.

Zeittafel
zur Entwicklung der ursprünglichen mathematischen Werkstätte von 1802 bis 1824

1802   G. *Reichenbach* vereinigt sich mit *J. Liebherr* zur Gründung einer mathematischen Werkstätte in München. S. 13, 95, 158.

1804   August 20. *J. Utzschneider* tritt hinzu, und das Unternehmen heißt Mechanisches Institut von *Reichenbach, Utzschneider & Liebherr*. S. 13, 95, 158.

1806   vermutlich. Begründung eines kleinen optischen Instituts von *Utzschneider* und *Reichenbach* zunächst in München. S. 14, 59, 159, 165.

1807   Ende. Verlegung nach Benediktbeurn und Ausdehnung unter der Vorarbeiterschaft von *Fraunhofer*. S. 17, 159.

1809   Februar 7. *Fraunhofer* tritt als jüngster Leiter in das optische Institut von *Utzschneider, Reichenbach & Fraunhofer* in Benediktbeurn ein. S. 19, 159.

1813   Infolge eines Mißverhältnisses mit *Reichenbach* tritt *Liebherr* aus und macht sich selbständig. S. 159.

1814   Februar 17. *Reichenbach* scheidet aus dem Benediktbeurner Unternehmen aus und behält das mechanische Institut von *Reichenbach* in München mit *Tr. L. Ertel* als Werkführer. S. 23, 159.

Februar 20. *Utzschneider* und *Fraunhofer* leiten das optische Institut in Benediktbeurn. Daneben wohl gleich daselbst ein mechanischer Betrieb unter *R. Blochmann*. S. 23, 27, 117, 159/60.

Zeittafel für das mechanische Institut 199

1816 September 1. Mechanisches Institut in München von *Utzschneider, Liebherr & Werner.* S. 160.
1818 Anfang. *R. Blochmann* verläßt Benediktbeurn und wird vielleicht für kurze Zeit durch *Liebherr* ersetzt. S. 160.
1819 *Tr. Ertel* wird im Wiener Polytechnischen Institut mit 2000 fl Gehalt angestellt, aber bald von *Reichenbach* zurückgeholt. Dafür wird *Starke* von *Fraunhofer* weg- und nach Wien gezogen. S. 160/1.
Oktober. Das optische Institut wird nach München verlegt. S. 28.
1821 *Liebherr* ist der Leiter in dem mechanischen Institut von *Utzschneider, Liebherr & Werner.* S. 161.
1823 *Liebherr* trennt sich von dem jüngeren (dann aufgelösten?) mechanischen Institut und läßt sich in Kempten nieder. S. 162.
1824 Das ältere mechanische Institut nimmt die Bezeichnung an: *Reichenbach & Ertel* in München. S. 161/2.

V. FRAUNHOFER IN DER GESCHICHTE

Versuchen wir den Spuren nachzugehen, die sich in der Geschichte der Optik und der Optiker von *Fraunhofers* Leben und Wirken finden, so begegnen wir schon früh einem Aufsatz, den ein Ungenannter (S. 11) gegen das Ende des Jahres 1811 über ihn hat erscheinen lassen. *Fraunhofer* stand damals am Ende seines 25. Lebensjahres und war seit fast 3 Jahren an der Leitung des Benediktbeurner Unternehmens beteiligt. *Reichenbach* war noch im Vorstand und überschattete für die Außenstehenden den bescheidenen Optikermeister weit. Man wird den Verfasser in unseres Helden naher Umgebung suchen müssen, zumal er Einzelheiten aus dem Leben des Gefeierten angab, die nur einem durch näheren Umgang vertrauten Manne geläufig sein konnten. Über den schließlichen Besuch der Feiertagsschule durch *Fraunhofer* und über die mathematische Arbeit für das Spiegelfernrohr sind die uns hierin überlieferten Einzelheiten von einem ganz besonderen Wert. Leider versah es der Verfasser in seinem Eifer für seinen Helden damit, daß er Eltern und Vormünder des Knaben *Fraunhofer* mangelnder Sorgfalt und Teilnahme zieh, was ihm durch den Gefeierten selbst eine Richtigstellung von ziemlicher Schärfe eintrug. Die Zuverlässigkeit seiner sonstigen Schilderung hat aber *Fraunhofer* selbst nicht in Zweifel ziehen wollen.

Vor weiteren Kreisen hervorgetreten ist *Fraunhofer* jedenfalls um das Ende des Jahres 1819, wo das optische Institut von Benediktbeurn nach München verlegt und er selbst (S. 28) mit einer der 10 Schaumünzen für die bayrische Industrie-Ausstellung ausgezeichnet wurde. Es ist sehr möglich, daß er damals, nach 1819, von *J. Waldherr* gezeichnet, und daß sein Bild (*43* Anfang) danach von dem jüngeren *Vogel* in Kupfer gestochen wurde, wie er seitlich auf einem Stuhl sitzend über dessen Lehne hinweg den Beschauer ins Auge faßt. Dieses Bild muß als besonders gut gegolten haben, da man es später für die Äußerlichkeiten in Kleidung und Haartracht offenbar einem viel größeren Bilde zugrunde legte.

Ganz wichtige, freilich nur gelegentliche Auskunft über *Fraunhofers* Eintritt in das mathematische Institut erhalten wir 1821 (s. S. 13) von *Reichenbach* in einer Streitschrift gegen *Liebherr*, und man bedauert nur, daß seine Mitteilung nicht eingehender ist.

Einen besonders liebenswürdigen Eindruck muß *Fraunhofer* (S.39) auf *J. Fr. W. Herschel* im Jahre 1824 gemacht haben, was aus dessen Reisetagebuch hervorgeht. Er hat im Jahre 1825 auch öffentlich darüber gesprochen, um so entscheidender, weil er diese Schilderung als Schluß einer gegen *Fraunhofer* gerichteten Erklärung anhängte. Das ist eine besonders wertvolle Bezeugung der *Fraunhofer*schen Bescheidenheit im besonderen wie seiner Sitten Freundlichkeit im allgemeinen.

Auf die ehrbare Schicklichkeit von *Fraunhofers* Lebensführung im weitesten Sinne geht nach (*74* 18/9) *K. E. v. Moll* gelegentlich in seinen an den Anatomen *Sömmering* gerichteten Briefen ein, während er hinsichtlich der wissenschaftlichen Bedeutung bei Allgemeinheiten blieb.

Noch in dem Todesmonat ließ *J. Utzschneider* seinen Nachruf auf *Fraunhofer* erscheinen, leider ohne die ihm zur Verfügung stehenden Quellen irgendwie vollständig heranzuziehen. So ist die Darstellung des in *Fraunhofers* Leben hineinragenden Verhältnisses zwischen *Utzschneider* und *Guinand* unzuverlässig und durch den späteren wirtschaftlichen Wettbewerb beeinflußt. So wertvoll und unersetzlich gewisse dieser Angaben auch sind, so bedauert man, über einzelne wichtige Abschnitte im Leben des Gefeierten im unklaren gelassen zu werden. Völlig unbesprochen bleibt *Fraunhofers* uneigennützige Hingabe an seine wissenschaftlichen Aufgaben, für die er die kostspieligen Geräte aus eigner Tasche bezahlt hat. Wenn *Utzschneider* diese Opferwilligkeit seines großen Partners — er hat alle Ersparnisse seiner geschäftlichen Tätigkeit, d. h. alles, was die Bestreitung der Kosten eines mäßigen Lebens übrig ließ, dafür geopfert — wirklich nicht kannte, obwohl doch das Unternehmen die wesentlichsten Vorteile daraus gezogen hatte, so möchte man schon daraus auf eine einigermaßen lose Verbindung der beiden Partner in den allgemein menschlichen Beziehungen schließen. Auf *Fraunhofers* rätselhafte Stellung in der Leitung der Glashütte wurde auf S. 154 hingewiesen. Natürlich schweigt *Utzschneider* darüber völlig. Die geschäftliche Beziehung des großen Toten zu dem Verfasser des Nachrufs scheint gelegentlich allzu aufdringlich, und es wirkt in dem gleichen Sinne, wenn an den Schluß der Klagerede ein Abdruck des letzten noch durch *Fraunhofer* veröffentlichten Preisverzeichnisses geheftet ist. Es mag hier hervorgehoben werden, daß später *Utzschneider* in Bayern wegen seines Verhaltens zu dem Jüngling *Fraunhofer* gelegentlich (*70* 26 Anm.) getadelt worden ist; auf die Gestaltung des Dienstverhältnisses ist man in München zunächst nicht eingegangen.

Ungefähr zu der gleichen Zeit, wo der *Utzschneider*sche Nachruf erschien, hat König *Ludwig I.* von der Akademie einen Nachruf auf *Fraunhofer* eingefordert, um ihn in das Regierungsblatt für Bayern einrücken zu lassen. Unter den älteren Mitgliedern war wohl nur *J. Soldner* mit *Fraunhofers* Arbeitsgebiet genauer vertraut; doch war er damals bettlägerig, und die kurze Äußerung, die er trotz seiner Krankheit niederschrieb, erwies sich für jenen Zweck als entschieden nicht geeignet.

Der geistliche Rat *Fr. von Schrank* hingegen, dem in Ermangelung eines Geeigneteren die Erfüllung des vom König geäußerten Wunsches zufiel, war schon fast 79 Jahre alt und gezwungen, sich im Hinblick auf die äußeren Merkzeichen des *Fraunhofer*schen Lebens an den *Utzschneider*schen Nachruf zu halten. Diese Schilderung ist dann, stark bearbeitet und gekürzt (*52*), im Herbst 1826 in dem Bayrischen Regierungsblatte abgedruckt worden. Leider fehlten dem ehrwürdigen Verfasser wahre Kenntnisse über den großen Toten, immerhin hat *Fr. von Schrank* wenigstens über *Fraunhofers* mangelhafte Schulbildung einige Einzelheiten gerettet, die sich später namentlich bei *Fr. von Thiersch* wiederfinden.

Man kann es wohl verstehen, daß sehr bald nach dem Abscheiden unseres Helden in der Stadt seiner Geburt und in der seines Wirkens Denkmäler aufgestellt und Gedenktafeln enthüllt wurden. Eine entsprechende Ehrung ging auf König *Ludwig I.* zurück, der noch im dem Todesjahre unseres Helden einen seiner geschmackvollen, schweren Geschichtstaler (*42 554*) schlagen ließ, worauf die Bildnisse von *Fraunhofer* und *Reichenbach* unter dem aus dem Lied an die Freude stammenden Worte „Dem Verdienste seine Kronen" zu sehen waren.

Handelte es sich bis jetzt um eine allgemeine, nicht besonders in die Tiefe gehende Anerkennung allein für den äußeren Erfolg dieses wunderbaren Lebens, so beginnt schon 1828, also nur zwei Jahre nach seinem Ende, zunächst in der Wiener Schule das Streben nach einem tieferen Verständnis, der Versuch, seine Leitgedanken zunächst rein wiederholend lebendig zu machen. Es handelt sich hier, wie das ja auf den S. 62ff u. 71ff hervorgehoben wurde, um *J. J. Prechtl*s Vorführung seiner Arbeitsmaschinen und -hilfen, sowie um *S. Stampfer*s Untersuchungen seiner Fernrohrobjektive mit genauen Messungsangaben für alle Einzelheiten der Anlage.

Der Grund für diese Beschäftigung der Wiener Gelehrten mit dem Lebenswerk unseres Helden war der Wunsch, ihren Schutzbefohlenen unter den Wiener Optikern einen Teil der *Fraunhofer*schen Hinterlassenschaft zuzuwenden, was auch für das Fernrohrgeschäft ohne Frage gelungen ist. Auch hier sieht man die Weisheit des alten griechischen Weisen bestätigt, daß der Krieg aller Dinge Vater sei. Was die bloße staunende Bewunderung in München nicht erreicht hatte, gelang hier dem ersten Versuch eines von Wissenschaftern geleiteten Wettbewerbs: ein tiefergehendes Verständnis für bestimmte leitende Gedanken unseres Helden. Und dieser Einfluß ging, um kurze Zeit bei diesem Gegenstande zu verweilen, noch weiter. Die staunenswerte, wenn auch vielleicht etwas weltfremde Schutzherrenschaft der Wiener Gelehrten am polytechnischen Institut zog ein Dutzend Jahre danach einen jungen Wiener Hochschullehrer auf ihren Spuren nach. *Joseph Petzval* vermochte, offenbar in einer Art von Fortsetzung der *Stampfer*schen Beraterstellung, 1840 die wundersame, wenn auch leider nur allzu kurze Blütezeit der Wiener optischen Bestrebungen heraufzuführen. Das war doch nicht bloß ein Glück; denn ähnliche, ihrer Zeit weit vorauseilende Einwirkungen sind von englischen Gelehrten — ich erinnere nur an *G. B. Airy*, *R. H. Bow* und *Ch. P. Smyth* — damals und später der optischen Welt geschenkt worden, ohne daß sich die Optikerschaft Englands darum gekümmert hätte, sondern wir müssen der geduldigen Lehrtätigkeit durch *Stampfer* hier besonders gedenken: wenn er seine Schützlinge in der Arbeit nach *Fraunhofer*schem Muster schulte, so legte er eben den Grund dafür, daß dem ausführenden Optiker ein Verständnis der *Petzval*schen Erfindung aufging.

Neben dieser Wirkung nach Wien muß wohl auch eine gleichsam von der Allgemeinheit ausgesprochene Anerkennung der Leistungen des großen Optikers angeführt werden. Wir wissen aus den Schriften *E. T. A. Hoffmann*s, daß im Anfang des 19. Jahrhunderts mindestens in Norddeutschland *Dollond*s Ruhm als Hersteller guter Fernrohre so fest stand, daß man ein solches kurz einen „Dollond" nannte. *Hoffmann* folgte dieser Übung ohne ein Mißverständnis befürchten zu brauchen: *Dollond*s Ruhm war so festgewurzelt, daß ihm kein Eintrag geschah, wenn auch andere Hersteller — wir wissen das für *J. Ramsden* im Hinblick auf Darmstadt und Königsberg i. Pr. mit voller Bestimmtheit — ihre Rohre im deutschen Sprachgebiet absetzten. Eine solche Stellung nahm nun im Verlauf des 19. Jahrhunderts *Fraunhofer* ein: wir entnehmen den Schriften *Hackländer*s, daß noch lange — namentlich von Artilleristen und am Rhein — ein gutes Fernrohr als ein „Fraunhofer" bezeichnet wurde und nach (57 58) galt der gleiche Brauch auch anderswo im Vaterlande.

Doch kehren wir nach dieser Abschweifung auf *Fraunhofer*s Wirkung in die Ferne zu unserer Aufgabe zurück, das allmähliche Erwachen des Verständnisses für seine Persönlichkeit zu schildern. Da bringt das Jahr 1829 einen ganz gewaltigen, freilich damals anscheinend völlig unbeachtet bleibenden Fortschritt. Als der große englische Gelehrte *Michael Faraday* die Ergebnisse seiner mehrjährigen Arbeit an der Herstellung von optischem Glas schildern wollte, da ging er auch auf seine Vorgänger ein. Man wird vermuten, daß er sich wegen *Guinand* und *Fraunhofer* an *J. Fr. W. Herschel* gewendet hat, der unsern Helden ja persönlich gekannt hatte. Es zeugt für ein tiefes, durch *Herschel* vermitteltes Verständnis von des großen Technikers Wesen, wenn *Faraday* kurz und knapp, aber wuchtig und wie in Stein gehauen die Art der drei von *Fraunhofer* gelösten Aufgaben schilderte, seine Tätigkeit als rechnender und ausführender Optiker sowie als Schmelzmeister. Es scheint nicht, daß damals diese meisterliche Schilderung des großen Optikers einen tieferen Eindruck gemacht hat: für unser

Fach sollte noch mehr als ein halbes Jahrhundert vergehen, ehe die gleiche Dreiteilung der *Fraunhofer*schen Leistungen wiedererkannt und nunmehr in einer den engeren Fachleuten auch unvergeßlichen Weise verkündet wurde.

Eine Behandlung von *Fraunhofers* Objektivanlage mehr in dem *Stampfer*schen Sinne ging 1840 von *Fr. W. Bessel* aus und hatte den Vorteil, Astronomen auf die Arbeit *Fraunhofers* hinzuweisen, die wieder und wieder — man denke nur in zeitlicher Reihenfolge an *C. F. Gauß, K. D. v. Münchow, G. B. Airy, Fr. W. Bessel, L. Ph. Seidel, E. Abbe, Ch. P. Smyth, H. Bruns, K. Schwarzschild* — der Berechnung von Linsenverbindungen ihre Aufmerksamkeit geschenkt und ihre Arbeit zugewendet haben. Daran, daß *Bessel* mit seiner Behandlung des Heliometerobjektivs auf andere Astronomen, hier namentlich auf *Seidel* und *Abbe*, gewirkt hat, wird kein Zweifel erhoben werden.

Aber auch die allgemeine, nicht eben sehr in die Tiefe dringende Bewunderung für den erfolgreichen Techniker ließ in der Hauptstadt Bayerns verschiedene Arbeiten entstehen, die ein Zeugnis von der Nachhaltigkeit seiner Einwirkung ablegen, zum Teil aber auch durch den von oben herab beförderten Versuch beeinflußt worden sein werden, den alten Ruhm der optischen Leistungen zu München wieder aufleben zu lassen.

An frühester Stelle ist hier des Aufsatzes von *Fr. von Thiersch* zu gedenken, der 1852 in der Münchener Akademie verlesen wurde. So erfreulich auch die Tatsache einer solchen Anteilnahme an *Fraunhofers* Leistungen in einem so großen zeitlichen Abstande ist, so war der Berichterstatter doch zu wenig Techniker, um wirklich tief zu pflügen. Immerhin sind wichtige Einzelheiten zu der Geschichte unseres Helden hier gerettet worden, und man muß den Fleiß des alten Philologen aufrichtig anerkennen, womit er auf diesem ihm fremden Gebiete eine solche Leistung erreicht hat. Namentlich für die Umgebung *Fraunhofers* ist dieser späte Bericht ganz unschätzbar.

Der große Anstoß, den die Münchener Optiker 1856 durch *C. A. Steinheils* und *L. Ph. Seidels* Zusammenarbeit erhielten, warf auf *Fraunhofers* Tätigkeit neues Licht; *Seidel* gab seine Meinung dahin ab, daß unser Held bewußt das zweite der *Seidel*schen Fehlerglieder bei seinen von der Kugelabweichung im engern

Sinne befreiten Fernrohrobjektiven habe vernichten wollen. Es
erscheint indessen zweifelhaft, daß diese schöne Bemerkung in
der damaligen Zeit von weiteren Kreisen gewürdigt wurde.

Gegen Ende jenes Jahrzehnts schrieb der Geistliche *L. Jörg*
eine literarhistorische Abhandlung über die Arbeiten *Fraunhofers*
in wissenschaftlicher und praktischer Optik, um *Utzschneiders*
knappen Abriß zu ergänzen. Im wesentlichen handelt es sich dabei
um kurze Auszüge aus den wissenschaftlichen Arbeiten *Fraunhofers*; der praktischen Optik sind nur die Seiten 2 1/2 gewidmet,
übrigens ohne daß dabei wesentlich neue Angaben gemacht wurden.
Ganz augenscheinlich hat der Verfasser mit *G. Merz* in Verbindung
gestanden, und die Auffassung von *Fraunhofers* Wesen und Leistungen ist — beispielsweise im Hinblick auf *Guinand* — ganz die
altgewohnte, von *Utzschneider* eingeführte. Irgendeine Absicht,
die 1859 noch vorhandenen persönlichen Erinnerungen planmäßig
zu sammeln — namentlich bei *Fr. A. Pauli* hätte ein Versuch gemacht werden müssen —, scheint er nicht gehabt zu haben. Das
wenige, das er neu mitteilt, stammt von *G. Merz* und von *Schlichtegroll*; der letztgenannte ist in der Krankheit *Fraunhofers* um ihn
gewesen, und es ist möglich, daß er in seinem bei *Jörg* mitgeteilten
Briefe die zwischen dem 2. und 4. Mai eingetretene Verschlechterung
seines Befindens geschildert hat.

Wohl durch diesen Versuch wurde das *Merz*ische Haus angeregt,
sich mit der Geschichte des großen Optikers zu beschäftigen, und
es tat aus einer viel genaueren Kenntnis der Benediktbeurner Verhältnisse heraus einen ganz erfolgreichen Schritt. *S. Merz* jedenfalls brachte den alten, zu Benediktbeurn bereits im Ruhestande
lebenden Lehrer *A. Rockinger* dazu, 1869 seine Erinnerungen —
freilich aus einem Abstande von 53 Jahren — niederzuschreiben.
Und das geschah von ihm einfältigen und treuen Herzens, so daß
man nur bedauern kann, daß diese Möglichkeit nicht schon viel
früher benutzt worden ist. Ganz ungemein wertvolle Angaben
über den äußeren Eindruck von *Fraunhofers* Wesen, über seine
Leitung der Benediktbeurner Glashütte — beides vom Ende 1816
ab — und über das Lebensende unseres Helden konnten auf diese
Weise noch gerettet werden.

Nun nahte allmählich die 100. Wiederkehr von *Fraunhofers* Geburtstag, und von den zahlreichen Veröffentlichungen bei dieser

Gelegenheit sind einige für unser Vorhaben ganz unersetzlich. Inhaltlich an erster Stelle steht eine auf *E. Voit* zurückgehende Zusammenfassung. Er war für eine solche Darstellung wohl vorbereitet, denn er hatte schon im Jahre 1883 sehr wertvolle geschichtliche Mitteilungen von der alten Werkstätte veröffentlicht; sie sind hier (S. 197) besonders für das folgenschwere Jahr 1826 verwertet worden, da sie allein eingehender über einige der Schritte berichten, die *Utzschneider* tat, um sich eine wissenschaftliche Hilfskraft zu sichern. — Bei diesem neuen Anlaß wurde der ungemein zuverlässige Verfasser wegen seiner nahen verwandtschaftlichen Beziehungen zu dem *Steinheil*schen Hause auch von dieser Werkstätte unterstützt und schildert namentlich die Verfahren der Flächengestaltung so, wie sie sich damals noch in München auf Grund örtlicher Überlieferung erhalten hatten. Alle sonstigen Angaben, namentlich auch die Hinweise auf frühere Behandlungen, sind von vorbildlicher Zuverlässigkeit. Man darf darauf hinweisen, daß sich die *Steinheil*sche Werkstätte von jeher als eine Fortsetzerin der großen, auf *Fraunhofer* zurückgehenden Überlieferungen empfunden hat. Man verdankt dieser Darstellung einige, über *Prechtl* noch hinausgehende Kenntnis, und es soll bei dieser Gelegenheit auch an die Dienste erinnert werden, die *E. Voit* bei der Sicherung des *Utzschneider*schen Nachlasses für das Deutsche Museum geleistet hat. Wenn wir überhaupt wissen, was *P. L. Guinand* im Oktober 1805 nach Benediktbeurn mitgebracht hat, und beurteilen können, auf welchen Grundlagen beide Fachmänner in der Zeit von 1809 bis 1813 weiter gearbeitet haben, so ist das in hohem Maße *E. Voit*s Verdienst als Sammler.

Wesentlich weniger lehrreich ist die akademische Rede, die *Bauernfeind (3) Fraunhofer*n widmete. Man vermißt die bei *Voit* so auffällige Aufmerksamkeit für die Kleinigkeiten, und neue große Gesichtspunkte kann man der Rede nicht entnehmen, da der Redner dem Lebenswerke seines Helden schwerlich sehr nahe gestanden hat.

Einen ganz wichtigen Fortschritt in der Erkenntnis *Fraunhofers* aber begründet die Erinnerungsrede, die *Ernst Abbe (1)* an dem 100. Geburtstage hielt und die — freilich viel später — im 2. Bande seiner gesammelten Werke veröffentlicht wurde. Hier wurde genau in *Faradays* Weise — dessen Darstellung wird dem Jenaer Gelehrten nicht bekannt gewesen sein — die Dreiteilung in den Bestrebungen *Fraunhofers* deutlich hervorgehoben. Aber was mehr war, als *Faraday* zu geben vermochte, hier sprach ein technischer Optiker von langjähriger Erfahrung und einer vergleichbaren technischen Schulung über die Verwirklichung der höchsten Ziele der Technik. Wohl merkt wer sich in die Gedanken des Redners hineinversetzt, daß *Abbe* ebenfalls um die drei Ziele gerungen hatte, die dem vollendeten Optiker gesteckt waren. Und als nun mit Hilfe der glänzenden Begabung *Otto Schotts* auch die Aufgabe, optisches Glas zu schmelzen, so weit gefördert worden war, daß *Abbe* die Ergebnisse zur Verbesserung von Mikroskop und Fernrohr verwenden oder verwenden lassen konnte, da sind ihm die wohl erkämpften Ruhmeskränze eine Ehrengabe für den frühesten technischen Optiker Deutschlands, die er huldigend vor seinem Standbilde niederlegt. Hohen Sinnes tritt der erfolgreiche Meister vor dem frühen Wettbewerber zurück, den der Tod aus der Rennbahn abgerufen hatte, ehe er alle Kränze errungen hatte, die ihm winkten, und läßt ihn vor dem Auge des Lesers erstehen, ewig jung und ewig schön als Schutzgeist der optischen Technik für alle Zeiten. *Abbes* reine und spiegelklare Schilderung haftet, abgezogen, am Gedanken und in der Idee und nimmt nur selten auf das enge und arme Leben seines und unseres Helden nahen Bezug. Es ist eben so, wie er an anderer Stelle von seinem Freunde *Carl Zeiß* und dem von ihm begründeten Werke sagt: worauf es ihm bei der Schilderung ankommt, ist das Werden und Wachsen der unsterblichen Idee. Ihr sterblicher Träger ist mehr daran wie der Schauspieler zu bewerten, dessen Verkörperung seiner Rolle, sie sei noch so vollkommen, nicht über das Urbild hinauszugehen vermag, das vor dem Auge des von der Muse begnadeten Dichters stand.

Man kann wohl sagen, daß in dieser grundsätzlichen Würdigung *Fraunhofers* ein entscheidender Abschnitt erreicht worden war und daß weiteren Darstellern nun nur noch blieb, was *Abbe* unvollendet gelassen hatte: die Sammlung weiterer zuverlässiger Einzelheiten und vielleicht noch die klarere Einordnung der *Fraunhofer*schen Tätigkeit in ihre Umwelt.

Im Jahre 1888 erschien dann, im Zusammenhang mit der soeben verklungenen Hundertjahrfeier, die von *E. Lommel* mustergültig besorgte Ausgabe von *Fraunhofers* Schriften, wie sie die Mathematisch-Physikalische Klasse der Königl. Bayrischen Akademie herausgab. Erst dadurch wurde den meisten der lebenden Fachleute der Zugang zu den Veröffentlichungen unseres Helden erschlossen. Ebenfalls die erste Aufgabe wurde im laufenden Jahrhundert wohl zuerst von dem gealterten *Hugo Schröder* (s. S. 61) aufgenommen. Gewiß war dieser Techniker durch den Verlauf seines Lebens verbittert und konnte nicht ganz seine Neigung zu zuversichtlichem Aburteilen zügeln, aber soweit er überhaupt einen technischen Optiker gelten lassen konnte, hat er es bei *Fraunhofer* getan. Da er in seiner Lehrlingszeit von einem alten Gesellen geschult worden war, der seine Anleitung durch einen bei *Fraunhofer* ausgebildeten Arbeiter erhalten hatte, so vermochte er in seiner Mitteilung noch einige Reste der Benediktbeurn-Münchener Überlieferung zu retten und nicht bloß eine scharfe und schwerlich gerechte Kritik der *Prechtl*schen Bemühungen zu geben. Auf S. 64 bis 70 ist zusammengestellt worden, was sich jenen *Schröder*schen Erinnerungen als unserm Zwecke dienlich entnehmen ließ.

Sehr bald darauf ist das große Werk *J. Repsolds* zu nennen, das sich in einer besonders ansprechenden Weise über unsern Helden äußert. In seiner mit Liebe und Anerkennung geschriebenen Darstellung bringt *Repsold* nicht allein aus einzelnen Briefen wertvolle neue Kunde, sondern er versucht auch die Einflüsse zu scheiden, die auf *Fraunhofers* mechanische Anlagen wirkten, sowie den nicht durchweg freundlichen Beziehungen nachzugehen, wie sie zwischen *Utzschneider* sowie *Reichenbach* und unserm Helden bestanden. Auf seine langjährige Erfahrung als ausführender Techniker gestützt, kommt er auf eine vielleicht allzu günstige Beurteilung *Utzschneiders*, die indessen in jeder späteren Darstellung beachtet werden sollte, und zeigt im ganzen ein tiefes Verständnis, ja eine wahre Liebe für die Schöpfer der Münchener Feinoptik und -mechanik.

Eine größere Teilnahme der Fachkreise wurde erst wieder durch die 100. Wiederkehr von *Fraunhofers* Todestag wachgerufen, und man darf auf die sorgfältige Zusammenstellung früherer Bemühungen durch *Fr. Klemm* (*19*) mit Anerkennung hinweisen. Unter diesen Veröffentlichungen trägt das *Seitz*ische Büchlein ein ganz besonderes Gesicht. Hier ist mit großem Glück versucht, eine Reihe von Schriftstücken, Briefen, Preislisten, Schilderungen,

Erinnerungsaufsätzen zusammenzutragen, auf die ich im vorhergehenden wieder und immer wieder zurückgreifen mußte. Vieles wurde wieder ins Gedächtnis zurückgerufen, anderes, so namentlich der *Rockinger*sche Bericht und die amtlichen Verhandlungen wegen der Übernahme der Werkstätte durch den Staat sind weiteren Kreisen überhaupt erst durch die kleine Schrift bekannt geworden. Der Verfasser beginnt auch mit einer vorsichtigen Kritik des Empfanges und der Aufnahme, die dem wunderbaren Manne geboten wurde, da er noch lebte.

Dem Herausgeber mag es vergönnt sein, hier auch auf seine Bemühungen in jenem Erinnerungsjahr hinzuweisen. Ihm schien es zunächst notwendig, sich mit der Geschichte der *Guinand*schen Bemühungen um das optische Glas abzugeben, damit man zu einer gerechten Würdigung dieses bedeutenden Technikers komme. Im Hinblick auf *Fraunhofer* empfand er die Verpflichtung, seine Beziehungen zur wissenschaftlichen und technischen Umwelt herauszuarbeiten, sowie zu zeigen, worauf *Fraunhofer* fußte und wie er auch in kleinen Dingen eigenartig und gedankenreich das ihm anvertraute Unternehmen stetig und sicher auf immer größere Höhen führen konnte.

Wenn jetzt der Versuch gemacht wird, das Bild des großen Optikers zu entwerfen, wie es den Fachleuten in seinem Vaterlande mehr als ein Jahrhundert nach seinem Tode erscheint, so wird man geneigt sein, zunächst dankbar anzuerkennen, daß er der Schöpfer der Feinoptik und Feinmechanik in Deutschland gewesen ist.

Möglich wurde ihm das, weil sich bei ihm mit einer ganz hohen Begabung für wissenschaftliche und technische Dinge eine Arbeitsfähigkeit und -freude verband, die ihresgleichen sucht. Bemüht man sich mit den heute üblichen Bezeichnungen die Pflichten zu umschreiben, denen er regelmäßig genügte, so war er einmal der Betriebsingenieur, und zwar sowohl für die Maschinen zur Gestaltung und nachträglichen Bearbeitung der Flächen als auch für die Fernrohraufstellungen; daneben wirkte er als rechnender Optiker für Objektive und Okulare und als Schmelzmeister der Glashütte. Die Leitung des optischen Instituts lag ihm in der Münchener Zeit allein ob, wie das *Utzschneider* selbst gelegentlich ausgedrückt hat, und zwar hatte er dabei nicht nur die Münchener

Arbeitsstätte, sondern auch die Benediktbeurner Angestellten zu versehen, deren Anzahl (57 37 β) vielleicht nicht eben unbedeutend sein mochte. So ganz wichtige Anordnungen wie die Einführung der bis ins kleinste durchgebildeten Teilarbeit hat er sicher schon 1809 getroffen, um die Verwirklichung des mittels vorausgehender Berechnung entwickelten Plans möglichst unabhängig zu machen von der persönlichen Erfahrung des Arbeiters. Den wissenschaftlichen Briefwechsel mit gelehrten Astronomen hat er mit musterhafter Treue selber geführt, wo nötig in französischer Sprache. Und neben dieser Arbeitslast hat er als Musterarbeiter noch kurz vor 1819 das 9zöllige (Dorpater) Objektiv selber geschliffen und poliert, bei der Ausrichtung der großen Fernrohre geholfen, ja mit eigener Hand die erstaunlich feinen Faden- und Strichgitter für seine grundlegenden Untersuchungen hergestellt. Daß er mit deren Hilfe noch seine wissenschaftlichen Arbeiten, Messungen von unerhörter Feinheit, in den dem Drängen des Arbeitstages abgestohlenen Stunden planen, ausführen und veröffentlichen konnte, zeugt mehr für seine Liebe zur Wissenschaft, als es die beredteste Schilderung vermöchte.

Wir verstehen es völlig, wenn ihm die Pflichten in seiner akademischen Stellung mit der Berichterstattung über technische Fragen von zweiter oder dritter Wichtigkeit sowie der Aufgabe, öffentliche Vorlesungen zu halten, häufig unwillige Seufzer abgepreßt haben. Leider hat er sich eine Hilfskraft erst dann herangezogen, als es zu spät und die Uhr seines Lebens fast abgelaufen war.

Ein einsamer Junggeselle, anscheinend auch ohne einen ihm wirklich nahestehenden Freund, hat er von dem Glanz und Schimmer, die aus seiner Arbeit entstanden, äußerlich nichts gehabt als Mühe und Sorgen, im Herzen aber das Gefühl einer treu erfüllten Pflicht.

Wir aber, deren Wandel daran gebunden ist, was er an gültigen Sätzen gefunden, wir wollen es aussprechen, daß sich, bei aller Bewunderung für sein Werk, unser Herz dem Meister des Werks noch mehr öffnet; wie ihm der Genuß nichts war und die Erfüllung seiner Pflicht alles, wie er seinen kümmerlichen Körper überlastete, um die Forschungen zu vollenden, denen er sich allein gewachsen wußte, wie er, ob auch gekränkt und enttäuscht, dem aus dem Nichts geschaffenen Unternehmen in schweigender Treue diente.

Die Samenkörner, die er weitausholenden Schwunges in den Acker der feinoptischen Betätigung Deutschlands warf, sind in schöner Fülle aufgegangen, und ein Geschick, das ihm den Freund versagte, hat ihm zwei Menschenalter nach seinem Hinscheiden einen Geistesenkel als seines Werks Vollender gewährt. An den Wundergaben von Befähigung, Fleiß und Hingabe an die Wissenschaft ihm ebenbürtig, durch die allgemeinen Umstände und die Lebensdauer vor ihm begünstigt, hat *Ernst Abbe* die Blütenträume reifen sehen, die ihm schon früh vor Augen schwebten. Uns als seinen Schülern wird es immer eine frohe Empfindung bleiben, daß ein von solchen Erfolgen gekrönter Mann seine Mit- und seine Nachwelt ernst und beredt aufgefordert hat, von ganzem Herzen Stolz zu empfinden auf *Joseph Fraunhofer*, Deutschlands ersten und entscheidenden Optiker,

        denn er war unser.

QUELLENVERZEICHNIS

(Man wolle die optisch wichtigeren Verfasser aus früherer Zeit
auch im Namenweiser aufschlagen)

1. Abbe, E., Gedächtnisrede auf Joseph Fraunhofer. Zur Feier des 100jährigen Geburtstages Fraunhofers gehalten im Hörsaal des Physikalischen Instituts zu Jena am 5. März 1887.
Ges. Abh. 2, 319/38.
207.

2. von Bauernfeind, C. M., Gedächtnisrede auf Friedrich August von Pauli.
München, F. Straub, 1884. 24 S., 4°.
36, 44.

3. —, —, Gedächtnisrede auf Joseph von Fraunhofer. Zur Feier seines hundertsten Geburtstags.
München, G. Franz, 1887. 30 S., 4°.
196, 207.

4. Becker, E., Mikrometer u. Mikrometermessungen. 64—244 im 3. Bd. 1. Abt. von Valentiners Handwörterbuch der Astronomie.
118, 119.

5. Bessel, Abhandlungen von Friedrich Wilhelm —. Herausgegeben von R. Engelmann in drei Bänden. Namentlich der 2. Bd. Leipzig, W. Engelmann, 1876.
62, 84, 120, 126.

6. Boegehold, H., Die Lehre von der Beugung bis zu Fresnel und Fraunhofer.
Die Naturw. 1926, 14, 523/33.
5 + (4. VI.).
134, 136, 137, 140.

7. —, —, Der Glas-Wasser-Versuch von Newton und Dollond.
Forsch. Gesch. Opt. 1, 7/40, 4 + (Dez. 1928).
79, 113.

7a. —, —, gibt 13 mit heraus.
Forsch. Gesch. Opt. 1, 51/2 (Mai 1929).
77, 78.

7b. —, —, Ein Dollondsches Lehrprisma.
Forsch. Gesch. Opt. 1, 86/9. + (Mai 1929).
191.

8. Czapski, S., Mittheilungen über das glastechnische Laboratorium in Jena und die von ihm hergestellten neuen optischen Gläser.
Zft. f. Instrknde. 1886, 6, 293/9 (Sept.-Heft); 335/48. 2 + (Okt.-Heft).
114.

9. Döbling, H., Die Chemie in Jena zur Goethezeit.
(Zft. Ver. Thür. Gesch. u. Altertumskde. [2], 13. Beih.)

Jena, G. Fischer, 1928, XII. 220 S., 8°, 5 +.
98, 194.

10. Dollond, G., A catalogue of optical, mathematical and philosophical instruments, made by —, —.
Astr. Nachr. 8, 41/8 (Nr. 170 vom Dez. 1829).
173, 192.

11. Dyck, W., Katalog mathematischer und mathematisch-physikalischer Modelle, Apparate und Instrumente. Unter Mitwirkung zahlreicher Fachgenossen herausgegeben im Auftrage des Vorstandes der [Deutschen Mathematiker-] Vereinigung.
München, C. Wolf & Sohn, 1892. XVI. 430, viele +.
—, —, Nachtrag.
Ebenda, 1893. X. 135, viele +.
68.

12. Elsner v. Gronow, H., C. F. Gaußens Reise nach München und Benediktbeuren im Jahre 1816. Centr. Ztg. f. Opt. u. Mech. 1928, 49, 18/20 (20. I.).
20, 22, 25, 112.

13. Fraunhofer, J., Aufsatz über parabolische Spiegel und Beschreibung krummliniger Segmente in Anwendung auf die Verfertigung elliptischer, parabolischer und hyperbolischer Spiegel zu Teleskopen (März 1807).
Forsch. Gesch. Opt. 1, 42/51. 12 + (Mai 1929). S. a. 7a und 50a.
17, 57, 63, 66, 76, 77, 127.
—, Mitteilungen, meist aus seinen Nachlaßpapieren:
Auskunftszettel im Betriebe 41/2.
Zur endgültigen Ausrichtung der Linsen eines guten Fernrohrobjektivs 76.
Zu späteren Fernrohrformen 86.

Das Schmelzen des Kronglases 103/8.
Über die parallaktische Aufstellung 120.
Zu einer seiner Vorlesungen 144/5.
Lohnliste für Glasarbeiter 151.
Alte Beschreibung eines Nachtglases [von Fraunhofer?] 170.
Gebrauchsanweisung für ein Mikroskop 189.
Fraunhofers Arbeitsvorschriften s. unter 48.

14. Guinand, A., Brief des Herrn Aimé Guinand an die Herren Herausgeber der Bibliothèque universelle.
Astr. Nachr. 8, Nr. 186 vom Sept. 1830, 341/6.
Abgedruckt aus Bibl. Univer. Sciences et Arts. 1830, 43, 222/8; die hier in Betracht kommende Stelle steht auf S. 225.
21.

15. Herschel, J. F. W., Schreiben des Herrn — — F. R. S. an den Herausgeber. Slough. 1825, Aug. 15.
Astr. Nachr. 4, Sp. 231/5 (Nr. 85 v. Sept. 1825).
Anführung vergessen. Gehört nach 39 β u. 79 α.
Jähns, Max, s. unter 20.

16. Jörg, L., Fraunhofer und seine Verdienste um die Optik. I. D. München, 1859. 36 S. kl. 8°.
59, 134, 174.

17. Keller-Zschokke, Joh. Val., Eine schweizerische Schmelzhütte für optisches Glas in Solothurn 1831—1857 und Theodor Daguet Fabrikant optischer Gläser 1795 bis 1870.
Solothurn, Vogt-Schild, 1926. (1 Bl.) 126 S. 8° mit 6 Bildern.

Man sehe auch die Besprechung Zft. f. Instrknde. 1926, 46, 598/600 (Nov.-Heft). 101.

18. Keßler, H., Eine alte Linsen-Schleifbank und die zugehörigen Werkzeuge. Deut. Opt. Wochschr. 1925, 11, 767/9, 771/2, 2 + (27. XII.). 54/5.

19. Klemm, Fr., Joseph von Fraunhofer. Zur hundertsten Wiederkehr seines Todestages am 7. Juni 1926. Opt. Rdsch. 1926, 17, 311/5, 2 + (4. VI.). 209.

v. Klöden, K. Fr., s. unter 20.

20. Koetschau, Karl, Karl Friedrich von Klödens Jugenderinnerungen. Nach der ersten von Max Jähns besorgten Ausgabe neu bearbeitet von —, —. Leipzig, Insel-Verlag, 1911. VIII, 496 S. 8°. Bildnis. 31.

21. Liebherr, Joseph, [Nachruf auf —, —]. Voigts Neuer Nekrolog der Deutschen. 1840. 18, 2, 998/9. 159, 160, 161, 162.

22. Lommel, E., Joseph von Fraunhofers gesammelte Schriften: Im Auftrage der mathematisch-physikalischen Klasse der Königlich Bayerischen Akademie der Wissenschaften herausgegeben von —, —. München, G. Franz, 1888, XIV, 310 S. 4°. Bildnis u. 14 Tfln. 13, 23, 36, 66, 70, 76, 79, 81, 88, 114, 118, 119, 121, 122, 124, 129, 133, 134, 135, 136, 138, 139, 140, 141, 142, 145, 152, 167.

23. Manzini, C. A., L'occhiale all' occhio dioptrica pratica. Dove si tratta della luce; della refrattione de raggi; dell' occhio; della vista; e de gli aiuti; che dare si possono a gli occhi per vedere quasi l'impossibile. Dove in oltre si spiegano le regole pratiche di fabbricare occhiali a tutte le viste, e cannocchiali a osseruare i planeti, e le stelle fisse, da terra, da mare, et altri da ingrandire migliaia di volte i minimi de gli oggetti vicini. Bologna, Benacci, 1660 (12), 268, (4) S. kl. 4° mit einem Bildn. S. a. die Übersetzung über den Linsenschleifer D. Rambottino. Die Naturw. 1920, 8, 534. 50.

24. Meyer, Fr., Fraunhofer als Mechaniker und Konstrukteur. Die Naturw. 1926, 14, 533/8. 4 + (4. VI.). 119, 120.

25. Pernter, J. M., Meteorologische Optik. Wien und Leipzig. W. Braumüller 1901, 1906, 1910. XVII, 799 S. gr. 8° mit vielen +. 141, 142.

26. Pichler, A., Optiker in Kärnthen. Zft. f. ophth. Opt. 1925, 13, 34/6 + (14. V.). 165.

27. Prechtl, J. J., Praktische Dioptrik als vollständige und gemeinfaßliche Anleitung zur Verfertigung achromatischer Fernröhre. Nach den neuesten Verbesserungen und Hülfsmitteln und eigenen Erfahrungen. Wien, G. Heubner, 1828, XII. 296 S. 8°. 4 Tfln. 60, 62, 64, 69, 70, 71, 72, 74.

28. Radau, R., Sur la théorie des héliostats. Bull. Astron. 1884, 1, 153/60. 5+. 125.

29. [Ramsay, W.] The Worshipful Company of Glass Sellers of London. [London, Privatdruck] 1898. 152, [II. Bl.] S. 8°, mit vielen Abbildungen.
5.

30. Reichenbach, G., Berichtigung der von Hrn. Mechanikus Jos. Liebherr in München abgegebenen Erklärung über die Erfindung meiner Kreiseintheilungs-Methode (21. Apr.).
Gilb. Ann. 1821, 68, 33/59.
13, 15, 158, 161.

31. Repsold, Joh. A., Zur Geschichte der astronomischen Meßwerkzeuge von Purbach bis Reichenbach.
Leipzig, W. Engelmann, 1908. VIII, 192 S. 4° mit 171 +.
9, 32, 33, 34, 95, 119, 121, 125, 160, 162, 191.

32. R[eynier], E., Notice sur feu Mr. Guinand, opticien; demeurant aux Brenets, Canton de Neuchatel (abgeschl. Jan. 1824). Bibl. Univers. Sciences et Arts. 1824, 25, 142/58 (Febr.-Heft); 227/36 (März-Heft). 2 +.
S. a. den im allgemeinen sorgfältigen Auszug:
—, —, Bemerkungen über den verstorbenen Optiker Guinand zu Brenets im Canton Neuchatel.
Verh. Bef. Gewerbfl. 1826, 5, 197/206. 2 + auf Tfl. X.
101.

33. Richter, Rob., Das sekundäre Spektrum unvollkommen achromatisierter Systeme.
Centr. Ztg. f. Optik u. Mech. 1923, 44, 59/63 (15. III.).
132.

34. v. Rohr, M., Zur Geschichte des optischen Glases.
Deut. Opt. Wochschr. 1915/16 [1] 369/72; 382/5; 395/6; 404/5; 419/20; 431/4; 444/5; 470/1; 2 + (vom 19. III. ab in Wochennummern).
102, 158.

34a. S. a. den Nachtrag ebenda, 1917 [2.] 207/9 (27. V.).

35. v. Rohr, M., Die binokularen Instrumente. 2. Aufl.
Berlin, J. Springer, 1920. XVII, 303 S. 136 +.
174.

36. —, —, Zu Otto Schotts siebzigstem Geburtstage. Mitteilungen aus der Geschichte der technischen Optik.
Die Naturw. 1921, 9, 999/1010 (16. XII.).
152.

37. —, —, The Thomas Young Oration: Contributions to the history of the spectacle trade from the earliest times to Thomas Young's appearance (27. XI. 1923).
Trans. Opt. Soc. 1923/4, 25, 41/71. 14 +.
B. Conrads Brief in lateinischer Sprache S. 69; in deutscher Übersetzung
Centr. Ztg. f. Opt. u. Mech. 1924, 45, 225/6.
50.

38. —, —, Ein neuer Beitrag zur Geschichte der Brillenherstellung.
Zft. f. ophth. Opt. 1924, 12, 120/7. 8 + (31. VII.).
174.

39. —, —, Die Entwicklungsjahre der Kunst, optisches Glas zu schmelzen. (Ein Versuch zusammenfassender Darstellung.)
Die Naturw. 1924, 12, 781/97, + (26. IX.).
96, 149, 154, 155, 157.
S. a. den Nachtrag.

39a. Ebenda 1925, 13, 619/22, + (16. VII.)
18.
40. v. Rohr, M., Die Voigtländersche optische Werkstätte und ihre Umwelt. Ein Ausschnitt aus einer weitergreifenden Darstellung photographisch-optischer Betätigung.
Zft. f. Instrknde. 1925, 45, 436/54 (Sept.-Heft); 470/83 (Okt.-Heft).
56, 183.
40a. S. a. den Nachtrag ebenda, 1926, 46, 76/7 (Febr.-Heft).
102.
41. —, —, Pierre Louis Guinand, geb. den 20. April 1748, gest. den 13. Februar 1824.
Zft. f. Instrknde. 1926, 46, 121/37 (März-Heft); 189/97 (April-Heft). 14 +.
17, 94, 97, 164.
42. —, —, Joseph Fraunhofer als der Schöpfer der deutschen Feinoptik. Die Naturw. 1926, 14, 539/52. + (4. VI.).
16, 18, 31, 66, 78, 130, 203.
43. —, —, J. Fraunhofers Forschungen zur Glasbeschaffenheit und Farbenhebung sowie seine Leitung der Glashütte zu Benediktbeurn.
Zft. f. Instrknde. 1926, 46, 273/89, 2 + u. 1 Bildnis (Juni-Heft).
20, 22, 111, 114, 129, 156, 201.
44. —, —, Fraunhofer's work and its present-day significance. (17. VII. 26.)
Trans. Opt. Soc. 1925/6, 27, 277/94, 16 +.
81, 82, 85.
45. —, —, Zu Friedrich Körners Gedächtnis.
Deut. Opt. Wochschr. 1927, 13, 53/5, 57 (30. I.).
26, 34, 194.

46. v. Rohr, M., Contributions to the history of English opticians in the first half of the nineteenth century (with special reference to spectacle history). (12. V. 27).
Trans. Opt. Soc. 1926/7, 28, 117/48, 20 +.
Die Bezugnahme auf J. Marshall s. S. 146/7.
50.
47. —, —, Zur Erinnerung an Hugo Schröder.
Centr. Ztg. f. Opt. u. Mech. 1927, 48, 275/6, 278/80 (5. XI.) mit Bildn.
61.
48. —, —, Hugo Schröders Beiträge zur Kenntnis Fraunhoferscher Arbeitsvorschriften.
Centr. Ztg. f. Opt. u. Mech. 1927, 48, 305/8 (5. XII.).
50, 61, 64, 66, 67, 70.
49. —, —, P. L. Guinands Anweisung zum Glasschmelzen. Übersetzt und herausgegeben von —, —.
Zft. f. Instrknde. 1928, 48, 438/53; 501/14; 548/59; 600/13 (Sept. bis Dez.), 14 +.
94, 96, 97, 98, 103.
50. —, —, Eine Erinnerung an Joseph Fraunhofer.
Forsch. Gesch. Opt. 1, 2/6 (Dez. 1928).
22, 38, 99, 102, 157.
50a. —, —, gibt 13 mit heraus.
Forsch. Gesch. Opt. 1, 51/2 (Mai 1929).
66, 77, 188.
51. —, —, sammelt verschiedene Schriftstücke zur Geschichte Fraunhofers in einem Sonderheft.
Forsch. Gesch. Opt. 1, 53/74. 3 + (Mai 1929).
17, 23, 33, 35, 59, 111, 119, 124, 125, 132, 133, 136, 144, 152, 154, 161, 187, 191.

52. [von Schrank, Fr.] Nekrolog.
Regierungs-Blatt für das Königreich Bayern. 1826, 716/32 (21. X.).
5, 9, 27, 202.

Schröder, H., s. unter 47 und 48.

53. Seidel, L., Zur Dioptrik. Über die Entwicklung der Glieder dritter Ordnung, welche den Weg eines außerhalb der Ebene der Axe gelegenen Lichtstrahles durch ein System brechender Medien bestimmen.
Astr. Nachr. 1856, 43, (Nr. 1027 v. 4. Juni) 289/304; (Nr. 1028 v. 9. Juni) 305/20; (Nr. 1029 v. 11. Juni) 321/32.
Münch. Gel. Anz. 1855, Nr. 16 u. 17.
80.

54. Seitz, A., Holzrohre für Fernrohre.
Deut. Mech.-Ztg. 1916, 187/8. Aufführung vergessen. Gehört zu den Holzrohren der Preislisten 176/9.

55. —, —, Der Münchner Optiker Josef Niggl.
Centr. Ztg. f. Opt. u. Mech. 1923, 44, 150/4 (5. VII.).
11, 17.

56. —, —, Ein Beitrag zur Geschichte des optischen Glases.
Deut. Opt. Wochschr. 1925, 11, 757/61 (20. XII.).
116.

57. —, —, Josef Fraunhofer und sein optisches Institut.
Berlin, J. Springer, 1926, 118 S., kl. 8° mit 6 Tfln.
4, 6, 7, 9, 11, 12, 14, 15, 17, 18, 19, 20, 22, 23, 25, 26, 27, 28, 35, 36, 37, 39, 42, 43, 44, 45, 54, 56, 58, 59, 70, 71, 74, 79, 80, 100, 102, 115, 116, 133, 143, 149, 150, 152, 157, 161, 163, 164, 165, 166, 167, 168, 169, 172, 182, 194, 197, 204, 211.

58. Seitz, A., Beiträge zu den Bestrebungen Utzschneiders, optisches Glas zu gewinnen.
Deut. Opt. Wochschr. 1927, 13, 199/200 (10. IV.).
95.

59. —, —, Kleine Beiträge zur Geschichte des optischen Glases.
Deut. Opt. Wochschr. 1927, 13, 217 (17. IV.).
115.

60. —, —, Eine kleine Ergänzung zu der Lebensgeschichte des Münchner Optikers Josef Niggl.
Centr. Ztg. f. Opt. u. Mech. 1927, 48, 134/5 (20. V.).
18.

61. —, —, Der Betrieb in der Benediktbeurer Glashütte für optisches Glas.
Deut. Opt. Wochschr. 1927, 13, 313/5, 318/9 (12. VI.); 356/9 (26. VI.), 3 +.
103.

62. —, —, Mitteilung aus dem Fraunhoferschen Werkstattbetrieb.
Centr. Ztg. f. Opt. u. Mech. 1927, 48, 169/72 (5. VII.); 179/83 (20. VII.).
67.

63. —, —, Die Utzschneider-Fraunhofersche optische Werkstätte nach Fraunhofers Tode und das Leben Georg Merzs, des ersten Besitzers der Anstalt Utzschneiders.
Deut. Opt. Wochschr. 1929, 15, 55/7, 59 (3. II.); 72/3, 75 (10. II.); 87/9 (17. II.) 105, 107/9, + (24. II.).
30, 80, 81, 191, 192, 197, 198.

64. Short, J., A method of working the object glasses of refracting telescopes truly spherical (Paper delivered sealed up 30. IV. 1752; read 25. I. 1770).

Phil. Trans. 1769, 59, 507/11. 66, 67.

65. Sirturus, H., Telescopium: sive ars perficiendi novum illud Galilaei visorium instrumentum ad sydera in tres partes divisa. Quarum prima exactissimam perspicillorum artem tradit, secunda telescopii Galilaei absolutam constructionem, & artem aperte docet. Tertia alterius telescopii faciliorem usum: & admirandi sui adinventi arcanum patefacit. Francofurti, Typis Pauli Iacobi, Impensis Lucae Iennis. 1618. 81 S. kl. 8° mit + u. 2 Tfln.
Man sehe auch die übersetzten Teile Deut. Opt. Wochschr. 1917 [2.] 1/5, + und 1923, 9, 396/9.
49.

66. Sonnefeld, A., Vogel und Wolf, Messung der Farbenabweichung von Fernrohrobjektiven.
Centr. Ztg. f. Opt. u. Mech. 1923, 44, 124/5 (20. V.).
132.

67. Stampfer, S., Methode, die Krümmungshalbmesser eines Objektivglases zu messen, angewendet auf die Untersuchung einiger Frauenhoferschen [!] Objektive.
Jahrb. d. polyt. Inst. Wien 1828, 13, 30/51. 1 + auf Tfl. II.
60, 83, 161.

68. —, —, Über die Theorie der achromatischen Objektive, besonders der Fraunhoferschen. Ebenda 52/124, 2 + auf Tfl. II.
80, 167.

69. Swinne, R., Die Anfänge der optischen Glasschmelzkunst.
Keram. Rdsch. 1924, 32, 259/62, 2 + (22. V.).
103.

70. Thiersch, Fr., Ueber die wissenschaftliche Seite der praktischen Thätigkeit nebst biographischen Nachrichten über die Akademiker v. Reichenbach, v. Fraunhofer und v. Roth. Eine Rede zur dreyundneunzigjährigen Stiftungsfeyer der k. Akademie der Wissenschaften am 27. März 1852, gehalten von —, —.
München, Verlag der Akademie, 1852. 4°. 46 Spalten. Von Fraunhofer handeln die Spalten 22—38.
S. a. den Neudruck: Fr. von Thiersch über Georg Reichenbach und Joseph Fraunhofer.
Forsch. Gesch. Opt. 1, 74/86 (Mai 1929).
Text und Anmerkungen sind getrennt, doch sind überall die Spaltenziffern des Erstdruckes angegeben worden.
11, 15, 18, 35, 43, 155, 158, 159, 160, 162, 202.

71. Ungenannt, Die Werkstätte von Reichenbach'scher eingetheilter Instrumente in Wien.
Gilb. Ann. 1820, 65, 329/30.
158, 160, 161.

72. von Utzschneider, Joseph, Kurzer Umriß der Lebensgeschichte des Herrn Dr. Joseph von Fraunhofer, königlich bayrischen Professors und Akademikers, Ritters der königlich bayerischen Civil-Verdienst- und des königlich dänischen Dannebrog-Ordens, Mitgliedes mehrerer gelehrten Gesellschaften usw. von —, —.
München 1826. Gedruckt mit Rösl'schen Schriften. 30 S. kl. 8°.
Der Text bis zu S. 22; dann folgt bis zum Schlusse das Verzeichnis der optischen Instrumente. Der Wortlaut ist, bis auf unbedeutende Änderungen in der Rechtschreibung, in Dinglers Journal 1826, 21, 161/76

aufgenommen worden. Dabei blieb das Datum November 1820 für die Preisliste weg. Hier sind die Seiten nach dem leichter zugänglichen Dinglerschen Abdruck aufgeführt worden.
Auch Kunst- u. Gewerbeblatt für Bayern 1826, 12, 409/24.
4, 11, 12, 13, 14, 15, 16, 17, 19, 23, 36, 40, 95, 102, 108, 150, 197.
von Utzschneider, Joseph, Mitteilungen aus nachgelassenen Papieren:
Zur Siegelmäßigkeit 38.
Zu den Kosten für das optische Institut 155.
Zu dem Streit zwischen Liebherr und Reichenbach 161.

73. Voit, E., Optische Glaswaren, sowie optische und wissenschaftliche Instrumente, Uhren etc.
Bay. Industrie- u. Gewerbeblatt 1883, 69 = (2) 15. 271/303.
44, 197, 198.

74. —, —, Joseph von Fraunhofer.
Bay. Ind.- u. Gew.-Bl. 1887, 73 = (2) 19, 141/60, 6 +.
Auch S. A. 20 S. gr. 8° mit Titelbild u. 6 +. Hier nach diesem mit 1 bis 20 bezifferten Sonderabzug angeführt.
28, 33, 60, 62, 64, 65, 66, 67, 68, 70, 201.

75. Wolf, R., Handbuch der Astronomie, ihrer Geschichte und Litteratur. 1. Halbband.
Zürich, F. Schultheß, 1890.
125.

76. Zahrtmann, Auszug aus einem Briefe des Herrn Lieutenants vom See-Etat—R. v. D. an den Herausgeber.
Astr. Nachr. 2, Nr. 42, 337/42; Nr. 43, 375/6; Nr. 44, 387/90 (alle drei Nummern vom Nov. 1823).
S. auch die Übersetzung ins Englische:
—, On the mathematical and astronomical instrument makers at Paris.
Phil. Mag. 1824, 63, 252/9 (April-Heft).
168.

77. Zschokke, H., Die Werkstätten in Benediktbeurn.
Überlieferungen zur Geschichte unserer Zeit 1817. Erstes Nov.-Heft 559/73.
S. auch den gekürzten Auszug Gilb. Ann. 1818, 59, 196/205.
Er gibt allerdings keinen Begriff von dem herzlichen Ton der eigentlichen Arbeit.
25, 160.

NAMENWEISER

nach Seitenzahlen geordnet

(Man sehe gegebenenfalls auch im Quellenverzeichnis nach)

Abbe, Carl Ernst, * 23. I. 1840, † 14. I. 1905. Mustergültige Gestaltung seines Verhältnisses zu seinem Partner Zeiß 35, seine Vorarbeiten mit O. Schott zum Jenaer Glaswerk 115, hält die Herstellung schlierenfreier Probeschmelzen für sehr schwierig 152, nimmt im allgemeinen an Linsenberechnungen teil 205, seine große grundlegende Rede zu Fraunhofers 100. Geburtstage VIII, 207, besondere Art einer abgezogenen Schilderung des Gedankeninhalts seiner Helden 208, der Vollender des Fraunhoferschen Werkes 212.

Abbesche Sinusbedingung in Fraunhofers vollkommneren Objektiven erfüllt 80.

Airy, Georges Biddell, * 27. VII. 1801, † 4. I. 1892. Seine Vorrechenformeln für Okulare 86/7, 203, nimmt im allgemeinen an Linsenberechnungen teil 205.

Arago, Dominique François, * 26. II. 1786, † 2. X. 1853. Fraunhofer bietet ihm sein Interferometer zum Nachprüfen an 138.

Arco, Graf, vornehmer Besucher bei Fraunhofer 25.

Armansperg, Graf, berichtet über das hohe englische Angebot an Fraunhofer 154, glaubt 1826 an eine nahe Vergrößerung des optischen Instituts 197.

Ayscough, J., beim Körperschleifen + 51.

von Bauernfeind, Carl Maximilian, * 18. XI. 1818, † 2. VIII. 1894.

Baumann arbeitet zu seiner Ausbildung in London 56, 66, bezieht fertige Linsen vom optischen Institut 183.

von Baumgartner. Sein Polizeibericht über den Hauseinsturz 9, erhält ein Fernrohr von Fraunhofer als Dankbezeigung 169.

Bessel, Friedrich Wilhelm, * 22. VII. 1784, † 17. III. 1846. Seine Durchrechnung des Heliometerobjektivs 80, 205, seine Bemerkung zum Farbenunterschied der Kugelabweichung 84, sein Urteil über Fraunhofers parallaktische Aufstellung 120, reist wegen des Heliometerobjektivs 1827 nach München 126, 198, hat von Mahler einen sehr günstigen Eindruck 198, nimmt im allgemeinen an Linsenberechnungen teil 205.

Blair, Robert, * . . . 1750?, † XII. 1828. Seine Verfahren zur Untersuchung des sekundären Spektrums 74, 130, seine Bemühungen, es zu heben 113, 114, daß Fraunhofer dessen Arbeiten kannte, ist unsicher 114, er hält noch lange an der Verwendung flüssiger Mittel fest 114.

Blochmann, Rudolph Sigismund, * 13. XII. 1784, † 21. V. 1871. Beziehungen zu Fraunhofer 27, persönlich mit Fraunhofers Aufrücken vertraut 59, ist bei Guinand unbeliebt 100, 156, arbeitet früh als Mechaniker mit Fraunhofer zusammen 117, 159, 162, 175, geht 1818 nach Dresden 118, 160, 175.

Boegehold, H., Dank an ihn IX, läßt Fraunhofersche Mikroskopobjektive durchrechnen 88, auch Fraunhofers und Dollonds Handröhrchen 89, stellt die Fraunhoferschen Wellenlängen-Werte zusammen 137, 140, weist eine Stelle in den Ann. Chim. Phys. nach 138.

Bontemps, G. Wird in das Guinand-Fraunhofersche Verfahren eingeweiht und überträgt es nach Birmingham 101, gefährlicher Wettbewerber für Benediktbeurn 157.

Borelli, Giovanni Alfonso, * 28. I. 1608, † 31. XII. 1679. Vorgänger für den von Fraunhofer ausgeführten Heliostat 125.

Boscovich, Roger Joseph, * 18. V. 1711, † 13. II. 1787. Seine Versuche zur Hebung des sekundären Spektrums 113, zur Messung 130.

Bouguersche Glorie, ihre Erklärung 142.

Bow, Robert Henry, * 27. I. 1827, † 17. II. 1909. Seine Anregungen zu verschiedenen optischen Aufgaben 203.

Brewster, David, * 11. XII. 1781, † 10. II. 1868. Erwähnt die von Fraunhofer angebotenen Objektive mit ganz großem Durchmesser 111.

Bruns, H., nimmt im allgemeinen an Linsenberechnungen teil 205.

Büchele, C., Dank an ihn IX, Bildentwürfe von ihm 10, 62, 64, 65, 68, 70, 77.

Bücking, Hans Jakob, † 1808. Seine Schleifbank 2 +, 54/5.

Cauchoix, Robert Aglaé, * 24. IV. 1776, † 8. II. 1845. Pariser Optiker und Guinands Kunde für Glas 101, liefert eine Reihe großer Achromate nach England 101, 157.

Chevalier, Charles Louis, * 18. IV. 1804, † 21. XI. 1859. Vorgängerschaft bei den Merzischen Verbesserungen am Mikroskop 194.

Clausen, Thomas, * 16. I. 1801, † 24. V. 1885. Wird 1827 wissenschaftlicher Berater am optischen Institut 197.

Conrad, Balthasar, * 1599, † 17. V. 1660. Plan zur Verfeinerung der Flächenherstellung 50.

Court, Th. H. Sein Hinweis auf die Glashändlerzunft in London 5.

Daguet, Théodore, * 22. VI. 1795, † 16. IV. 1870. Vereinigt sich mit Rosalie Guinand zur Glasherstellung zunächst in Chaillexon, dann in Solothurn 101, legt besonderen Wert auf die Reinheit der zum Satz verwandten Bestandteile 108, stellt 1851 Scheiben von 39 cm Durchmesser aus 153, gefährlicher Wettbewerber für Benediktbeurn 157.

Dalberg, Herzog. Vornehmer Besucher bei Fraunhofer 25.

Dalton, John, * 5. IX. 1766, † 27. VII. 1844. Unterrichtet Paulin persönlich 36.

Darmstaedtersche Sammlung, der in ihr aufbewahrte Fraunhofersche Nachlaß VIII, 76, 86, 111.

Dollond, John, * 10. VI. 1706,
† 30. XI. 1761. Er bringt 1758 die
farbenlosen Fernrohre auf den Markt
92, 103, hat zuerst mit der Glasbeschaffung Glück 92, sein größtes
Objektiv hat $12^1/_2$ cm Durchmesser
110, seine Preise für Handröhrchen
173, für Fernrohre mittlerer Länge
192.

„Dollonds" sind vor 1807 in München
weit verbreitet 172, in Norddeutschland 204,

Dollondsches Handröhrchen, durch-
gemessen und -gerechnet 89/90, hat
etwas überbesserten Astigmatismus
schiefer Bündel 91, abgebildet + 173,
Lehrprisma 191.

Duncker, Eduard, * 12. III. 1797,
† 13. VI. 1878. Führt noch 1844
Mikroskope mit einfachen Objektiven 190.

Duncker, Johann Heinrich August,
* 14. I. 1767, † 14. VI. 1843. Hersteller von Mikroskopen 174.

von Dyck, Walther, * 6. XII. 1856.
Mitteilung über das Probeglasverfahren 68/9.

Edwards, J. Einfluß seiner Arbeit
von 1781 auf Fraunhofer 66.

Erfle, H., Hinweis auf Fraunhofers
Fernrohrobjektiv bei Stampfer 84.

Ertel, Traugott Leberecht, * 29. IX.
1778, † 8. II. 1858. (Man sehe für
Geschäftsbeziehungen zu Reichenbach und Utzschneider auch die
Zeittafel 198/9.) Arbeitsgang bis
zu seinem Eintritt in München 15/16,
159, seine Stellung in Wien 160,
baldige Rückkehr nach München
161, bezieht fertige Linsen vom
optischen Institut 183.

Euler, Leonhard, * 15. IV. 1707,
† 3. IX. 1783. Seine Ansichten
über zweckmäßige Fehlerhebung 79.

Exner, C., seine Theorie der Kränze
142.

Fahrenheit, Gabriel Daniel, * 14. V.
1686, † 16. IX. 1736. Vorgänger für
den von Fraunhofer ausgeführten
Heliostat 125.

Faraday, Michael, * 22. IX. 1791,
† 25. VIII. 1867. Sein Bericht von
1830 über Glasschmelzversuche 154,
der Erfolg gering 156, seine Schilderung von Fraunhofers Wesen 204,
207/8.

Feil, Ed., † 1887. Französischer Glas-
schmelzer, lieferte bis 1879 nach
Jena noch keine schlierenfreien
Schmelzproben 152.

Feilding. Englischer Hauptmann in
München, lädt Fraunhofern und
Herscheln 1824 zu Tisch 38.

Fraunhofer, Anna Theresia, Schwester Josephs, mit ihm aufgewachsen 4.

Fraunhofer, Franz Xaver, der Vater
unseres Helden 4, macht ihn zum
Glaser 4.

Fraunhofer, Joseph, * 6. III. 1787,
† 7. VI. 1826. Man sehe für ihn ein
das Inhaltsverzeichnis XI—XVII,
die persönliche Zeittafel 46/8, die
Instituts-Zeittafel 198/9.

Fraunhofer, Viktoria, verehelichte
?, † 1825, erhält 1818 von ihrem
Bruder einen wichtigen Brief 23, 30.

„Fraunhofer" als Bezeichnung für ein
gutes Fernrohr weit verbreitet 204.

Fraunhofersche Beugungserscheinungen 135.

Fresnel, Augustin, * 10. V. 1788,
† 14. VII. 1827. Seine Messung der
Wellenlänge roter, gefilterter Strahlen 137, Bestätigung seiner Ableitungen durch Schwerd 142, Fraunhofer hält sich über seine späteren
Arbeiten auf dem Laufenden 143.

Fresnelsche Beugungserscheinungen 135.

Fuchs, F. Dank an ihn VIII, vermittelt die Durchmessung eines Fraunhoferschen Handröhrchens 89, die Aufnahme von Draht- und Blattgoldgittern 121/2, von einem Glasgitter 123/4.

Galilei, Galileo, * 18. II. 1564, † 8. I. 1642. Entdeckungen mit dem Fernrohr am Sternenhimmel 49.

Gauß, Karl Friedrich, * 30. IV. 1777, † 23. II. 1855. Besuch in Benediktbeurn 20, 25, die Ausführung seines Heliotrops nach Fraunhofers Plänen 125, 194, nimmt im allgemeinen an Linsenberechnungen teil 205.

Gilbert, L. W., * 12. VIII. 1769, † 7. III. 1824. Sein Auszug aus Blairs Arbeit kann Fraunhofern vor Augen gekommen sein 114.

Goethes Begriffsbestimmung der Größe eines Helden VIII, Zeugnis für Reichenbachs Besuch in Weimar 34, Anführung aus dem Epilog zu Schillers Glocke 46.

Graf, A. Glasarbeiter 1820 in Benediktbeurn 151.

Gregorysche Spiegelfernrohre von Fraunhofer geplant 76, 77, 78.

Grienberger, Chr. Zur parallaktischen Aufstellung von Fernrohren 119.

Grünberger, J. Seine Brillenanfrage im Jahre 1812 bei Fraunhofer 164, wünscht eine Schläfen- oder Ohrenbrille 165.

Gruner, J. S., * 1766, † 1824. Vermittelt Guinands Bekanntschaft mit Utzschneider 95.

Guinand, Aimé, * 17. IV. 1774, † 1847. Arbeitet seit 1814 wieder mit seinem Vater in les Brenets zusammen 99, hat Meinungsverschiedenheiten mit Frau Rosalie 101.

Guinand, Henri, * 11. I. 1771, † 1851. Wird in les Brenets in dem Guinand-Fraunhoferschen Verfahren geschult 101, besonders tüchtig im Glasschmelzen 101, gefährlicher Wettbewerber für Benediktbeurn 156/7.

Guinand, Pierre Louis, * 20. IV. 1748, † 13. II. 1824. Seine Anwerbung für Benediktbeurn 13/14, 55, 96, 163, zeigt seine Schleifmühlen an Fraunhofer 18, 58, Mißstimmung gegen Fraunhofer 20/1, 97, führt seit dem August 1809 Fraunhofer in das Schmelzverfahren ein 21, 97, tritt aus dem Unternehmen aus 23, Beziehungen zu W. Strahl 26, kommt mit Utzschneider gut aus 33, seine Leistungen als Optikermeister befriedigen nicht 56, steht im Februar 1807 bei Utzschneider noch über Fraunhofer 58, 150, zeigt später große Empfindlichkeit gegen Fraunhofer 59, Einzelheiten zu seiner Frühzeit 94/5, 150, Erfindung des Rührkolbens 1805 96, Anstellung kleiner Probeschmelzen 96, 152, wird des Guinand-Fraunhoferschen Verfahrens Meister 98/9, wird in Benediktbeurn später unterschätzt 99, sein verstecktes Wesen 100, gefährlicher Wettbewerber für Utzschneider 100, will im Februar 1816 wieder nach Benediktbeurn zurück 100, 155, macht Fernrohre in les Brenets 100/1, liefert Glas nach Paris 101, stirbt 1824 101, wird 1806 zu völliger Geheimhaltung verpflichtet 148, sein Gehalt und Ruhegehalt 148/9, erhält von Lalande den Rat, kein Glas zu verkaufen 149, hält sich auch 1816 noch dem Rechenverfahren völlig gewachsen 150, zieht 1814 das Ruhegehalt für zwei Jahre ein 153, arbeitet in Benediktbeurn anfänglich recht teuer 155, führt möglicherweise die Brillenherstellung in Benediktbeurn ein 164.

Guinand, Rosalie geb. Bouverot, folgt ihrem Manne 1805 nach Benediktbeurn 96, wird des Guinand-Fraunhoferschen Verfahrens Meister 99, wird in Benediktbeurn unterschätzt 99, gemeinsames Glasschmelzen mit Th. Daguet 101, ihr Witwengehalt von Benediktbeurn 148.

Guinand - Fraunhofersches Verfahren der Herstellung optischen Glases 21/2, 98/9, 155.

Gullstrand, A., stellt 1908 die Bedingungen für die richtige Anlage eines Handglases fest 91.

Häcker, Stadtgerichtsrat, ist Vertrauensmann der Krone bei den Verhandlungen mit Utzschneider 41.

Hackländer, Fr. W., * 1. XI. 1816, † 6. VII. 1877. Berichtet von „Fraunhofern" am Rhein 204.

Hall, Chester Moor, * gegen Ende von 1704, † 17. III. 1771. Stellt 1733 das erste farbenlose Fernrohrobjektiv her 92, alte Berichte über seine Erfindung 183.

Herschel, Miß Francisca. Mitteilung aus ihres Vaters Papieren 156.

Herschel, Friedrich Wilhelm (Sir William H.), * 15. XI. 1738, † 25. VIII. 1822. Seine Spiegelrohre 16, 24, ein Vorbild für Fraunhofer 76, dessen Einwendung gegen die Lichtschwäche H.scher Spiegelrohre 78.

Herschel, Sir John Frederick William, * 7. III. 1792, † 11. V. 1871. Sein Besuch bei Fraunhofer 1824 in München 38, erhält einen großen Eindruck von ihm 39, 201, veröffentlicht 1825 in der Spiegelrohr-Angelegenheit eine Erklärung gegen ihn 79, bewundert Fraunhofers feine Schrauben 122, 136, vermutliche Einwirkung auf Fraunhofer im Hinblick auf die Wollastonsche Beobachtung 143, Mitteilung aus seinem Reisetagebuch 156, vermittelt seine Kenntnis von Fraunhofers Wesen an Faraday 204.

Hirn, Johann Paul, * 1719/20, † 1799. Vermittelt möglicherweise englische Fachkenntnisse den Münchener Optikern 66.

Hoffmann, E. T. A., * 24. I. 1776, † 24. VII. 1822. Berichtet von „Dollonds" in Deutschland 204.

Hooke, Robert, * 18. VII. 1635, † 3. III. 1703. Einfluß auf die Londoner Optiker 50, so auf J. Marshall 50.

Jaworsky, Werkführer am polytechnischen Institut zu Wien 161.

Jecker,..., * um 1773, † vor dem November 1834. Arbeitet zur Ausbildung in London 56.

Jordan, G. W., seine Kranzbeobachtungen 142.

Jörg, Leonhard, * 28. IX. 1827, † 25. VI. 1888. Er schreibt Fraunhofern, irrtümlich, die Erfindung des doppelten Theaterglases zu 174, seine Beziehung zu G. Merz 206, teilt gelegentlich Erinnerungen an Fraunhofer mit 206.

Jungwirth, unzuverlässiger Vorarbeiter Fraunhofers 28, will das Glasgeheimnis an Österreich verraten 115, Gehaltsangaben für 1820 151, für Sonderarbeiten von Fraunhofer persönlich entlohnt 151.

Junker, Friedrich August, * 30. VI. 1754, † vor 1819. Hersteller von Mikroskopen 174.

Kayser, H., seine Anerkennung der Fraunhoferschen Meßgenauigkeit für die Wellenlängen 141.

Kefer, Franz Xaver, * 1763, † 11. IX. 1802. Begründer der Münchener Feiertagsschule 7.

Kepler, Johannes, * 27. XII. 1571, † 15. XI. 1630. Sein Buch in England bekannt 50.

Keßler, H. Dank an ihn IX, mißt Fraunhofersche Mikroskopobjektive durch 88, auch Handröhrchen von Fraunhofer und Dollond 89.

Klügel, Georg Simon, * 19. VIII. 1739, † 4. VIII. 1812. Sein Lehrbuch für Fraunhofer wichtig 11, 56, 58, 79, Fraunhofers Abweichungen davon 76, 79, folgt den Eulerschen Auffassungen 79, veröffentlicht 1810 Formeln zu trigonometrischer Durchrechnung 81.

Köhler, A. Dank an ihn IX, untersucht Mikroskopobjektive von Fraunhofer 88, Draht- und Blattgoldgitter 122, Glasgitter 123/4.

Körner, Friedrich, * 1778, † 2. II. 1847. Arbeitet mit K. D. v. Münchow zusammen 26, wird von Reichenbach in Glasangelegenheiten belehrt 34, führt Fernrohre mit pappenen Zügen um 1826 noch 169, fertigt 1826 selber ein Fraunhofersches Spektrometer mit hohen Kosten an 194.

Kostanzer, J. Glasarbeiter um 1820 in Benediktbeurn 151.

Krünitz, schildert eine Glasschneidemaschine 5, 10 +, Glasschleifmaschine 11/12.

Kübert, Hans, Oberlehrer in München. Dank an ihn VIII, Kenner der Geschichte der alten Feiertagsschule 6, ihr Lehrplan für 1805/6 8, Nachweis zu Rockingers Versetzung nach Benediktbeurn 24.

Kurandner, Dank an ihn VIII

Lagarde, vornehmer Besucher Fraunhofer 25.

de Lalande, Joseph Jérome, * 11. VII. 1732, † 4. IV. 1807. Sein Rat an Guinand, kein Rohglas zu verkaufen 149.

Leidinger, G. Dank an ihn VIII. Sein Hinweis auf die Merzischen Papiere 144. Angaben zu den beiden Schlichtegrolls 229/30.

von Leprieur, G. J., * 1762, † 4. I. 1837. Mit Fraunhofer befreundet 30, 45, mit Utzschneider verfeindet 30, vertritt Fraunhofern bei den Verhandlungen mit der Regierung 42, nimmt Fraunhofers Bericht über das Schmelzen des Kronglases auf 43, 103, berichtet von dem hohen englischen Angebot an Fraunhofer 154.

Lerebours, Noël Jean, * 25. XII. 1761, † 12. II. 1840. Pariser Optiker und Käufer Guinandschen Glases 101.

Liebherr, Joseph, * 31. XII. 1767, † 8. X. 1840. (Für Geschäftsbeziehungen zu Reichenbach und Utzschneider sehe man die Zeittafel 198/9 ein.) Teilhaber am Institut mit Reichenbach und Utzschneider 13, 148, 158, Streit mit Reichenbach 13, 56, kommt mit Utzschneider gut aus 33, Schwiegervater von Merz und Mahler 117, 162, seine Verdienste um das optische Institut als Mechaniker 117, 175, scheidet 1823 endgültig aus 118, baut das Uhrwerk für Fraunhofers parallaktische Aufstellung 120, wird 1828 an die Münchener polytechnische Hochschule berufen 162, übernimmt 1823 eine Schriftgießerei in Kempten 162.

Linderl, Glasarbeiter 1820 in Benediktbeurn 151.
Lipperhey, Johannes, † 1619. Erfinder des Fernrohrs 1608 49.
Lommel, Eugen Cornelius Joseph, * 17. III. 1837, † 19. VI. 1899. Mustergültige Herausgabe der Fraunhoferschen Schriften durch ihn 208/9.
Lubbock, Lady, geb. Herschel. Mitteilung aus ihres Vaters Papieren 156.
Ludwig I. von Bayern, * 25. VIII. 1786, † 29. II. 1868. Sein Wunsch, Fraunhofern erfreulichere Arbeitsbedingungen zu schaffen 31, 40, 41, hört von dem hohen englischen Angebot an Fraunhofer 154, befiehlt die Einrückung eines Nachrufs auf Fraunhofer in das Regierungsblatt 202, der Geschichtstaler auf Fraunhofer und Reichenbach 202/3.

Mahler, Franz Joseph, * 12. VIII. 1795, † 21. VI. 1845. Schwiegersohn Liebherrs 117, 162, nach Liebherrs Ausscheiden 1823 Mechaniker bei Fraunhofer 118, wird nach dessen Tode Vorsteher der mechanischen Abteilung 198, wirkt auf Bessel besonders günstig 198.
Manzini, Carlo Antonio, † 1677. Seine Kenntnis der alten Schleifverfahren 50.
Marshall, John, nachzuweisen zwischen 1687 und 1720. Erfindet 1694 das Schleifen und Polieren auf Körpern 50/1.
Maurolykus, Franciscus, * 16. IX. 1494, † 21. VII. 1575. Erwähnt die Bezifferung der Brillen nach dem Alter der Träger 165.
Maximilian I. von Bayern, * 27. V. 1756, † 13. X. 1825. Teilnahme für den verschütteten Fraunhofer 9,
verleiht ihm 1824 den persönlichen Adel 37.
Merz, Georg, * 26. I. 1793, † 12. I. 1867. Hilfsrechner durch Fraunhofers Schulung 27, 168, in die Feinheiten der Fraunhoferschen Lehre nicht eingeweiht 80, schmilzt nach dem Guinand-Fraunhoferschen Verfahren Glas 103, Schwiegersohn Liebherrs 117, 162, sein Nachtrag für Mikroskope 184, seine Preiserniedrigung der Mechanikerobjektive 192, wird Leiter der technischen Abteilung im optischen Institut 197/8, teilt einige Erinnerungen an Jörg mit 206.
von Merz, Siegmund, * 6. I. 1824, † 11. XII. 1908. Stellt Mitteilungen zu den technischen Leistungen Fraunhofers in Aussicht 61, schmilzt Glas nach dem Guinand-Fraunhoferschen Verfahren 103, veranlaßt Rockingern, seine Erinnerungen niederzuschreiben 206.
Merzische Papiere geben Fraunhofers Maschine für nicht-kuglige Flächen wieder 77 +, zu einer Fraunhoferschen Vorlesung 144.
Mirnseer, Glasarbeiter 1820 in Benediktbeurn 151.
v. Moll, Karl Ehrenbert, * 21. XII. 1760, † 1. II. 1838. Ist Fraunhofern befreundet 30, berichtet gelegentlich über ihn an Sömmering 201.
Mollweide, Karl Brandan, * 3. II. 1774, † 10. III. 1825. Er übersetzt 1809 die Wollastonsche Arbeit über die 7 dunklen Linien 143.
Monteiro, J. A., vornehmer Besucher bei Fraunhofer 25.
Montgelas, Graf, besucht Benediktbeurn 25.
Müller, Johannes, * 14. VII. 1801, † 28. IV. 1858. Weist 1825/6 auf den Augendrehpunkt hin 166.

v. Münchow, Karl Dieterich, * 1778, † 30. IV. 1836. Besucht Benediktbeurn 26, 133. Zusammenarbeiten mit Fr. Körner in Jena 26, bezieht ein Interferometer von Fraunhofer 125, nimmt im allgemeinen an Linsenberechnungen teil 205.

Murat, unter seiner Regierung wird das Fernrohr für Neapel bestellt 120.

Newton, Isaac, * 5. I. 1643, † 31. III. 1727 (N.St.). Sein Einfluß auf die Londoner Optiker 50, poliert mit Zinnasche 50, prüft Objektive mit Abdeckung der halben Öffnung 74, seine Spiegelanlage erweckt Fraunhofers Widerspruch 78, verneint die Möglichkeit, die Linsenfernrohre zu verbessern 91, beobachtet Kränze 142.

Niggl, Joseph, * 28. XII. 1778, † 24. X. 1835. Bekanntschaft mit Fraunhofer 11, Anwerbung durch Utzschneider 14, 56, 163, Meisterstellung über Fraunhofer 14, 17, 57, Ausscheiden aus dem Benediktbeurner Unternehmen 17, 18, 58, steht auf Fraunhofers Liste 18, vertritt wohl die alten Arbeitsverfahren 57, kann Fraunhofers Aufrücken nicht ertragen 58, steht früh in Beziehung zu Utzschneider 95, ist in München 1806 Reichenbach unterstellt 159, für Brillenarbeiten verwendbar 164.

Nobert, Friedrich Adolph, * 17. I. 1806, † 21. II. 1881. Seine feinen Gitter 139.

Oersted, Hans Christian, * 14. VIII. 1777, † 9. III. 1851. Sein Besuch 1822/23 in München zur Einführung in die Spektrometerbeobachtungen 133.

Olbers, Wilhelm, * 11. X. 1758, † 2. III. 1840. Weiß von Fraunhoferschen Objektiven, die zum Beschlagen neigen 112.

v. d. Pahlen, Fr., Graf, vornehmer Besucher bei Fraunhofer 25.

Pasquich, Johann, * 1753, † 15. XI. 1829. Bezieht Linsen vom Institut 15.

Pauli, Friedrich August, * 6. V. 1802, † 26. VI. 1883. Mit Fraunhofer befreundet 30, im Institut ausgebildet 36, 145, hat Vorlesungen bei Fraunhofer gehört 36, soll Instituts-Inspektor werden 36, seine Ausbildung in England und Deutschland 36/7, besucht ihn auf seinem letzten Lager 42, würde ihm als Vertreter besonders erwünscht gewesen sein 44, ist bei Fraunhofers Tode anwesend 44, von Utzschneider als Nachfolger nicht berücksichtigt 197.

Petzval, Joseph, * 6. I. 1807, † 17. IX. 1891. Seine Unterscheidung von edlen und unedlen optischen Erzeugnissen 165, setzt die Stampfersche Beraterstellung fort 203.

Petzvalsche Bildnislinsen mit ganz großen Durchmessern 102.

Plössl, G. Simon, * 19. IX. 1794, † 29. I. 1868. Vorgänger G. Merzens im Hinblick auf die Ausbildung des Mikroskops in Deutschland 194.

Poggendorff, Angabe zu Daguets Objektivscheiben von 1851 153, über Liebherr 160, 162, über Th. Clausen 197.

Prechtl, Johann Joseph, * 16. XI. 1778, † 24. X. 1854. Sein Buch eine Quelle für Fraunhofers Arbeitsverfahren 60, 203, weiß auch von Fraunhofers Plänen mit ganz großen Linsen 111.

Ramsden, Jesse, * 6. X. 1735, † 5. XI. 1800. Sein bildaufrichtendes Okular 85, bezieht gelegentlich fertige Linsen von P. Dollond 183.

von Reichenbach, Georg, * 24.VIII. 1772, † 21. V. 1826. (Für Geschäftsbeziehungen zu Utzschneider und Liebherr sehe man die Zeittafel 198/9 ein.) Schildert Fraunhofer als „optischen Zögling" während des Jahres 1806 13, 201, Geschäftsbeziehungen zu Liebherr und Utzschneider (s. Zeittafel auf S. 198/9) 13, 117, 148, 158, Streit mit Liebherr 13, 56, 117, Einfluß auf Fraunhofer 15, 56, seine Pendelschleifmaschine 16, 57, beansprucht wohl die Oberleitung in Benediktbeurn 20, 195, tritt aus dem Unternehmen aus 23, unerfreuliche Beziehungen zu Fraunhofer 32, Würdigung durch den Polytechnischen Verein 33, steht mit Utzschneider nicht sehr gut 33, verlangt von Fraunhofer zarteste Rücksicht 33, 59, 126, ohne sie zu erwidern 34, ist durch die Begründung des jüngeren mechanischen Instituts gekränkt 34, teilt Körnern nützliche Glasangaben mit 34, erkennt Fraunhofern nicht voll an 34, seine Radien- oder Pendelschleifmaschine 61/4, 2 +, 77, 117, sein Sphärometer zur Flächenprüfung 67/8, +, 117, sein Fühlhebel zum Zentrieren großer Linsen 69/70, +, 117, lehnt Fraunhofers Vorschlag, 1807 Gregorysche Spiegelfernrohre zu bauen, ab 78, behält die Fraunhofern widerwärtigen Handgläser bei 109, 195, die mechanische Arbeit in München steht bis 1814 unter Reichenbach 117, die parallaktische Aufstellung 1815 für Neapel weicht von Fraunhofers späterer ab 119, 120, sein Vertrag mit dem Wiener polytechnischen Institut 160, seine Verhandlungen mit Ertel 160/1, leitet bis 1814 auch das optische Institut in Benediktbeurn 163, ist bei der Ausgabe der Preislisten von 1811 und 12 noch am Ruder 172.

Repsold, Johann Adolph, * 3. II. 1838, † 1. IX. 1919. Sammelt mit Liebe und Anerkennung Erinnerungen an den Kreis um das optische Institut 209.

Reynier, E., * 1790, † 1840. Erinnerungen an Guinands Stellung zu Fraunhofer 18.

Riedner, Generaldirektor, Dank an ihn IX.

Rieger, Glasarbeiter 1820 in Benediktbeurn 151.

Riesch, Glasarbeiter 1820 in Benediktbeurn 151.

Rockinger, Alois, * 23. II. 1796, † 16. XII. 1879. Ist seit 1816 in Benediktbeurn als Lehrer tätig 24, wertvoller Bericht über das optische Institut daselbst 26/7, 115, 206, seine Nachrichten von Starke 161.

von Ruedorffer, betreibt mit M. Wörle eine Glashütte in Kohlgrub 116.

Rühs, Fr., sein Bildungsdünkel 31.

Scheiner, Christoph, * 1575, † 18. VII. 1650. Seine Schriften in England bekannt 50, angeblich Vorgänger für die parallaktische Aufstellung 119.

Schiegg, Ulrich, * 3. V. 1752, † 4. V. 1810. Undeutliche Beziehungen zu Fraunhofer 13, 15, zu Ertel 16, berät Utzschneidern in Glasangelegenheiten 95.

Schlichtegroll. Infolge des leidigen Brauchs meiner Quellenschriften, die Vornamen zu unterdrücken, sind hier zwei Personen zusammengeworfen. Die Entwirrung verdanke ich Herrn Geheimrat Leidinger. Der Akademiker Adolf Heinrich Friedrich von Sch., † 1822, an dem Fraunhofer einen Rückhalt hatte 30, und sein ältester Sohn Antonin Sch. (um 1859 Oberbaurat); er besucht ihn auf seinem letzten Lager 42, teilt einige Erinnerungen an L. Jörg mit 206.

Schott, O. Vorarbeiten mit E. Abbe zum Jenaer Glaswerk 115, 208.

von Schrank, Franz, * 21. VIII. 1747, † 23. XII. 1835. Wird zur Abfassung eines Nachrufs auf Fraunhofer genötigt 202.

Schröder, Hugo, * 18. X. 1834, † 31. X. 1902. Seine Erinnerungen eine etwas trübe Quelle für Fraunhofers Arbeitsverfahren 61, 67, 70, 209.

Schumacher, Heinrich Christian, * 3. IX. 1780, † 28. XII. 1850. Besucht Benediktbeurn 25/6, erhält im Februar 1825 einen wichtigen Brief von Fraunhofer 32, 34, 35, übermittelt Fraunhofers Angebot von ganz großen Linsen nach Edinburg 111, wünscht die Stahlringe im Ringmikrometer breiter 119.

Schwarzschild, K. Nimmt im allgemeinen an Linsenberechnungen teil 205.

Schweigger, Johann Salomo Christoph, * 8. IV. 1779, † 6. IX. 1857. Besucht Benediktbeurn, um die Messungen mit Hilfe der dunklen Linien zu sehen 48, 133.

Schwerd, Friedrich Magnus, * 8. III. 1792, † 22. IV. 1871. Seine Theorie der Beugung um 1835 142.

Seidel, Ludwig Philipp, * 24. X. 1821, † 13. VIII. 1896. Nimmt im allgemeinen an Linsenberechnungen teil 205, arbeitet mit C. A. Steinheil zusammen 205, sein Urteil über Fraunhofers Rechenplan 205/6.

Seitz, A. Hebt die Klarheit der Fraunhoferschen Geschäftsanweisungen hervor 28, Forschungen zur älteren Glasgeschichte 95, zu der in Benediktbeurn herrschenden Schmelzübung 103, veröffentlicht 1926 eine ganz wichtige, hier am häufigsten benützte Quellensammlung 209/10.

Short, James, * 10.VI. 1710, † 15. VI. 1768. Veröffentlicht das Verfahren, auf Pech zu polieren 66, 67, sein Einfluß auf Fraunhofer 76, läßt bei Sternrohren sehr kleine Austrittspupillen zu 180.

Sirturus, Hieronymus, * 15??, 1660 noch am Leben. Seine Darstellung von alten Schleifverfahren 49.

Sittler, A., Lehrer. Dank an ihn IX. Sein Nachweis der Ankunft Rockingers 1816 in Benediktbeurn 24.

Smyth, Charles Piazzi, * 3. I. 1819, † 21. II. 1900. Seine optischen Einwirkungen 203, 205.

von Soldner, Johann, * 1777, † 16. V. 1833. Fraunhofern befreundet 30, versucht, einen Nachruf auf ihn zu schreiben 30, 202, erhält von ihm ein Handröhrchen 30, 89, 173, wirkt für ihn 1819 bei der Akademie 31, vermutlich auf ihn zurückgehende Niederschrift einer Fraunhoferschen Vorlesung 144.

Sömmering, Samuel Thomas, * 28. I. 1755, † 2. III. 1830. Erhält gelegentlich Berichte über Fraunhofer 201.

Spengler, Joseph, * 6. XII. 1736, † 28. XI. 1776. Sein Lehrbuch (Optik, Catoptrik und Dioptrik usw. 1775) von Fraunhofer durchgearbeitet 11.

Spengler, Lehrherr Wedemeiers. Schult diesen in Fraunhoferschen Arbeitsverfahren 61.

Stampfer, Simon, * 28. IX. 1792, † 10. XI. 1864. Kennt Fraunhofers Rechenverfahren nicht genau 81, Angaben zu den Glasarten der späteren Fraunhoferschen Objektive 83/4, tadelt die Fraunhoferschen Fernrohrobjektive einfacherer Anlage 167, berät das Voigtländersche Haus 183, untersucht Fraunhofers Fernrohrobjektive genau 203.

Starke, H. R. Von Fraunhofer zum Hilfsrechner geschult 27, 168, hilft beim Ausrichten des Dorpater Fernrohrs 60, 74, 161, wird beim polytechnischen Institut in Wien angestellt 60, berichtet über Fraunhofersche Verfahren 60, 64, geht, wohl 1819, nach Wien 161, möglicherweise im Einvernehmen mit Fraunhofer 161.

Steavenson, W. H. Seine Forschungen zu alten Herschelschen Spiegelrohren 78.

von Steinheil, Carl August, * 12. X. 1801, † 14. IX. 1870. Noch persönlich mit Fraunhofer bekannt gewesen 60, vergebliche Verhandlungen J. Utzschneiders mit ihm 197, erfolgreiche Zusammenarbeit mit L. Seidel 205.

Steinheilsche Werkstätte unterstützt E. Voit bei seiner Fraunhofer-Festschrift 60, 64, 207.

Stenger, E., Dank an ihn VIII.

Strahl, Wilhelm, * um 1780. Wird 1811 nicht eingezogen 22, seine Prüfung 1809 durch Fraunhofer 26, 168, Beziehungen zu P. L. Guinand 26, Lehrzeit bei Tiedemann 54, arbeitet seit 1814 mit Guinand in les Brenets zusammen 99, läßt den Guinandschen Plan kund werden 100.

Struve, Friedrich Georg Wilhelm, * 15. IV. 1793, † 11. XI. 1864 (a. St.). Vertraute Briefe Fraunhofers an ihn 33, 119, lehnt darin Struves Bitte um eine Geschichte des optischen Instituts ab 59.

Talbot, William Henry Fox, * 11. II. 1800, † 17. IX. 1877. Freund Herschels in München 2.

von Thiersch, Friedrich, * 17. VI. 1784, † 25. II. 1860. Rettet in seinem Vortrage von 1852 (s. d. Quellenverzeichnis) wichtige Einzelheiten zur Geschichte Fraunhofers 205.

Thürheim, Graf. Erzwingt Vorlesungen von den Akademikern 35.

Tiedemann, Johann Heinrich, * 4. VII. 1742, † 30. IV. 1811. Bildet W. Strahl aus 54, 168, beschäftigt 55, beschreibt 1785 eine Schraubenfassung für Objektive 70, bietet 1785 Fernrohre mit messingnen Schieberohren an 169.

Tralles, Johann Georg, * 15. X. 1763, † 18./9. X. 1822. Findet sich auf Fraunhofers Liste 18.

Unkel, Engelbrecht, * 1786, † 1858. Die von ihm benutzte Schleifbank 2 + 54/5.

von Utzschneider, Joseph, * 2. III. 1763, † 31. I. 1840. (Für Geschäftsbeziehungen zu Liebherr und Reichenbach sehe man die Zeittafel 198/9 ein.) Teilhaber am Institut mit Reichenbach und Liebherr 13, 95, 158, wirbt Guinand an 13/14, 55, 95, preßt Knaben zum Optikerberuf 18/19, schließt 1809 den ersten Vertrag mit Fraunhofer 19, 164, 1814 den zweiten Vertrag 23, schenkt Fraunhofern einen Geschäftsanteil 23, 108, 153, verkauft 1819 Benediktbeurn 27, zieht nach

München mit dem Institut 28, erhöht Fraunhofers Bezüge 28, Feindschaft mit G. J. Leprieur 30, unerfreuliche Beziehungen zu Fraunhofer 32, 33, 35, 40, 154, Preisstellung 32, Würdigung durch den Polytechnischen Verein 33, Stellung zu Guinand und Liebherr besser als zu Reichenbach und Fraunhofer 33, Schwierigkeiten bei der Preisfestsetzung 40, 41, hatte 1825/6 nicht die Absicht, sich von Fraunhofer zu trennen 41, verhandelt aber nicht mit ihm persönlich 41/2, mißachtet die deutschen optischen Handwerksmeister 55, stellt im Febr. 1807 noch Guinand über Fraunhofer 58, Fraunhofers Vorschlag, 1807 Gregorysche Spiegelrohre zu bauen, wird von ihm abgelehnt 78, Bekanntschaft mit Guinand 95, 96, läßt sich in Glassachen von Schiegg beraten 95, versucht früh, selber Flintglas zu schmelzen 95, Erkundungsreisen 1804/5 nach Süddeutschland 55, 95, 148, steht früh zu Niggl in Beziehung 95, läßt Guinand auf seine Kosten 1805 Glas schmelzen 96, will ihn auch als Schleifer verwenden 96/7, 150, läßt Fraunhofern 1809 in das Glasgeheimnis einführen 97, unterschätzt später Guinand 99, Erfolg bleibt zunächst noch unsicher 98, 102, hat in Guinand einen gefährlichen Wettbewerber 100, nimmt Guinand nicht wieder auf 100, 155/6, schreibt Fraunhofern das Hauptverdienst beim Schmelzen optisches Glases zu 110/1, hält an seiner veralteten Regel für den Glasabsatz fest 102, hält an der Weigerung fest, Rohglas an fremde Anstalten zu liefern 115, 116, Besprechungen mit Bessel 1827 wegen des Heliometerfernrohrs 126, seine Begründung der Glashütte von besonders weitreichender Bedeutung 147, verfährt mit Guinand sehr großartig 149, überschätzt wohl den von der Hütte zu erwartenden Reingewinn 149, will die Monopolstellung für optisches Glas aufrechterhalten 149, würdigt bei Fraunhofer nur die handgreiflichen Erfolge im Schmelzen 150, spricht über die Verminderung des sekundären Spektrums nicht 150, ist sich der Ungerechtigkeit in der Behandlung von Fraunhofer als Schmelzmeister vielleicht gar nicht bewußt gewesen 154, seine Selbsttäuschung über sein optisches Glas 157, seine Tatkraft als Schmelzmeister nach Fraunhofers Tode 157/8, Vorwürfe gegen Reichenbach um 1819 161, läßt Liebherrn 1828 an die Münchener polytechnische Hochschule berufen 162, unterschreibt die Gebrauchsanweisung für das Mikroskop 187, 190, gibt die Arbeiterzahl im optischen Institut mit 50 an 197, seine Wahl eines wissenschaftlichen Leiters für das optische Institut im Sommer 1826 197, G. Merz wird von ihm zum technischen Leiter gemacht 197, er wird später von Fr. von Thiersch wegen seines Verhaltens zum jungen Fraunhofer getadelt 202.

Verdet, E. Seine Theorie der Kränze 142.

Villiger, W. Zu dem Fraunhoferschen Heliostat 125, zu dem sekundären Spektrum zweier Münchner Objektive 132.

Vogel, Chr. Zeichnet Fraunhofern noch im November 1825 44.

Vogel, der jüngere. Sticht Waldherrs Bild in Kupfer 201.

Voigt, J. H. Begleiter K. D. v. Münchows beim Besuch in Benediktbeurn 26.
Voigtländer, Johann Friedrich, * 21. V. 1779, † 28. III. 1859. Arbeitet bei Tiedemann 55, geht zur Ausbildung nach London 56, 66, führt seit 1823 das holländische Doppelfernrohr mit farbenlosen Objektiven ein 174, liefert 1841 fertige Mechanikerobjektive 183.
Voit, Ernst, * 1838, † 1921. Seine Jubiläumsschrift eine Quelle für die Fraunhoferschen Verfahren 60, von musterhafter Zuverlässigkeit 207, ist an der Sicherung des Utzschneiderschen Nachlasses für das Deutsche Museum beteiligt 207.

Walbeck, Henric Johan, * 11. X. 1793, † 23. X. 1822. Findet sich auf Fraunhofers Liste 18.
Waldherr, J., zeichnet Fraunhofers Bild (nach 1819?) 201.
Waldstein, Jacob, * 1810, † 1876. Wirbt Benediktbeurner Arbeiter für seine Wiener Glashütte an 116.
Wedemeier, unterrichtet Schrödern über Fraunhofersche Arbeitsverfahren 61.
Weichselberger, Ph. A., Lehrherr seit 1799 6, Engherzigkeit 7, 9, Einsturz seines Hauses 8, dürftige Geldentschädigung 9, läßt sich den Rest der Lehrzeit abkaufen 11, übernimmt Fraunhofern als Gesellen 12/13.
Wells, William Charles, * V. 1757, † 18. IX. 1817. Seine Arbeit über die Akkommodation wird von Fraunhofer durchgesehen 143.
Werner, C. I. Teilnehmer am neuen mechanischen Institut (s. Zeittafel 198/9), fertigt jährliche Vermögensaufstellungen für die beiden Partner im optischen Institut an 196.

White, englischer Mechaniker, Paulis Lehrherr 36.
von Wirschinger, der Vertrauensmann der Krone bei der Verhandlung mit Fraunhofer 42, 169.
von Wolf. Freundschaftliche Beziehungen zu Fraunhofer 42.
Wollaston, William Hyde, * 6.VIII. 1766, † 22. XII. 1828. Seine Auffindung 1802 von 7 dunklen Linien im Spektrum 130, 143, will eine Behauptung Blairs widerlegen 130, untersucht das Spektrum des elektrischen Funkens 133, seine Arbeit 1809 von Mollweide übersetzt 143.
Wörle, Martin, * um 1796. Eröffnet früh in Kohlgrub eine Glashütte 116.
Worris, W. läßt sich 1804 Handröhrchen mit zahlreichen Auszügen schützen +, 173.
Würmseer, Glasarbeiter 1820 in Benediktbeurn 151.

Young, Thomas, * 13. VI. 1773, † 10. V. 1829. Veröffentlicht Formeln zur Durchrechnung astigmatischer Bündel längs schiefen Hauptstrahlen 87, bestellt ein Interferometer bei Fraunhofer 125, Formel für die Winkelabstände der Beugungsspektren 139.

Zeiher, Johann Ernst, * 1720, †7.I. 1784. Seine Schmelzversuche in St. Petersburg haben nur wissenschaftliche, keine praktische Bedeutung 93/4.
Zeiß, Carl, * 11. IX. 1816, † 3. XII. 1888. Mustergültiges Verhältnis zu Abbe 35, seine Schilderung durch Abbe 208.
Zschokke, Johann Heinrich Daniel, * 22. III. 1771, † 27. VI. 1848. Besucht Benediktbeurn 25, vermittelt Guinands Bekanntschaft mit Utzschneider 95.

Die auf die Arbeitsgemeinschaft in Benediktbeurn zurückzuführenden Glashütten

P. L. Guinand (*1748, †1824) in les Brenets
(später mit seinem Sohne Aimé) von 1784 bis 1805

Aimé Guinand allein in les Brenets, P. L. Guinand als Angestellter in Benediktbeurn; allein von 1805—1809
von 1805—1816 ohne Ergebnisse

P. L. Guinand gemeinsam mit J. Fraunhofer in Benediktbeurn von 1809—1811
J. Fraunhofer mit P. L. Guinand in Benediktbeurn von 1811—1813 [1814]

P. L. Guinand im Ruhestande in les Brenets von 1814—1816 | J. Fraunhofer allein in Benediktbeurn ohne Kenntnis auch von J. Utzschneider schmelzend von 1813—1826

P. L. Guinand gemeinsam mit Aimé Guinand in les Brenets von 1816—1824

Aimé Guinand, Rosalie Guinand und Th. Daguet gemeinsam in les Brenets tätig; auch Henri Guinand erfährt 1824 das Geheimnis des Rührens; von 1824—1826

| | | | | J. Utzschneider zunächst allein, dann mit G. Merz in Benediktbeurn v. 1826—1832 | Abgliederung einer Hütte durch M. Wörle und die Gebr. v. Ruedorffer in Kohlgrub bei Murnau; vielleicht schon 1834, jedenfalls um 1840 im Betrieb erloschen; wann? | Abgliederung einer mit angeworbenen Benediktbeurner Arbeitern betriebenen Wiener Hütte durch J. Waldstein von 1844—1865 |

G. Merz (seit 1839 im Besitz) mit F. J. Mahler) von 1832—1845

G. Merz und seine Angehörigen von 1845 ab

In den 80er Jahren allmählich eingetrocknet

Henri Guinand (*1771, †1851) arbeitet gemeinsam mit N. J. Lerebours, G. Bontemps und Thibeaudeau in Choisy-le-Roy von 1827—1828

Aimé Guinand setzt zunächst den Betrieb in les Brenets weiter fort, wo er sicher noch 1829 tätig ist
stirbt 1847

Rosalie Guinand und Théodore Daguet schließen 1827 einen Vertrag auf 8 Jahre für eine gemeinsam in les Combes de Chaillexon auf französischem Gebiete zu betreibende Hütte

1831. Fortführung der Hütte durch Ros. Guinand; um 1834 wohl mit Hilfe von Al. Berthet

1835. Th. Daguet tritt aus diesem Unternehmen aus

Ros. Guinand u. Th. Daguet richten sich seit 1831 auf einen Betrieb einer Hütte in Solothurn ein, die wohl 1835 eröffnet wird

1845. Ros. Guinand scheidet aus diesem Betriebe aus

1857. Die Hütte wird stillgelegt

1858/60. Fruchtlose Beziehungen nach Genf

1861. Errichtung einer Hütte in Freiburg

1870. Tod Th. Daguets

1875. Tod Oskar Daguets

Henri Guinand unbekannter Beschäftigung von 1828—1832

G. Bontemps u. Thibeaudeau in Choisy-le-Roy von 1828—1848

Ros. Guinands Hütte in Chaillexon bestand noch 1839

Al. Berthets Hütte in Morteau bestand noch 1839

Henri Guinand mit seinem Schwiegersohn Ch. Feil tätig in Paris von 1832—1848

Das Unternehmen wird 1848 bei Choisy-le-Roy als Hütte für optisches Glas nicht weiter bekannt

G. Bontemps wird 1848 bei Chance Bros. zu Birmingham angestellt

stirbt 1849

stirbt 1875

Die Hütte besteht heute noch

Die Hütte besteht heute noch

Bisher im SEVERUS Verlag erschienen:

Achelis. Th. Die Entwicklung der Ehe * **Andreas-Salomé, Lou** Rainer Maria Rilke * **Arenz, Karl** Die Entdeckungsreisen in Nord- und Mittelafrika von Richardson, Overweg, Barth und Vogel * **Aretz, Gertrude (Hrsg)** Napoleon I - Briefe an Frauen * **Ashburn, P.M** The ranks of death. A Medical History of the Conquest of America * **Avenarius, Richard** Kritik der reinen Erfahrung * Kritik der reinen Erfahrung, Zweiter Teil * **Bernstorff, Graf Johann Heinrich** Erinnerungen und Briefe * **Binder, Julius** Grundlegung zur Rechtsphilosophie. Mit einem Extratext zur Rechtsphilosophie Hegels * **Bliedner, Arno** Schiller. Eine pädagogische Studie * **Brahm, Otto** Das deutsche Ritterdrama des achtzehnten Jahrhunderts: Studien über Joseph August von Törring, seine Vorgänger und Nachfolger * **Braun, Lily** Lebenssucher * **Braun, Ferdinand** Drahtlose Telegraphie durch Wasser und Luft * **Büdinger, Max** Don Carlos Haft und Tod insbesondere nach den Auffassungen seiner Familie * **Burkamp, Wilhelm** Wirklichkeit und Sinn. Die objektive Gewordenheit des Sinns in der sinnfreien Wirklichkeit * **Caemmerer, Rudolf Karl Fritz Die** Entwicklung der strategischen Wissenschaft im 19. Jahrhundert * **Cronau, Rudolf** Drei Jahrhunderte deutschen Lebens in Amerika. Eine Geschichte der Deutschen in den Vereinigten Staaten * **Cushing, Harvey** The life of Sir William Osler, Volume 1 * The life of Sir William Osler, Volume 2 * **Eckstein, Friedrich** Alte, unnennbare Tage. Erinnerungen aus siebzig Lehr- und Wanderjahren * **Eiselsberg, Anton Freiherr von** Lebensweg eines Chirurgen. * **Elsenhans, Theodor** Fries und Kant. Ein Beitrag zur Geschichte und zur systematischen Grundlegung der Erkenntnistheorie. * **Engel, Eduard** Shakespeare * **Ferenczi, Sandor** Hysterie und Pathoneurosen * **Fourier, Jean Baptiste Joseph Baron** Die Auflösung der bestimmten Gleichungen * **Frimmel, Theodor von** Beethoven Studien I. Beethovens äußere Erscheinung * Beethoven Studien II. Bausteine zu einer Lebensgeschichte des Meisters * **Fülleborn, Friedrich** Über eine medizinische Studienreise nach Panama, Westindien und den Vereinigten Staaten * **Goette, Alexander** Holbeins Totentanz und seine Vorbilder * **Goldstein, Eugen** Canalstrahlen * **Griesser, Luitpold** Nietzsche und Wagner - neue Beiträge zur Geschichte und Psychologie ihrer Freundschaft * **Heller, August** Geschichte der Physik von Aristoteles bis auf die neueste Zeit. Bd. 1: Von Aristoteles bis Galilei * **Helmholtz, Hermann von** Reden und Vorträge, Bd. 1 * Reden und Vorträge, Bd. 2 * **Kalkoff, Paul** Ulrich von Hutten und die Reformation. Eine kritische Geschichte seiner wichtigsten Lebenszeit und der Entscheidungsjahre der Reformation (1517 - 1523), Reihe ReligioSus Band I * **Kerschensteiner, Georg** Theorie der Bildung * **Krömeke, Franz** Friedrich Wilhelm Sertürner - Entdecker des Morphiums * **Külz, Ludwig** Tropenarzt im afrikanischen Busch * **Leimbach, Karl Alexander** Untersuchungen über die verschiedenen Moralsysteme * **Liliencron, Rochus von / Müllenhoff, Karl** Zur Runenlehre. Zwei Abhandlungen * **Mach, Ernst** Die Principien der Wärmelehre * **Mausbach, Joseph** Die Ethik des heiligen Augustinus. Erster Band: Die sittliche Ordnung und ihre Grundlagen * **Müller, Conrad** Alexander von Humboldt und das Preußische Königshaus. Briefe aus den Jahren 1835-1857 * **Oettingen, Arthur von** Die Schule der Physik * **Ostwald, Wilhelm** Erfinder und Entdecker * **Peters, Carl** Die deutsche Emin-Pascha-Expedition * **Poetter, Friedrich Christoph** Logik * **Popken, Minna** Im Kampf um die Welt des Lichts. Lebenserinnerungen und Bekenntnisse einer Ärztin * **Rank, Otto** Psychoanalytische Beiträge zur Mythenforschung. Gesammelte Studien aus den Jahren 1912 bis 1914. * **Rubinstein, Susanna** Ein individualistischer Pessimist: Beitrag zur Würdigung Philipp Mainländers * Eine Trias von Willensmetaphysikern: Populär-philosophische Essays * **Scheidemann, Philipp** Memoiren eines Sozialdemokraten, Erster Band * Memoiren eines Sozialdemokraten, Zweiter Band * **Schweitzer, Christoph** Reise nach Java und Ceylon (1675-1682). Reisebeschreibungen von deutschen Beamten und Kriegsleuten im Dienst der niederländischen West- und Ostindischen Kompagnien 1602 - 1797. * **Stein, Heinrich von** Giordano Bruno. Gedanken über seine Lehre und sein Leben * **Thiersch, Hermann** Ludwig I von Bayern und die Georgia Augusta * **Tyndall, John** Die Wärme betrachtet als eine Art der Bewegung, Bd. 1 * Die Wärme betrachtet als eine Art der Bewegung, Bd. 2 * **Virchow, Rudolf**

www.severus-verlag.de

Vier Reden über Leben und Kranksein * **Wernher, Adolf** Die Bestattung der Toten in Bezug auf Hygiene, geschichtliche Entwicklung und gesetzliche Bestimmungen * **Weygandt, Wilhelm** Abnorme Charaktere in der dramatischen Literatur. Shakespeare - Goethe - Ibsen - Gerhart Hauptmann * **Wlassak, Moriz** Zum römischen Provinzialprozeß

www.severus-verlag.de

Ebenfalls im SEVERUS Verlag erhältlich:

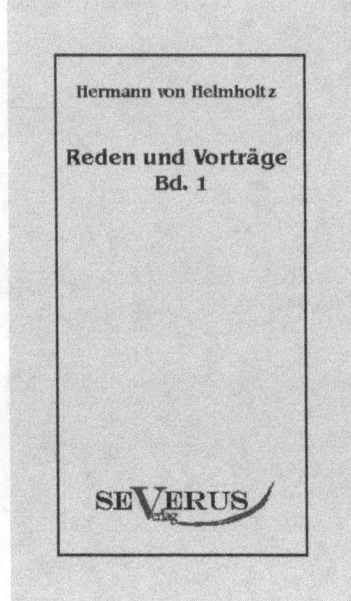

Hermann von Helmholtz
Reden und Vorträge, Bd. 1
Mit einem Vorwort von Sergei Bobrovskyi
SEVERUS 2010 / 408 S./ 29,50 Euro
ISBN 978-3-942382-14-4

Helmholtz – bis heute steht er mit seinem Namen für die gesamte Vielfalt der naturwissenschaftlichen Forschung.

Der vorliegende Band versammelt Vorträge zu verschiedenen Themen, gehalten zwischen 1853 und 1869.

www.severus-verlag.de

Ebenfalls im SEVERUS Verlag erhältlich:

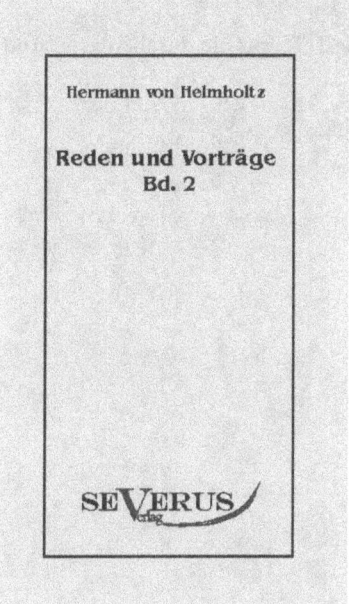

Hermann von Helmholtz
Reden und Vorträge Bd.2
SEVERUS 2010 / 396 S./ 29,50 Euro
ISBN 978-3-942382-16-8

Helmholtz - bis heute steht er mit seinem Namen für die gesamte Vielfalt der naturwissenschaftlichen Forschung.

Der vorliegende Band versammelt Vorträge zu verschiedenen Themen, gehalten zwischen 1870 und 1881.

www.severus-verlag.de

Ebenfalls im SEVERUS Verlag erhältlich:

Ferdinand Braun
Drahtlose Telegraphie durch Wasser und Luft
SEVERUS 2010 / 72 S./ 29,50 Euro
ISBN 978-3-942382-02-1

Ferdinand Braun war ein deutscher Physiker, Elektrotechniker, Industrieller und darüber hinaus Nobelpreisträger. Die Ergebnisse seiner Forschung machten ihn zu einem Wegbereiter der modernen Kommunikationstechnik. Der vorliegende Band versammelt Vorträge von Ferdinand Braun zur drahtlosen Telegraphie, gehalten im Winter 1900.

www.severus-verlag.de

Ebenfalls im SEVERUS Verlag erhältlich:

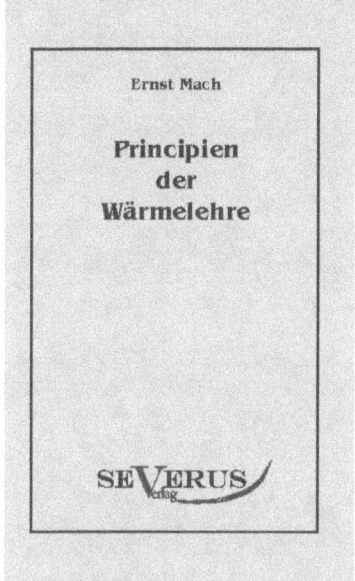

Ernst Mach
Die Principien der Wärmelehre
SEVERUS 2010 / 492 S./ 49,50 Euro
ISBN 978-3-942382-06-9

„Mach war seiner geistigen Entwicklung nach nicht ein Philosoph, der sich die Naturwissenschaften als Objekt seiner Spekulationen wählte, sondern ein vielseitig interessierter, emsiger Naturforscher, dem die Erforschung auch abseits vom Brennpunkt des allgemeinen Interesses gelegener Detailfragen sichtlich Vergnügen machte." (Albert Einstein)

Der Physiker, Philosoph und Wissenschaftstheoretiker Ernst Mach (1838 – 1916) entwickelt in diesem Buch eine detaillierte Darstellung der historischen Entwicklung der Prinzipien der Wärmelehre und bereichert diese um seine eigenen, eng an der sinnlichen Wahrnehmung orientierten Theorien. Ganz bewußt sucht er dabei auch den Disput mit traditionellen Lehrmeinungen, um einen Prozeß kritischer Selbstreflexion in der Physik zu beginnen. Machs strikt empiristische wissenschaftliche Arbeit und seine Ablehnung metaphysischer Spekulation beeinflußten maßgeblich den Charakter der modernen Naturwissenschaften.

www.severus-verlag.de

www.ingramcontent.com/pod-product-compliance
Lightning Source LLC
Chambersburg PA
CBHW070828300426
44111CB00014B/2485